Putin

Hubert Seipel

Putin

El poder visto desde dentro

Traducción de
Joan Parra

Tercera edición

℘

ALMUZARA

Primera edición: octubre de 2017
Segunda edición: febrero de 2022
Tercera edición: mayo de 2022

EDITORIAL ALMUZARA • COLECCIÓN MEMORIAS Y BIOGRAFÍAS
Director editorial: Antonio E. Cuesta López
Editor: Javier Ortega
Maquetación: José María Bravo

www.editorialalmuzara.com
pedidos@almuzaralibros.com — info@almuzaralibros.com

Imprime: Gráficas La Paz
ISBN: 978-84-17044-69-5
Depósito Legal: CO-1602-2017
Hecho e impreso en España – Made and printed in Spain

Ya nos hemos dejado llevar por los sueños demasiado tiempo. Es hora de que escuchemos la voz de la razón. Todo eso, todo el extranjero, toda Europa Occidental, no es más que fantasía, y en el extranjero nosotros tampoco somos más que fantasía… Recuerde mis palabras: algún día se dará cuenta usted mismo de esto.

Fiódor M. Dostoyevski, *El idiota*

Índice

PRÓLOGO

El imperio del mal y los buenos

El informe que presentó el Gobierno americano en enero de 2017 se lee como un guion de la época de la Guerra Fría. Una superpotencia intenta manipular las elecciones de otro país para favorecer al candidato a la presidencia que le resulta más propicio. Según el relato de los servicios de inteligencia estadounidenses, Rusia llevó a cabo una campaña para reducir las posibilidades de victoria de la demócrata Hillary Clinton, al tiempo que propulsaba al candidato republicano Donald Trump.

Pero cualquier persona mínimamente familiarizada con el currículum de la CIA, la NSA y otras agencias durante los últimos años sabrá muy bien que los métodos que denuncia el servicio secreto estadounidense son bien conocidos en EE. UU. Y si lee el voluminoso documento titulado *Asessing Russian Activities and Intentions in Recent US-Elections*, una especie de informe sobre *hackers* rusos, tampoco le sorprenderá que los servicios secretos no se tomen la molestia de demostrar sus afirmaciones y, de paso, hagan aparecer al Gobierno de Barack Obama y al Partido Demócrata en pleno como auténticos analfabetos digitales. Como si no existieran la NSA ni Silicon Valley, como si la National Security Agency, ese gigante electrónico del espionaje que se dedica a husmear datos en todo el mundo (como sabemos por lo menos desde la denuncia de Edward Snowden) y la industria digital que le facilita desde hace años las herramientas para ello, fueran fruto de la imaginación.

Hasta ahora nadie ha demostrado de manera concluyente quién ha sido el culpable y quién la víctima del ataque informático. Sin embargo, el nuevo enemigo público es el de siempre: Rusia. El mal tiene nombre y apellidos: Vladímir Vladimiróvich Putin. Según los servicios estadounidenses, la orden de realizar el ciberataque salió del propio Kremlin. Es más: fue dictada personalmente por el presidente ruso, con el objetivo de «destruir la confianza del público en el proceso democrático estadounidense» y proyectar una imagen negativa de la ex secretaria de Estado Hillary Clinton y «dañar sus posibilidades de elección». ¿Y qué intenciones se ocultarían detrás de todo esto? Muy sencillo: inmiscuyéndose en las elecciones americanas, Putin lograría «socavar el sistema democrático liderado por EE. UU.», que, al parecer, «constituye una amenaza para Rusia y para el régimen de Putin». Aunque los rusos no habrían intentado manipular directamente el sistema informático electoral, sí existiría una estrategia promovida por Putin desde hace tiempo con el propósito de desestabilizar Occidente.

Por si esto fuera poco, la prensa ha destacado que el supuesto favorito de Moscú y nuevo presidente de EE. UU., Donald Trump, habló por teléfono solo dos semanas después de su investidura con su homólogo ruso. Al parecer, el nuevo jefe de la Casa Blanca aseguró al inquilino del Kremlin que el pueblo americano sentía simpatía por los rusos y que, por su parte, estaba dispuesto a colaborar más estrechamente con Vladímir Putin en el futuro.

Si algo demuestra el informe de los servicios secretos estadounidenses, es que, casi veinte años más tarde, la Guerra Fría está aquí de nuevo. En la nueva contienda, los hechos reales apenas cuentan. La clave de la guerra moderna es el relato. Lo decisivo es conseguir que se cuente la historia de una determinada manera, sea con hechos reales o con meras apariencias. Para citar al anterior presidente de EE. UU., Barack Obama: «Una de las tareas más importantes de un líder político es explicar la mejor historia. Eso es lo que une a las personas».

Como se trata fundamentalmente de historias, la verdad se mezcla con la falsedad y lo simple con lo complejo, y al final todo acaba entremezclándose. Y el relato, por su propia naturaleza, cambia sin cesar, a pesar de que puede llegar a ser increíblemente estable.

Occidente siempre ha tenido la habilidad de explicar «la mejor historia». Y, tratándose del presidente ruso Vladímir Putin, esa habilidad ha brillado especialmente. Desde que sucedió a Borís Yeltsin a finales de 1999, una parte sustancial de la prensa occidental le colgó el título de malvado oficial. Pero hay un problema: no se puede acusar al rival de falsear los datos cuando uno mismo se toma la libertad de relatar los supuestos hechos según le conviene en cada momento.

A este respecto, el caso de Donald Trump ilustra a la perfección el funcionamiento del marketing político y del cultivo de la imagen negativa de Vladímir Putin. Desde la toma de posesión del nuevo presidente americano, el tema dominante en la discusión pública en Occidente es si el presidente ruso Vladímir Putin ha convertido a Donald Trump en un títere que le permite influir directamente en la política del país de las infinitas oportunidades. Ya sea en el *New York Times*, en el *Washington Post* o en las distintas cadenas de televisión, periodistas y expertos denuncian día tras día que el enemigo procedente del Este ha logrado hacerse fuerte en el mismísimo centro neurálgico de EE. UU. Y los servicios secretos advierten de las actividades de *hackers* rusos que pretenden hacer tambalearse a Norteamérica.

La candidata presidencial derrotada Hillary Clinton acusa directamente al presidente ruso de inmiscuirse en la campaña electoral americana. Según ella, el servicio secreto ruso obtuvo ilegalmente cerca de 20 000 correos electrónicos internos de su partido y los publicó precisamente el mismo día de mayo de 2016 en que fue proclamada candidata.

El contenido de los correos era comprometedor: detalles escabrosos acerca de las intrigas de la cúpula dirigente de los demócratas a favor de Clinton y en contra de su rival del mismo partido, Bernie Sanders.

Desde entonces, Putin vuelve a desempeñar el papel de malvado oficial. Un político todopoderoso que, desde su panel de mando del Kremlin, va tocando una tras otra las teclas que lo llevarán a dominar el mundo. Michael J. Morell, exdirector de la CIA, ha descrito en el *New York Times* el caso Donald Trump como obra maestra de las malas artes del

KGB al servicio de Vladímir Putin: un presidente de EE. UU. como caso especial de alta traición. En palabras de este antiguo cargo de la CIA, «Vladímir Putin ha reclutado a Trump como agente involuntario». O, dicho de otro modo, como tonto útil.

«Trump, el candidato del Kremlin», tituló la revista conservadora *National Review* de Washington. El nombre de Vladímir Putin y la mención a Rusia nunca falla a la hora de despertar un murmullo de fondo, como en los mejores tiempos de la Guerra Fría. Como el famoso cartel electoral del partido demócrata-cristiano alemán CDU que rezaba: «Todos los caminos llevan a Moscú. Vota CDU».

La relación entre Donald Trump y Vladímir Putin salió a la luz pública por primera vez en diciembre de 2015, poco antes de Navidad. En su tradicional discurso anual ante 1400 periodistas, el inquilino del Kremlin expuso, a lo largo de cuatro horas, su visión de la situación internacional, desde Siria hasta Turquía, hasta llegar por fin a EE. UU. y las próximas elecciones. Como presidente ruso, afirmó, solo podía felicitarse de que el candidato Trump hubiera expresado su intención de iniciar una nueva era en las relaciones entre ambos países. Y añadió, no sin cierta sorna, que Trump, por lo visto, era «un hombre de gran talento y con un carácter muy peculiar», que tenía todo lo necesario para triunfar.

La respuesta desde Nueva York no se hizo esperar. «Siempre he pensado que Rusia y los Estados Unidos deberían ser capaces de trabajar codo con codo» declaró Trump halagado. Es más: la presidencia de Trump quizá podría convertir la Guerra Fría entre Rusia y EE. UU. en una nueva amistad. Desde entonces, los cumplidos circulan en ambas direcciones. «Si Putin habla bien de mí», proclama Trump, «yo también hablo bien de él».

Pero lo que realmente encuentra eco en el Kremlin, más que la simpatía personal, son las intenciones políticas declaradas del presidente Trump. Por un lado, su propósito expreso de mantener unas buenas relaciones y reconocer los intereses geopolíticos de Rusia y, por el otro, su promesa de concentrarse más en América y menos en los asuntos internos de otros países. Por ejemplo, aun reconociendo que Ásad puede ser un indeseable, autor de «auténticas barbaridades», para Trump lo importante es que el mandatario sirio lucha contra el Estado Islámico, y eso es prioritario. En contraste con la mezcla de corrección política y estrategias de superpotencia que caracterizaba al Gobierno de Obama, el vencedor Trump se propone limitar sus intervenciones a lo estrictamente necesario.

Pero, de entre todos los principios provisionales que Trump ha enunciado, el que más alarma a los europeos es la idea de que EE. UU. ya no tiene por qué tener presencia militar en todas partes, y que la seguridad también tiene un precio. En el futuro, Alemania, Japón o Corea del Sur deberán realizar una contribución apropiada (es decir, pagar más) si pretenden que EE. UU. siga prestando su apoyo a los aliados. Al fin y al cabo, según el cálculo de coste y beneficio del magnate inmobiliario, los Estados Unidos pueden defenderse perfectamente desde su propio territorio. Y esto se aplica también a los Estados bálticos. El hecho de que el multimillonario se plantee públicamente reconocer Crimea como territorio ruso y retirar las sanciones contra Rusia no contribuye precisamente a su popularidad en Berlín o en París.

Para Trump, el adversario no es Rusia. A sus ojos, el enemigo número 1 de EE. UU. es China, y por eso aspira a sellar una alianza táctica con Rusia. Para expresarlo con sus propias palabras: «China abusa económicamente de EE. UU. de manera masiva y no hacemos nada para evitarlo». Trump lleva años reclamando duras medidas contra el gigante oriental y criticando la deslocalización de puestos de trabajo norteamericanos. Pero el coqueteo con Rusia es una táctica con pocas posibilidades de éxito. Ante la presión de EE. UU. y Europa, Rusia y China llevan años haciendo causa común de manera cada vez más intensa.

Vladímir Putin no sería Vladímir Putin si no observase con cierta diversión la lucha cuerpo a cuerpo que se libra actualmente en EE. UU. No ha olvidado que, en 2014, tras el cambio de régimen en Ucrania, Hillary Clinton lo comparó con Hitler. Ni que, siendo secretaria de Estado estadounidense, ofreció apoyo masivo a la oposición en las elecciones a la Duma de 2011, como reconoció con toda franqueza su portavoz: «Los Estados Unidos han donado más de nueve millones de dólares en ayuda económica y formación técnica a grupos de la sociedad civil, y seguirán haciéndolo para garantizar unas elecciones libres, justas y transparentes».

Y fue también la secretaria de Estado americana quien, en junio de 2012, dio su conformidad en Ginebra al compromiso de las cinco potencias con derecho a veto a la creación de un Gobierno de transición en Damasco con Ásad como jefe de Gobierno, solo para desdecirse al cabo de poco tiempo. Kofi Annan, el anterior secretario general de la ONU, había logrado el consenso tras inacabables rondas de negociación. Pero Clinton apostó por una solución militar rápida y por ayudar a su aliado Arabia Saudí a derrocar a Ásad. El número de víctimas mortales de la guerra civil siria ya llegaba entonces a 60 000. Hoy los muertos son 400 000.

Lo que cuenta de verdad son estos antiguos desencuentros. La ventaja de Hillary Clinton para Putin era su previsibilidad. El antiguo *outsider* Trump deberá reorganizarse en Washington. Sus puntos de vista políticos son difíciles de digerir incluso para los republicanos.

«Estamos dispuestos a colaborar con cualquier presidente que esté dispuesto a colaborar con nosotros», afirmó Vladímir Putin desde el primer momento al preguntársele a quién prefería como presidente. «Pero, en caso contrario, si alguien quiere prescindir de nosotros, la situación será muy diferente. Y el apellido del presidente no tiene nada que ver». Para él, lo único que hicieron los dos candidatos en la contienda electoral fue tocar las teclas que podían darles votos entre sus partidarios. «Ambos apuestan por una táctica de choque» resumió Putin, y ambos utilizan a Rusia para ello, aunque es poco probable que Hillary Clinton y él puedan llegar a ser amigos.

POLÍTICA Y PROYECCIÓN

Trump y Putin, la extraña pareja, son un blanco perfecto para las proyecciones. No pasa día sin que los medios agiten el espantajo de la posible alianza nefasta a la que es necesario hacer frente, aunque los intereses de los Estados Unidos y de Rusia tengan poco en común. Sin embargo, Vladímir

Putin ya viene siendo desde hace tiempo el blanco de todas las sospechas incluso cuando no se deja ver.

A principios de marzo de 2015, los medios de todo el mundo dedicaron su atención durante días a una pregunta formada por solo tres palabras: ¿dónde está Putin? Vladímir Vladimiróvich Putin llevaba días sin aparecer en público. La anunciada visita breve a Kazajistán había sido anulada. Y había sucedido algo aún mucho más extraño: ni siquiera se había dejado ver en la fiesta anual del FSB, el servicio secreto interior ruso, celebrada aquella misma semana. La lógica de los intentos de explicación solo dejaba lugar a una conclusión. Si el presidente, que había iniciado su carrera hacía décadas como agente de los servicios de información exteriores, no aparecía en una fiesta de familia como aquella, estaba claro que algo bastante extraordinario había sucedido. Pero ¿qué podía ser?

Pronto empezó a circular una explicación de lo más simple. Según algunas fuentes, la culpa era de un resfriado o una gripe, que por entonces hacía estragos en Moscú. Pero, a partir del momento en que el portavoz de prensa Dmitri Péskov empezó a repetir delante de cada micrófono que el presidente se encontraba simplemente demasiado ocupado en asuntos de importancia relacionados con la crisis de Ucrania, y no podía pasarse el día apareciendo en la televisión, empezaron a circular rumores. ¿Cómo? ¿Vladímir Putin, el hombre cuya imagen el Kremlin se ocupaba de promocionar incesantemente con cualquier excusa, había dejado de repente de aparecer en televisión?

Y más tarde, cuando Péskov añadió que Putin seguía dando la mano con tanta fuerza que parecía que le iba a romper a uno los dedos, las especulaciones se dispararon definitivamente. Las palabras de Péskov reproducían una formulación típica de la era de Yeltsin, que solía ponerse en circulación cada vez que el antiguo presidente estaba demasiado enfermo o alcoholizado para tenerse en pie en público. Una fórmula de otros tiempos que no presagiaba nada bueno.

¿Qué había pasado? ¿Un ictus? ¿Un golpe de Estado? ¿Una intriga palaciega? ¿Se encontraría retenido en algún sótano del Kremlin? ¿O se trataba simplemente de un truco de marketing político para distraer la atención de las dificultades políticas y económicas que atravesaba el país?

Un antiguo asesor del presidente publicó en su blog que Putin había sido destituido por un grupo de extremistas que lo tenían bajo arresto domiciliario, en una operación tramada por la Iglesia rusa ortodoxa. Pronto se emitiría por televisión un mensaje anunciando, en términos exquisitamente kremlinianos, que Putin iba a tomarse un merecido descanso para recuperarse de las fatigas del año anterior. Signo inequívoco, pensaron algunos, de que la supuesta pugna por la sucesión todavía no había concluido con la victoria de ninguno de los contendientes.

Hasta el portavoz de la Casa Blanca tuvo que responder en rueda de prensa a la pregunta de si Washington sabía dónde se había metido Putin, y si Barack Obama ya estaba informado acerca de su desaparición, para evitar cualquier reacción de efectos imprevisibles. Sin embargo, lejos de dar una respuesta satisfactoria, el portavoz afirmó con fastidio que bastante trabajo tenía con saber dónde se encontraba el presidente norteamericano en cada momento. En cualquier caso, añadió, la pregunta habría que planteársela a su homólogo ruso.

Mientras tanto, Facebook, Twitter y todas las redes sociales habidas y por haber rebosaban ya de teorías conspirativas. También apareció alguna conjetura menos elaborada. Según el periódico suizo *Neue Zürcher Zeitung*, Putin se había tomado unos cuantos días libres porque su nueva amante o esposa acababa de dar a luz en el país alpino.

La agitación que se apoderó de la opinión pública en la primavera de 2015 no puede sorprender tratándose de Vladímir Putin. No pasa un solo día sin que leamos algo sobre él en la prensa, y por lo general no se trata de elogios. Si alguna vez, excepcionalmente, no se le atribuye ningún desmán, entonces se nos cuenta que el presidente ha cometido un nuevo error de cálculo o se ha comportado de un modo inaceptable. Al parecer, Putin es alguien que no se ha dado cuenta de que los tiempos han cambiado, pero que, por alguna razón, es tan importante que nuestros periodistas no pueden dejar de escribir sobre él y nuestros políticos se ven obligados a hablar con él aunque sea a regañadientes.

Ningún otro político extranjero es objeto de tantos análisis como Vladímir Vladimiróvich Putin. Y, sin embargo, el enfoque no ha cambiado mucho desde la era soviética: parece que el único instrumento de análisis válido para él sea la bola de cristal. Abundan los kremlinólogos que, sin tener acceso directo al entorno presidencial (algo que, reconozcámoslo, no es cosa fácil), urden cada día nuevas teorías sobre Putin.

La explicación que dio el propio Putin para su súbita desaparición en marzo de 2015 fue de lo más aburrida:

«Agarré un buen resfriado y estuve con fiebre, así que pasé unos días a medio gas», respondió unas semanas más tarde en una conversación al preguntársele por su sorprendente ausencia. «No sabía que mi persona despertara tanto interés» añadió con tono burlón y visiblemente divertido. «De todas las explicaciones sobre mi desaparición, la que más me gustó fue la de que había tenido un hijo en Suiza. No está mal para un hombre de mi edad...». Sabe muy bien el efecto que produce. Y le gusta cultivarlo. Hace tiempo que tiene claro que durante su vida, su imagen en el extranjero volverá a cambiar una vez más.

Putin es de esos políticos extranjeros que atraen la atención de los periodistas aún más que las grandes figuras políticas locales. En Occidente se tiene la sospecha generalizada de que alberga exclusivamente intenciones perversas. Los medios alemanes de referencia lo tienen bajo la lupa desde hace años, y de vez en cuando dejan caer que su sucesor o sucesores podrían ser todavía peores que él. En resumen, que de esa parte del mundo difícilmente puede llegar nada bueno. Pero normalmente se olvidan de que la mayoría de los rusos lo ha votado varias veces. Y, cuando lo mencionan, no se olvidan de añadir que en Rusia las elecciones siempre están trucadas. Pero las encuestas realizadas en Rusia transmiten una imagen muy distinta: la popularidad de Putin en su país ha escalado hasta la cifra récord de más del 80 %.

Dicho de otro modo: entre nosotros, Vladímir Putin no es solo alguien a quien se critica. También es alguien con quien, desde hace más de una década, se conversa. Una figura imposible de ignorar, controvertida e insustituible como pantalla de proyección. Un viejo conocido cuya desaparición ya se antoja inimaginable, por más que no se deje de exigir su retirada a cada momento.

La discusión en torno a Ucrania ha exacerbado aún más la imagen de Vladímir Putin como encarnación del mal. Desde el primer momento, el conflicto ucraniano ha sido narrado como una historia estilizada del bien contra el mal, de la lucha heterogénea de la comunidad democrática mundial contra los siniestros planes de un déspota ruso. Se trata de la continuación de un relato cuyos derechos de autor podría reclamar Ronald Reagan, desde que en 1983, ante una audiencia de fundamentalistas cristianos, el presidente norteamericano etiquetó a la Unión Soviética, con gran éxito popular, como «imperio del mal».

Tras el derribo del avión de pasajeros malasio MH17 sobre el Este de Ucrania, Vladímir Putin encarnó durante meses para muchos medios el papel de único heredero de aquella era oscura, un personaje al que había que combatir. Siniestro, pero lamentablemente también audaz y al mismo tiempo inteligente; empeñado en hacer el mal, por más que la canciller Angela Merkel hiciera todo lo posible para hablar con él y atraerlo al buen camino. Y de hecho, hablaba con él bastante a menudo. Como si el conflicto pudiera resolverse con unas cuantas sesiones de terapia y no buscando de manera decidida el equilibrio entre intereses políticos contrapuestos. En el relato mediático occidental, Putin es un personaje cuyo único propósito consiste en resucitar la antigua Unión Soviética y absorber a Polonia y a los países bálticos. Poco importa que esa hipótesis sea totalmente inverosímil, ya que esos Estados pertenecen a la OTAN desde hace años y semejante acción significaría, de acuerdo con el Tratado de la OTAN, el estallido inmediato de la próxima guerra mundial.

La Unión Europea y los servicios secretos alemanes repiten una y otra vez las acusaciones de los servicios secretos estadounidenses: según ellos, Vladímir Putin utiliza las *fake news* y *Russia Today* para socavar no solo a EE. UU., sino también a Europa y a Alemania. Por ello la canciller Angela Merkel se dio prisa en encargar un informe al respecto. Y a principios de febrero de 2017, el contraespionaje alemán, después de meses de trabajo, tuvo que reconocer que no había pruebas de tales afirmaciones. El informe lleva todo ese tiempo guardado en un cajón en la cancillería (*Süddeutsche Zeitung*, 7 de febrero de 2017).

Desde entonces, la histeria se ha reducido un poco. A Ucrania le está costando grandes esfuerzos implantar, aunque sea en pequeñas dosis, la democratización por la que muchos medios se lanzaron a las barricadas y en cuyo nombre fueron asesinadas tantas personas. Y entre los teóricos se contempla cada vez con más dudas la patética versión occidental, según la cual la Unión Europea representa un glorioso baluarte de la libertad frente al colonialismo de una Rusia que, en su decadencia imperial, se niega a desprenderse de Ucrania.

EL PODER Y LA OPINIÓN

El caso de Vladímir Putin y Ucrania también ha abierto un debate sobre la credibilidad de los medios. No todo el mundo comparte la opinión de los periodistas y corresponsales convencionales que presentan a Rusia como única culpable del conflicto. Desde el inicio de la crisis, las televisiones públicas alemanas ZDF y ARD vienen recibiendo un alud de cartas de protesta de telespectadores que denuncian el enfoque parcial de la información en todo lo que tiene que ver con Putin y Ucrania. Y no les falta razón. Por ejemplo, el consejo asesor de la ARD ha criticado duramente a la emisora por su enfoque informativo. A consecuencia de las quejas recibidas, el propio órgano de control de la ARD analizó con detalle una serie de emisiones y llegó a conclusiones similares. Según él, la ARD habría informado de manera poco matizada y «tendenciosa», como muestra la larga lista de errores de bulto que incluye en su informe de junio de 2014. Por ejemplo, los informadores no habrían hecho alusión a los «objetivos estratégicos de la OTAN en su ampliación hacia el Este», ni habrían analizado con detalle el papel desempeñado por el Consejo del Maidán y por las «fuerzas ultranacionalistas, en especial Svóboda» en la caída del Gobierno de Kiev. El informe oficial del órgano de control de la ARD afirma: «Tras sus deliberaciones, el consejo asesor ha llegado a la conclusión de que la información acerca de la crisis en Ucrania en el Primer Canal muestra una cierta falta de neutralidad y un posicionamiento en contra de Rusia y las posturas rusas».[1]

Algo parecido sucedió en los grandes periódicos. A las redacciones del *Frankfurter Allgemeine Zeitung, Die Zeit* o el *Süddeutsche Zeitung* llegaron miles de cartas críticas de lectores que consideraban sesgado el enfoque de los diarios y amenazaban con cancelar sus suscripciones. Sin embargo, desde entonces muchos periodistas siguen dudando menos de su capacidad informativa que de la inteligencia de sus clientes. La progresiva pérdida de su patente de interpretación les parece una prueba más de la eficacia con que actúa la propaganda rusa en Alemania. La idea de que en este debate no solo pululan *trolls* de Putin penetra muy lentamente en los medios tradicionales. Hace mucho tiempo que la credibilidad informativa del gremio periodístico se esfumó. Y eso no cambia por el hecho de que «se pasen el día llamando estúpidos e ignorantes a los políticos», como apuntó Frank-Walter Steinmeier en noviembre de 2014 en su discurso programático, criticando la relación entre política y periodismo. Según él, es necesario mantener las distancias, y eso solo es posible «si también los periodistas renuncian a la tentación de ejercer como políticos [...]. No lo son. Los políticos no son periodistas y los periodistas no son políticos». El ministro de Exteriores [y actual presidente de la República Federal Alemana], persona de talante más bien apacible, mandó un par de recados más a los medios de comunicación: «Algunas mañanas, cuando hojeo el resumen de prensa del Ministerio, tengo la sensación de que antes existía un margen más amplio para la divergencia de opiniones», afirma Steinmeier. «No puedo evitar pensar que entre los periodistas impera la adhesión al pensamiento dominante».[2]

La discusión acalorada sobre Vladímir Putin se sustenta en buena medida en argumentos propios de la corrección política. Y ese enfoque puede resultar productivo para muchas cosas, pero desde luego no para analizar la política exterior. Hay quien se empeña en imponer sus convicciones individuales a todas las personas y en todos los lugares. Sin molestarse en respetar jerarquías y prioridades. Todo tiene que ser ahora mismo, sin demora. Y a ser posible, con el fin de dar respuesta a preocupaciones muy particulares: ¿dónde puedo encontrar un buen restaurante vegetariano para cenar esta noche? ¿Qué me pongo? ¿Por qué Vladímir Putin no autoriza de una vez el matrimonio homosexual en Rusia? Nuestras relaciones periodísticas con la nueva Rusia son un cóctel emocional de simpatía y delirio de grandeza. Nada más producirse el colapso de la Unión Soviética, los periodistas alemanes empezaron a producir miles de artículos inspirados en un nuevo sentimiento de complicidad y cargados de bienintencionados consejos y severas admoniciones contra los posibles desvíos. Desde entonces no hemos dejado de impartir lecciones de buen comportamiento, convencidos en todo momento de tener la receta infalible para guiar al «estado fallido» ruso en su camino hacia Occidente. Eso sí, la política rusa no muestra excesivo interés por estos ensayos alemanes de pedagogía reformista. Tampoco estaba decidida, ni mucho menos, la dirección de la ruta a emprender. Así que la relación no tardó en acabar donde suelen acabar siempre las pasiones no correspondidas: en frustración por ambas partes.

La crónica de las expectativas de Alemania respecto a la Rusia de Putin es consecuencia de un prolongado error de apreciación. «Tras el fin del comunismo, se propagó la idea de que Rusia y Europa estarían comprometidas con los mismos valores», escribió decepcionado un editorialista del semanario *Die Zeit*, ni mucho menos el único de esa opinión[3]. Pero es que esa idea autogenerada de unos supuestos valores idénticos que «se propagaba» y se presuponía, incluso hoy, como cosa indiscutible, tenía poco que ver con la realidad social de la época.

El fin de la Unión Soviética no fue fruto de un acuerdo entre Este y Oeste con el fin de dar a luz un nuevo hombre ruso sobre la base de los derechos humanos occidentales. No, el colapso de la Unión Soviética fue resultado de una gigantesca quiebra económica y de la incapacidad de la élite política y burocrática para preverla y atajarla. Fue Gorbachov quien dio el primer paso hacia la disolución de la Unión Soviética, y no los editorialistas alemanes. Ya en 2008 Mijaíl Gorbachov protestaba contra el maltrato mediático a Rusia en su carta abierta a los periodistas alemanes: «Estudiando atentamente el aluvión de publicaciones en Alemania sobre el asunto, es difícil no acabar pensando que estamos ante una campaña orquestada, que todos los autores beben de una misma fuente de la que brotan un puñado de tesis: que en Rusia no hay democracia; se reprime la libertad de opinión; se diseña la política energética en función de intenciones inconfesables; las fuerzas en el poder derivan cada vez más hacia una dictadura, y cosas por el estilo.»[4]

En cambio, «los rusos de a pie» gozan de un aprecio mucho mayor. Al fin y al cabo, existe todavía la esperanza de que la población rusa aprenda de sus errores. Aunque, según juzgan muchos observadores, los rusos aún no han encontrado, lamentablemente, la manera de librarse de su presidente Vladímir Putin. Se empeñan en elegirlo una y otra vez.

¿Quién es, pues, Vladímir Putin? ¿Qué lo impulsa, qué cosas lo han marcado? Este libro es una aproximación al mundo de Vladímir Vladimiróvich Putin. No pretende ser una tesis doctoral ni aspira a iluminar todos los aspectos. Conocí al presidente ruso en enero de 2010 en Moscú, adonde fui para hacerle una entrevista sobre asuntos de energía. Por entonces Putin se encontraba en un segundo plano político, ejerciendo como primer ministro entre su segunda y tercera etapa presidencial, ya que la Constitución rusa solo permite dos mandatos presidenciales consecutivos. Surgió la propuesta de realizar un documental televisivo. Aceptó la condición de no poder ver ni autorizar previamente el documental ni las entrevistas que habíamos llevado a cabo durante los meses de rodaje, antes de que se emitieran en la televisión alemana en 2012. Y esta regla se ha aplicado también en el presente libro. El documental *Ich, Putin. Ein Porträt* [Yo, Putin. Un retrato],[5] encargado por la televisión pública alemana ARD, inauguró una serie de encuentros y conversaciones que desde entonces hemos mantenido regularmente en Moscú, Sochi, San Petersburgo, Vladivostok o incluso durante sus viajes al extranjero. El documental fue el inicio de mi relación con el presidente ruso. La moneda de cambio entre políticos y periodistas es la información y la confianza. Solo es válida si cada uno de los dos toma en serio al otro. La crítica descarnada a los políticos siempre resulta popular, pero no sirve para explicar la realidad. Políticos y periodistas usan métodos análogos. Los políticos intentan instrumentalizar a los periodistas, y los periodistas instrumentalizan a los políticos. Tanto en Berlín como en Washington o en Moscú; da igual que los políticos se llamen Merkel, Obama o Putin. Se trata de ganarse al público, el principal activo con el que cuentan ambas profesiones.

Para obtener información que vaya más allá de la mera puesta en escena, se necesita proximidad. Para todo lo demás basta con conocer el abecé del oficio. Además de mantener conversaciones con Putin, he hablado con muchas de las personalidades más cercanas a él en Moscú, y también con políticos de Berlín, Bruselas o Washington. A algunos no les importa que se les cite con nombre y apellidos, otros prefieren mantener oculta su identidad. Cosas del oficio, también.

Vladímir Putin, como sus equivalentes occidentales, no duda en adoptar cualquier papel que le resulte útil. Eso sí: para él, la barrera entre el cargo público y la vida privada es inamovible. Para protegerse a sí mismo, y también a su familia. Nada de visitas a la residencia de los Putin, nada de reportajes de papel cuché sobre la familia u otras relaciones.

«Intereso a los medios porque soy un político y además soy el presidente de Rusia», explica. «Pero mis hijas no ocupan ningún cargo público y no están relacionadas con la política, sino única y exclusivamente conmigo a nivel privado». Me he atenido a ese principio. Entre otras cosas, porque también creo en él. Aquí lo que cuenta es la política. La política está determinada por la historia, por intereses concretos y por la experiencia colectiva de un país, y por supuesto está condicionada por los sucesos del presente. Como lo demostró, por ejemplo, el derribo del avión de pasajeros malasio MH17 en Ucrania Oriental en 2014, que puso a prueba las relaciones entre Este y Oeste. En este aspecto, Vladímir Putin no es diferente a Barack Obama ni a Angela Merkel. Y cada país cultiva un relato propio sobre su historia. El presidente ruso no habría logrado mantenerse más de 15 años en la cúspide del poder si hubiera tomado sus decisiones en función de preferencias personales, aislándose de la historia rusa, los conflictos internos y las luchas por el poder a nivel mundial.

Las etapas más importantes de su biografía coinciden con los puntos de inflexión de la historia de su país. Su infancia transcurrió en San Petersburgo, en la era de la normalidad soviética, marcada por la estabilidad. El colapso del país le alcanza en el momento en que, concluida su actividad como espía en el extranjero después de cinco años de servicio en Dresde (Alemania), está a punto de volver a la vida civil e ingresar como jurista en la administración de su ciudad natal. Pocos años más tarde asiste, en su papel de funcionario de la administración del Kremlin, al desplome del orden estatal, y aprende rápidamente cómo funcionan los mecanismos del poder durante la caótica época de Yeltsin.

A partir de entonces, ya desde la presidencia del país, se propone reconstruir la lastimada autoestima de su nación, y para ello enlaza con la historia y la experiencia propias, desde el imperio de los zares hasta el periodo soviético, pasando por la Iglesia ortodoxa, sin importarle si a Occidente le parece bien o no. Para Putin, la expansión de la OTAN desde 1999 en dirección a la frontera rusa, acompañada de las continuas exhortaciones de Washington y Berlín a sumarse a sus planteamientos también en lo que se refiere a Rusia, significaron una ampliación consciente del tablero de juego de la Guerra Fría. Con apreciaciones que en muchos casos se han revelado erróneas y han enturbiado la relación entre la canciller Angela Merkel, nacida en la antigua RDA, y Vladímir Putin.

Lo que pretende reflejar este libro es el contexto de intereses contradictorios y la perspectiva auténtica de Vladímir Putin tal como él me la ha ido exponiendo en nuestros encuentros. Es la crónica de una confrontación anunciada que alcanzó un clímax provisional en 2014 y en 2017, coincidiendo con las elecciones presidenciales americanas. En febrero de 2014, mientras Rusia celebra en Sochi los Juegos Olímpicos de invierno como un magno evento nacional, en Kiev los manifestantes provocan la caída del gobierno ucraniano desde el Maidán, después de varios años de forcejeo entre Rusia y Occidente. La respuesta de Vladímir Putin es la anexión de Crimea. «La demonización de Vladímir Putin no es una estrategia; es una coartada para la ausencia de estrategia», diagnosticó el antiguo alto mandatario Henry Kissinger.[6] Pero esta coartada es al mismo tiempo un arma, y de eso es de lo que habla este libro.

1. EL SOSPECHOSO HABITUAL

Quién derribó el avión de pasajeros MH17

El monótono zumbido del avión presidencial, un Iliushin Il-96, ha amodorrado a la mayoría de los pasajeros. El vuelo de Rio de Janeiro a Moscú dura más de doce horas. En los días anteriores, la comitiva realizó el habitual *tour de force* que significa una visita de Estado de seis días a cuatro países. Pero, aquel 17 de julio de 2014, Vladímir Vladimiróvich Putin se siente, en líneas generales, satisfecho de su estancia en América del Sur. La acogida en Cuba, Nicaragua, Argentina y Brasil fue realmente cálida, y la comitiva trae bajo el brazo un puñado de contratos para la cooperación futura en los ámbitos de la energía y el armamento. También ha estado a la altura de las expectativas el encuentro de los países BRICS —denominación de la alianza económica que une a Brasil, Rusia, India, China y Sudáfrica, que este año se ha celebrado en Brasil con ocasión del Mundial de Fútbol. El presidente ruso ha estado dos años preparándose, junto con el jefe de Estado chino Xi Jinping, la anfitriona brasileña Dilma Rousseff, el primer ministro indio Narendra Modi y el presidente sudafricano Jacob Zuma para hacer realidad el plan de creación de dos bancos. Todos han firmado el acuerdo y han aportado 100 000 millones de dólares como capital inicial. El objetivo de los BRICS con esta operación es poder hacer frente en el futuro al Banco Mundial y al Fondo Monetario Internacional. En estas instituciones llevan la voz cantante los Estados industriales como EE. UU. y la UE. Para los representantes de estas naciones, con un total de 3000 millones de habitantes —nada menos que el 40 % de la población mundial—, el modelo financiero angloamericano resulta poco menos que insoportable. Con la fundación de los nuevos bancos aspiran a obtener un mayor margen de acción político. En pocas palabras, para Vladímir Putin todo ha salido a la perfección, si se exceptúa la entrevista *tête-à-tête* con la canciller alemana en Rio de Janeiro. La conversación con Angela Merkel el 13 de julio, en el palco del estadio de Maracaná, antes de la final del Mundial de Fútbol, no ha sido muy fructífera. El breve encuentro no ha contribuido a mejorar las tensas relaciones ruso-alemanas, marcadas por la crisis de Ucrania. Previamente, la canciller Merkel y Putin habían pactado la reanudación de las conversaciones entre los separatistas prorrusos y el Gobierno ucraniano. Angela Merkel se ha comprometido a hablar de ello con el presidente ucraniano. Y le asegura a Putin que ya lo ha hecho en repetidas ocasiones. Pero no ha habido grandes cambios. El conflicto está estancado. Hasta ahora, todos los acuerdos trazados por los ministros de exteriores de Alemania, Francia, Ucrania y Rusia con el propósito de aliviar la situación han fracasado en menos de 48 horas. Pero al menos la final ha sido entretenida. Los alemanes no derrotaron a los argentinos hasta la prórroga. Y ahora solo faltan 40 minutos para aterrizar en Moscú. El portavoz de Putin Dmitri Péskov trae la documentación para las próximas actividades programadas. Nada especial, rutina. Excepto la conversación telefónica con el presidente estadounidense después del aterrizaje. Está acordada desde hace tiempo. No es que Vladímir Putin espere gran cosa de una entrevista con Barack Obama. La mutua antipatía ha ido creciendo con los años. A Putin le irrita la postura de superioridad moral que el presidente estadounidense adopta públicamente sobre todo lo relacionado con Rusia. Por ejemplo, en su último desaire, cuando se refirió a Rusia como potencia regional y caracterizó al presidente ruso como un alumno atrasado sentado en el último pupitre.[1] Hasta ahora, Vladímir Putin ha preferido prescindir de los ataques personales. En cambio, ataca sin cesar las ambiciones de EE. UU. de convertirse en la única superpotencia. Las declaraciones públicas de Washington antes de la reelección de Putin en 2012, en el sentido de que Obama prefería al presidente saliente Medvédev antes que volver a ver a Putin en la presidencia, tampoco contribuyeron a convertir el anunciado *reset* de las relaciones ruso-americanas en una atmósfera de trabajo relajada. Desde el cambio de régimen en Kiev, el clima se ha vuelto glacial y todo apunta a una nueva edad del hielo en las relaciones Este-Oeste. Putin se imagina perfectamente el contenido de la conversación telefónica. Su asesor en política exterior Yuri Ushákov ya lo ha puesto al corriente acerca de las nuevas medidas punitivas diseñadas por Washington. Los EE. UU. pretenden cortar el acceso de los grandes bancos rusos como Gazprombank o VEB al mercado financiero internacional. El avión presidencial ruso no es la única nave que atraviesa el espacio aéreo de Europa oriental a unos 11 000 metros de altura. A pesar de los intensos combates en el Este de Ucrania, la ruta sigue abierta. Muchas líneas aéreas siguen utilizando la misma ruta de siempre hacia Extremo Oriente para evitar costosos rodeos. Pocos minutos después, el puesto de control aéreo ucraniano de Dniepropétrovsk se pondrá en contacto con sus colegas rusos de Róstov. Dnipro Control no encuentra en la pantalla del radar el avión de pasajeros MH17. El vuelo regular de Malaysia Air, con 298 personas a bordo en ruta desde Ámsterdam a Kuala Lumpur, no responde a las llamadas. El último contacto fue hace dos minutos. El lacónico diálogo entre los controladores aéreos ucranianos y rusos a las 16:22, hora local, documenta sobriamente la crisis más grave entre Este y Oeste desde el final de la Guerra Fría.[2]

Control aéreo Dnipro a Róstov: «Róstov, ¿veis el Malaysian en el radar?» Control aéreo Róstov a Dnipro: «No, parece como si se hubiera desintegrado». Dnipro a Róstov: «No responde a nuestras llamadas. Les hemos enviado una solicitud de cambio de rumbo, la han confirmado y...» Róstov a Dnipro: «Y nada más, ¿no?» Dnipro a Róstov: «Exacto, han desaparecido. ¿Vosotros veis algo?» Róstov a Dnipro: «No, no vemos nada».

La caída del avión MH17 es la primera información que el jefe del Air Traffic Control ruso notifica a Vladímir Putin nada más aterrizar en Vnukovo, el aeropuerto más antiguo de Moscú. La zona cerrada al público Vnukovo 3 está reservada para aviones gubernamentales. Justo a continuación, el jefe del Kremlin se pone al aparato. La conversación con Barack

Obama transcurre como estaba previsto. El presidente americano argumenta que las nuevas medidas son la respuesta a las entregas de armas por parte de Rusia a los rebeldes de Ucrania oriental. A partir de ese momento, cuatro grandes bancos rusos dejarán de tener acceso a créditos a largo plazo en el mercado financiero internacional, y otras empresas se verán privadas también de hacer negocios en Occidente. La réplica de Vladímir Putin tampoco constituye una novedad. Este tipo de sanciones acabarán perjudicando a EE. UU. y a largo plazo no harán más que dañar los intereses nacionales estadounidenses. A continuación, Putin informa a Obama acerca de la caída del avión de pasajeros malasio, de la que el presidente americano, aparentemente, no tenía todavía noticia. Pero ninguno de los dos profundiza en el asunto. Enseguida volvieron a hablar sobre las sanciones, recordaba Putin cuando, poco tiempo más tarde, repasamos los trágicos sucesos de aquel día. Al cabo de poco, Dan Pfeiffer, asesor de Obama, comunica al presidente, que se desplaza hacia la base aérea de Andrews, las últimas novedades que el presidente ucraniano Petró Poroshenko difunde mundialmente por todos los canales en tono acusatorio. Según él, el responsable del derribo ha sido un cohete ruso. En cuestión de minutos, las noticias se atropellan. Washington activa el estado de alarma. En la Casa Blanca, los asesores empiezan a redactar textos para la batalla mediática de los próximos días. Josh Earnest, el portavoz de Obama, coordina la campaña y mantiene informado en todo momento al presidente. El vicepresidente Joe Biden habla por teléfono con el presidente ucraniano Poroshenko, que le describe el estado actual de las averiguaciones practicadas por Kiev. También la maquinaria del Kremlin funciona a todo gas. Dmitri Péskov ojea una vez más la declaración que han redactado sus compañeros de la administración presidencial de la Plaza Vieja, justo enfrente de la Plaza Roja, antes de que el presidente ruso hable ante las cámaras de televisión desde la dacha presidencial de Novo-Ogáriovo, en las afueras de Moscú, poco antes de medianoche.[3] Tras un breve mensaje de condolencia y un minuto de silencio, Vladímir Putin promete hacer todo lo que esté en su mano para aclarar los detalles de la tragedia. Sin embargo, deja claro ya cuál es para él la verdadera causa última del desastre. Nada habría sucedido, afirma, «si no existiera el conflicto armado de Ucrania oriental. Y, por supuesto, la responsabilidad de esta horrible tragedia corresponde al Estado en cuyo territorio se ha producido».

La respuesta de Washington no se hace esperar. Al cabo de unas horas, Barack Obama declara desde la Casa Blanca: «Las pruebas demuestran que el avión ha sido abatido con un proyectil tierra-aire procedente de la zona controlada por los separatistas apoyados por Moscú». La violencia de la explosión fue tal que los restos del Boeing 777-200ER quedaron esparcidos en un radio de 35 kilómetros cuadrados en las proximidades de la ciudad de Tores, en Ucrania oriental. Las primeras imágenes muestran restos humeantes del fuselaje, cadáveres mutilados y combatientes barbudos armados. Una imagen da la vuelta al mundo. En ella, un miliciano prorruso sostiene en el aire, supuestamente como un trofeo, el peluche de una víctima infantil del siniestro. Este gesto saltará a las portadas como prueba aparente de la falta de escrúpulos de los separatistas. Pero en realidad es un fotograma de una escena de vídeo relativamente larga que demuestra justo lo contrario. Después de mostrar el animal de peluche a la prensa, lo deja cuidadosamente en el suelo y se santigua.[4] Presentar un fragmento de este tipo como si fuera la historia completa es algo sintomático del conflicto de Ucrania. Desde el inicio de las hostilidades, hay un empeño por mostrar el punto de vista propio como el único correcto, dejando de lado la historia, los acontecimientos y los distintos intereses. Tanto el ejército ucraniano como los separatistas prorrusos disponían en las proximidades del lugar de la catástrofe de misiles antiaéreos Buk-M1 fabricados en Rusia, capaces de abatir aviones como el MH17 a gran altura. Para el fiscal holandés Fred Westerbeke, la hipótesis de trabajo más plausible hasta ahora también es que fue un proyectil tierra-aire de este tipo el que borró en un instante las vidas de 298 personas inocentes en esta frecuentada ruta aérea entre Oriente y Occidente. Westerbeke lidera un equipo internacional que investiga la tragedia y que evalúa también la sugerencia rusa de que fue un avión de combate ucraniano el que derribó la nave malasia. Westerbeke sabe que los resultados de su trabajo pueden tener consecuencias.[5] Él y su equipo necesitarán todavía varios meses para estudiar los miles de fotos, vídeos y testimonios de que disponen. Un año después de la catástrofe, EE. UU. aún no ha publicado las imágenes de sus satélites espaciales que podrían ayudar a identificar definitivamente a los responsables del derribo. Y, una vez más, la culpabilidad del hecho se le atribuye a ese hombre que da pábulo a las más desquiciadas fantasías desde hace años: Vladímir Vladimiróvich Putin, nacido en 1952 y presidente de Rusia por tercera vez. «¡Parad a Putin de una vez!», tituló *Der Spiegel* tras el desastre, casi sugiriendo que el inquilino del Kremlin lanzó el cohete con sus propias manos. «Aquí, en el páramo de Ucrania oriental, se ha mostrado el verdadero rostro de Putin. El presidente ruso ha quedado desenmascarado a los ojos de todos: ya no es un hombre de Estado, sino un paria de la comunidad internacional».[6] Un título profundamente equivocado, admitió el actual redactor jefe de la revista Klaus Brinkbäumer haciendo autocrítica meses después. «Culpa de Rusia», comentó el *Süddeutsche Zeitung* sin el menor asomo de duda hasta hoy.[7] «Hay que mostrar firmeza», comentó el FAZ, reclamando más recursos para las fuerzas armadas. «Occidente debe reforzar y hacer visible su capacidad defensiva en el ámbito económico, político y militar».[8] Un día más tarde, Gabor Steingart, editor del *Handelsblatt*, afirma: «Estas frases se leen como decretos de movilización intelectual».[9]

2. ORIGEN Y ACCIÓN

Cómo el pasado condiciona la relación entre Putin y Merkel

En la Plaza Roja, delante del Kremlin, reina un ambiente relajado, a pesar de que esta mañana del 9 de mayo de 2015 tiene lugar el mayor desfile militar celebrado en Rusia desde la posguerra. El cielo está de un azul radiante, y el mausoleo de Lenin, construido en granito rojo, está recubierto también por mamparas azules. La manifestación de recuerdo histórico y poder militar actual, que se inicia a las 10:00 en punto, nada más sonar la campana de la Torre del Salvador, está coreografiada hasta el último detalle. 16 000 soldados, carros de combate y misiles desfilan frente a veteranos cargados de medallas e invitados de honor, antes de que los más modernos aviones de la fuerza aérea dibujen en el cielo los colores nacionales de la Federación Rusa, como manda la tradición. Pero en la tribuna de honor los rostros no son los mismos que en años anteriores. Los países occidentales se han negado a participar en las celebraciones del LXX aniversario de la victoria sobre la Alemania de Hitler debido a la disputa en torno a Ucrania. A cambio, Vladímir Putin ha invitado a nuevos amigos a presenciar el espectáculo. Junto a él se encuentran el jefe de Estado chino Xi Jinping y el presidente indio Pranab Mukherjee, además de los presidentes de varias antiguas repúblicas soviéticas y los de Egipto y Sudáfrica. También se encuentra allí el secretario general de la ONU, Ban Ki-moon.

El tono con el que el presidente ruso inicia el discurso inaugural es moderado. Celebra la «grandiosa victoria» del

Ejército Rojo en 1945 y recuerda que la Unión Soviética fue el país con el mayor número de víctimas de la Segunda Guerra Mundial: 27 millones de muertos. Putin no olvida mencionar a los aliados presentes en la ceremonia, y también tiene unas palabras para los antiguos aliados: «Estamos agradecidos a los pueblos de Inglaterra, Francia y EE. UU. por su contribución a la victoria. Y también tenemos una deuda de gratitud con los antifascistas de numerosos países que lucharon generosamente en la clandestinidad, incluso en Alemania».[1]

No pronuncia los nombres de Lenin ni del jefe militar supremo de aquella época, Iósif Stalin. La dosis homeopática de revisión de esa historia corre a cargo ese día de un periodista de la televisión rusa que, durante la retransmisión en directo, comenta que no hay que olvidar que el nombre de Iósif Stalin es inseparable del Gulag, los campos de trabajos forzados. Además, el patriotismo, añade, no es el amor al poder, sino el «amor a la patria».

A continuación, Vladímir Putin participa en una marcha por Moscú con varios cientos de miles de personas, muchas de ellas con imágenes de sus padres o abuelos, afectados por la «Gran guerra patria». Él también lleva la foto de su padre. Lo que les ocupa es su identidad y la interpretación de su historia, con o sin Occidente. El ambiente es relajado. A la mayoría le preocupa poco la anexión de Crimea. Es cierto que la situación política internacional ya no permite celebrar conjuntamente la victoria sobre la Alemania nazi a pesar de todas las diferencias, pero eso no parece quitarle el sueño a nadie.

El estallido se produce al día siguiente. Angela Merkel, acompañada por el presidente ruso, deposita una corona de flores floral ante la tumba del soldado desconocido, junto a la muralla del Kremlin. La ceremonia funeraria está pensada como compensación política por la renuncia a tomar parte en el desfile de la victoria a causa de la anexión de Crimea. Al principio todo va como estaba previsto. Música militar y niños que quieren hacerse una foto con la canciller y el presidente. Pero la visita, concebida como puesta en escena y símbolo de la buena voluntad alemana en tiempos difíciles, y para mostrar disposición al diálogo, descarrila horas más tarde durante la conferencia de prensa común, que se emite en directo por televisión. El lenguaje corporal de la canciller denota una actitud de absoluta distancia hacia el interlocutor. La misma Angela Merkel que acaba de realizar una ofrenda floral mira ahora a las cámaras con su habitual gesto compungido y, después de la ofrenda floral, manifiesta verbalmente su repudio a los actos de su anfitrión.

«La anexión de Crimea, un acto criminal y contrario al derecho internacional, y el conflicto militar en Ucrania oriental, han asestado un golpe muy duro a la cooperación». La palabra «crimen» solo aparece una vez más en las declaraciones de la canciller en Moscú, pero en otro contexto: al referirse al «crimen del Holocausto». Vladímir Putin toma nota de esa equiparación, realizada además en una jornada de fiesta nacional. No hace comentario alguno sobre esa andanada, escasamente diplomática. La situación es difícil. Pero no olvidó en absoluto semejante comparación, realizada precisamente en un día como aquel.[2]

Aquello le dolió, por más que, como siempre suele hacer, intentara racionalizarlo y quitar importancia al escándalo, calificándolo de mera fórmula política sin nada extraordinario. «Era la única jefa de Gobierno del G7 que se encontraba en Moscú. Y, lógicamente, todo lo que tiene que ver con la guerra despierta emociones personales y políticas», resumió con mesura un mes más tarde en nuestra conversación en torno a la nueva etapa de las relaciones ruso-alemanas. En aquella situación, continuó, Merkel tenía que hacer un gesto favorable a Ucrania, pero aquello no pasaba de ser un mensaje perfectamente calculado de una profesional de la política, algo con lo que siempre hay que contar, y por supuesto él no coincidía con aquella valoración. De ser así, habría que calificar también de criminal el cruento golpe de estado de Kiev, o el cambio del orden establecido de la posguerra en Yugoslavia o Irak. Y continúa recitando con voz monótona una larga lista de desmanes cometidos por Occidente, para acabar, después de todas las relativizaciones y recuentos, con una conclusión clara: «La canciller no representa a cualquier país europeo, sino precisamente a Alemania. Y por eso aquellas palabras estuvieron totalmente fuera de lugar. Pero era una invitada, y por eso preferí callar. No habría sido correcto iniciar una discusión».

La equiparación entre la anexión de Crimea y el Holocausto se debió a un descuido, afirma una persona cercana a Merkel. Durante el vuelo a Moscú habían estado repasando los papeles de los discursos para aquella delicada ocasión. Pero durante la conferencia de prensa, la canciller se confundió y leyó la columna equivocada. Su vista fue a parar al párrafo que hablaba del crimen del Holocausto. No se puede descartar que esta versión sea cierta.

El problema de Angela Merkel es que, sea o no cierto el supuesto patinazo, Putin la considera perfectamente capaz de haber proferido a sabiendas esa ofensa. Al presidente ruso le costó más de lo habitual guardar silencio en el contexto de la fiesta nacional en honor de la Gran guerra patria, porque el paso en falso de Merkel no era un hecho aislado. Aquella comparación comprometedora venía justo después del ataque del ministro de Exteriores polaco Grzegorz Schetyna, que, en una entrevista radiofónica sobre el 70 aniversario de la liberación del campo de exterminio de Auschwitz había afirmado que los libertadores de Auschwitz no fueron soldados rusos, sino ucranianos.

Polonia no había invitado a la celebración al presidente ruso como representante de los libertadores, pero sí al representante de los asesinos, el presidente alemán Joachim Gauck.

«Es un hecho indudable», comentó el prestigioso historiador Götz Aly los sucesos en el *Berliner Zeitung*, «que no fue Polonia ni «Occidente», ni la «sociedad civil», ni la OTAN quienes liberaron Auschwitz, sino única y exclusivamente las fuerzas armadas soviéticas. Por eso resulta inconsciente, insensible y políticamente torpe celebrar el 70 aniversario de la liberación de Auschwitz sin invitar a los representantes de Rusia. Aparentemente, el responsable de este desaguisado es el Gobierno polaco. La canciller Merkel se limita a poner cara de póker». Götz Aly menciona incluso la unidad: «Miembros de la 60 división del Ejército Rojo del 1 frente ucraniano. 213 de sus camaradas cayeron durante la toma por Auschwitz».[3]

CORRECCIÓN POLÍTICA EN LUGAR DE ANÁLISIS

«Tengo que ser como mi pueblo quiere», fue la sucinta respuesta de Putin cuando, en una de nuestras primeras entrevistas, le pregunté si los valores occidentales no tenían ninguna importancia para él. Vladímir Putin, como otros jefes de Gobierno, como la misma Angela Merkel, se mantiene siempre al corriente, con todo detalle, de la voluntad de la mayoría de su pueblo. El infalible olfato de la canciller alemana Angela Merkel para las tendencias de la opinión de los alemanes no es fruto de su capacidad profética, sino de la demoscopia aplicada. Durante la legislatura 2009-2013, la oficina de prensa del Gobierno alemán encargó aproximadamente 600 encuestas confidenciales para conocer el grado de popularidad de determinados ministros o la aceptación de posibles proyectos gubernamentales. Putin hace algo parecido.

Si se otorga credibilidad a las encuestas que realizan periódicamente los institutos dependientes del Gobierno y el Centro Levada de Moscú, cercano a la oposición, para la mayoría de los rusos el mundo está compuesto por muchos enemigos y unos pocos aliados. Los derechos de las minorías y los derechos humanos no gozan de especial aprecio, y solo una pequeña parte de los más jóvenes sueña con el ingreso en la Unión Europea.

Tras el hundimiento de la antigua superpotencia soviética, muchos siguen siendo víctimas de un complejo de inferioridad. Y desde hace tiempo la mayoría desea vivir en un Estado básicamente ruso-democrático, sin contar con la ayuda ni los buenos consejos del exterior y sin que les importe mucho en qué consista exactamente esa democracia. Existe un gran anhelo de seguridad, y la integridad territorial es prioritaria. Al mismo tiempo, crece el temor a los extranjeros y al Islam. Datos como estos conforman el esquema que Vladímir Putin y la élite política rusa aplican a la política.[4] El resultado de estos estudios puede producir complacencia o rechazo. Pero lo que no se puede hacer es ignorarlo.

Quien, como hace habitualmente Angela Merkel, predica la corrección política en lugar de analizar cuáles son los intereses de cada grupo, deja pasar la oportunidad de hacer política de manera concreta y llegar a compromisos, y, en el mejor de los casos, presenta una lista de buenos propósitos más propia de la autorrealizacion personal. En algunos casos, ese sistema puede llevar a la felicidad, pero como planteamiento político —o como principio de trabajo periodístico— resulta ineficaz a largo plazo. Los alemanes no juzgamos a ningún otro país ni a ningún otro jefe de Estado con estos criterios de bienestar personal, rayanos en la autoayuda.

Que una antigua militante de la FDJ (juventudes comunistas de la República Democrática Alemana) y un antiguo agente secreto ruso que vivió cinco años en Dresde se vean abocados a negociar sobre la paz en Europa es un guiño irónico de la historia. Y que cada uno domine el idioma del otro también es una curiosa coincidencia. Pero eso no siempre facilita las cosas. Al inicio de la carrera política de Angela Merkel en Occidente, solían correr historias sobre su experiencia con las fuerzas de ocupación rusas en la RDA, y el relato culminaba siempre en la anécdota —apócrifa, por cierto— de que los soldados rusos estacionados en el antiguo Estado Obrero y Campesino le habían robado la bicicleta. Y, al parecer, el hecho de que sintiese una secreta admiración por el movimiento sindical Solidarność, que trajo la libertad a Polonia, dejaría una gran huella en alguien con sus antecedentes.[5]

Seguramente eso debe de explicar por qué, en su época de jefa de la oposición cristiano-demócrata en el Bundestag se puso del lado estadounidense en la guerra de Irak y reprochó al entonces canciller Gerhard Schröder falta de sentido de la democracia cuando este, de la mano del presidente francés Jacques Chirac y de Vladímir Putin, rechazó la intervención. Las supuestas pruebas de la existencia de las armas de destrucción masiva de Saddam Hussein, con las que EE. UU. justificó la guerra ante la opinión pública mundial en una espectacular conferencia de prensa, resultaron ser mera propaganda. Eran falsas.

A pesar de ello, para la pragmática hija de un párroco evangelista, los EE. UU. son los garantes de la libertad y la paz en el mundo, por más que provocaran la guerra de Irak o lleven a cabo constantes ataques con drones en todo el planeta. El escándalo de la NSA, que reveló cómo los EE. UU. han establecido un sistema de vigilancia mundial y que, dejando de lado amistades o alianzas, tenían pinchado el móvil de Merkel o robaban de manera sistemática datos de empresas alemanas, no es para Merkel motivo suficiente para distanciarse de ellos.

El hecho de que el Bundesnachrichtendienst [servicio de inteligencia de la RFA] fuera concebido en el momento de su fundación por EE. UU. como una sucursal de los servicios secretos americanos y haya continuado siéndolo en la Alemania soberna, es el otro lado de la moneda del poder, a la que, según la lógica de Merkel, no es posible renunciar. La vida tiene un lado oscuro y, a veces, si uno está en el lado correcto, no tiene más remedio que hacer la vista gorda. Angela Merkel domina como nadie el arte de estar siempre en el lado correcto, aunque tenga que corregir su posición constantemente.

«Para ella, América y libertad son sinónimos. Y es a la firmeza de ese país a quien ella debe, en última instancia, incluso su propia libertad», escribe su biógrafo, el jefe de la sección de internacional del *Süddeutsche Zeitung* Stefan Kornelius, otro translántico reconocido, en su libro *Angela Merkel. Die Kanzlerin und ihre Welt* [Angela Merkel: La canciller y su mundo]. Los comentarios de Kornelius coinciden casi punto por punto con el dogma de la canciller, expresado en palabras de la propia Merkel: «Lo que nos une y mantiene unidos a los europeos son los valores compartidos […] Es una manera común de entender la libertad en responsabilidad».

Y Kornelius declara como idea fundamental de la canciller el principio de que Alemania no debe hacer nunca política contra los intereses de EE. UU.[6]

Se trata de una herencia común de las dos Alemanias, que encuentra en Angela Merkel una expresión singular. La canciller, procedente de Alemania del Este, siente predilección por Europa oriental y está empeñada de manera casi personal en compensar a esos países por los sufrimientos del pasado. Pero esto representa un problema. El anhelo de Merkel por erigirse en madre adoptiva de Europa y resolver por interposición los conflictos históricos de Polonia y los Estados bálticos con Rusia no tiene fácil salida política. Los traumas nacionales solo pueden superarse desde la identidad propia y directamente entre los implicados, no a través de la intermediación de una bienintencionada defensora de los débiles. Además, ese empeño resulta perjudicial a la larga para la relación entre Alemania y Rusia.

El amor al poder y a la táctica política que comparten Putin y Merkel tampoco contribuye a facilitar la comunicación. Ambos están igualmente preocupados por la posibilidad de que el otro pueda descubrir su juego más allá de las declaraciones públicas y darse cuenta de que no poseen ningún plan maestro.

Ningún otro político occidental habla tanto por teléfono con el inquilino del Kremlin como Angela Merkel. Pero echar mano al auricular no significa automáticamente conocer los intereses del otro, y mucho menos reconocerlos. Para la canciller alemana, «Putin vive en otro mundo», como le contó confidencialmente a Barack Obama, y no está segura de que todavía mantenga un vínculo con el mundo real. Angela Merkel pudo leer estas declaraciones a la mañana siguiente en el *New York Times*.[7] Pero para entender que ese otro mundo también nos afecta a nosotros de manera muy concreta se requiere un trabajoso proceso de aprendizaje, que por cierto no solo le falta por completar a la canciller.

A la confianza imperturbable de Merkel en EE. UU. se suma su falta de sensibilidad para entender las circunstancias actuales e históricas del otro, algo que ha provocado más de una vez malentendidos difíciles de enmendar. El nuevo concepto de *Cultural Intelligence,* es decir, el respeto y consideración de la política alemana hacia las experiencias de otros países, que aparentemente debe regir en el futuro, no aparece por ningún lado cuando se trata de la relación con Moscú.

Por ejemplo en junio de 2013 en San Petersburgo. Se trata de un encuentro rutinario. Una delegación de presidentes de empresas y Angela Merkel han venido a hablar con Vladímir Putin sobre nuevos proyectos de la «alianza para la modernización», como se denomina el marco de cooperación económica de ambos países. Por la tarde, está previsto que el presidente ruso y la canciller alemana inauguren juntos una exposición en el Hermitage, como signo de buena voluntad.

El tema de la muestra es delicado: se trata de un botín de guerra. El famoso museo a orillas del Neva ha preparado para la visita, con la colaboración de expertos alemanes y rusos, el tesoro de Eberswalde, una colección de objetos de oro que los soldados soviéticos se llevaron a Rusia al final de la guerra. La oficina de la canciller hace saber que Angela Merkel desea pronunciar unas palabras con ocasión de la visita. Contenido de esas palabras: el tesoro debe volver a su legítima ubicación, es decir, a Alemania. El asunto es objeto de discusión desde hace tiempo. Los rusos afirman que la muerte de millones de compatriotas suyos durante la guerra constituye pago más que suficiente, un argumento que Berlín conoce y rechaza.

Este desacuerdo resulta ideal para alimentar la habitual tendencia de la política y el periodismo a magnificar determinados temas. Al día siguiente, en Berlín, el portavoz de prensa da a conocer a los periodistas las supuestas diferencias insalvables entre el Kremlin y la cancillería. Los rusos, al parecer, no querían que Merkel hablase, pero la canciller alemana no se deja cerrar la boca tan fácilmente. Pronto, el escándalo prefabricado anda en boca de todos. «Exposición de arte expoliado en San Petersburgo: Merkel hace saltar por los aires la inauguración en presencia de Putin», se lee ocho horas más tarde en el *Spiegel online*.[8] Y no solo *Die Welt* titula: «Merkel deja plantado a Putin».[9] Otros medios se suben también al carro.

El conflicto imaginario entre la libertad de expresión y las maneras dictatoriales de Putin se convierte enseguida en la sensación del día. Pero en realidad nadie deja plantado a nadie. Ese 21 de junio por la tarde, Vladímir Putin mantiene una entrevista confidencial con Angela Merkel y le recuerda la fecha del día siguiente en la que la exposición quedará abierta al público. Se trata de una fecha muy especial para Rusia. El 22 de junio de 1941 fue el día en que Alemania invadió la Unión Soviética. Aquella mañana, cuando la llamada del embajador alemán en Moscú, el conde von der Schulenburg, sacó de la cama al ministro de exteriores soviético Molótov, el ataque ya estaba en plena marcha con el nombre clave de «Operación Barbarroja». No es imposible que el asesor de la cancillería ignorase estos detalles, pero, tratándose de un experto en política exterior como Christoph Heusgen, se antoja cuanto menos dudoso. Para el presidente ruso, la exigencia de que se devuelva el tesoro a Alemania, formulada justamente aquel día, resulta intolerable desde el punto de vista de la política doméstica. En la prensa alemana del día no se encuentra la menor alusión a la trascendencia histórica de la fecha.

Para Vladímir Putin, los últimos años son la historia de un distanciamiento. No tanto de EE. UU. como de Europa y Alemania. La relación de Putin con Alemania es estrecha. Sus dos hijas hablan alemán y fueron a la escuela en Alemania. Ningún otro presidente ruso ha estado tan influenciado por Alemania como él. A principios de los años 90, siendo vicealcalde de San Petersburgo, su ciudad natal, impulsó personalmente el hermanamiento con Hamburgo. Durante la primera etapa presidencial de Putin, Henning Voscherau, jurista y antiguo alcalde de Hamburgo, visitó Rusia repetidamente al frente de un pequeño grupo de juristas para asesorar en la reforma constitucional rusa. Por no hablar de Gerhard Schröder, antiguo canciller del SPD, que llegó a convertirse en amigo personal de Vladímir Putin a pesar de que su asesor en política exterior le había recomendado encarecidamente que se negara incluso a darle la mano. Hoy, la relación especial entre Alemania y Rusia a nivel político pertenece al pasado. En la cancillería federal se habla ya abiertamente de la necesidad de un cambio de régimen en Moscú.

3. O NUEVAS REGLAS O NINGUNA REGLA

Putin y la ambición de dominio mundial de EE. UU.

Este año, el lema elegido para la edición de la conferencia de Valdai es llamativo, y el número de participantes, bastante reducido. La mayoría de los expertos en Rusia, exdiplomáticos, políticos, periodistas e historiadores procedentes de EE. UU., Europa, Rusia y China, que se suben a los minibuses que les están esperando en el aeropuerto de Sochi, donde pasarán tres días debatiendo en un apartado hotel, se conocen entre sí. El grupo viene reuniéndose una vez al año desde que el Kremlin creó este club de discusión en 2004.

New rules or no rules («O nuevas reglas o ninguna regla») es el título de la edición de octubre de 2014. En el orden del día, los temas cruciales del momento: el conflicto de Ucrania oriental, la anexión de Crimea, las sanciones de Occidente y sus consecuencias para Rusia. Y la cuestión fundamental de quién, cuándo y cómo debe fijar las reglas que rijan las relaciones internacionales en el futuro. Y por ello este año también se han desplazado a Krasnaya Poliana, la estación de esquí en lo alto del Cáucaso, por encima de la ciudad olímpica de Sochi, algunos pesos pesados de Moscú, como el ministro de exteriores Serguei Lávrov y Serguei Ivánov, el antiguo ministro de Defensa y hombre fuerte de la administración del Kremlin. O influyentes tecnócratas como Igor Shuválov, responsable gubernamental de Hacienda y Economía.

En la sala de conferencias del opulento palacio de cristal con vistas al nuevo circuito de biatlón en el que, en febrero de aquel mismo año, los esquiadores se habían disputado el oro y la plata olímpicos en pruebas de velocidad y tiro al blanco, ahora la élite política se esfuerza en diseñar una respuesta adecuada ante la crítica situación actual. Reina un ambiente relajado, y los dirigentes allí reunidos hacen gala de unidad y optimismo. Todos reconocen que las sanciones impuestas por Occidente harán daño. Pero también son una oportunidad para que Rusia haga por fin los deberes y lleve a cabo las reformas económicas pendientes.

El equipo gubernamental trae la lección bien aprendida: ante todo, fingir que no pasa nada. La crisis como oportunidad inesperada de aprovechar un gran potencial de mejora. Por ejemplo, los grandes grupos empresariales públicos, como el gigante Gazprom, todavía están lejos de agotar su potencial. En otras palabras, la situación está bajo control y no es ni por asomo tan mala como en 1998, aquel año catastrófico para la economía que quedó grabado en la memoria de los rusos como uno de los peores de la historia reciente del país. Por supuesto, el presupuesto en vigor ya no es factible y hay que efectuar grandes recortes. Pero, por lo demás, Rusia es un país fuerte y tiene como presidente a Vladímir Putin.

La aparición del personal político es solo el preámbulo del mensaje central que Vladímir Putin quiere transmitir a Occidente en el acto de clausura de la conferencia. Ocho meses después de los sucesos del Maidán en Kiev, el presidente ruso utiliza el encuentro como escenario para exponer sus puntos de vista en su discurso programático. Y será el discurso más duro de todos los que ha pronunciado públicamente ante el reducido círculo de asistentes. Una mezcla de ajuste de cuentas político y decepción personal. Deja bien claro a quién va dirigida la advertencia. «Los EE. UU. han dicho siempre a sus aliados: Tenemos un enemigo común, un adversario temible, el imperio del mal. Pero nosotros, los EE. UU., os protegemos contra él. Y por eso ahora tenemos derecho a exigir obediencia, a demandaros sacrificios políticos y económicos y a reclamaros vuestra contribución a esa defensa común. Pero, por supuesto, el timón lo llevamos nosotros».[1]

Y el primer mandatario de Rusia continúa: aunque la Guerra Fría acabó oficialmente hace décadas, por desgracia no se firmó ningún tratado de paz ni se establecieron unas reglas claras, que ahora resultan imprescindibles. Las consecuencias para el resto del mundo son más que problemáticas y pueden poner en peligro la paz: Los EE. UU., vencedores autoproclamados, actúan solo en defensa de sus propios intereses. Como nuevos ricos que de repente se encuentran con una enorme fortuna entre las manos, intentan dominar el mundo sin importarles el coste.

«Quién sabe, quizá la manera que tiene EE. UU. de practicar el liderazgo, con esa imagen tan elevada de sí mismos, puede acabar siendo una bendición para nosotros», añade Putin sarcástico, y continúa: «¿Y si resulta que esa intromisión en todo el mundo nos trae paz, progreso, crecimiento y democracia, y lo único que tenemos que hacer nosotros es dejarnos llevar?». Responde a la pregunta en la frase siguiente: «Las imposiciones unilaterales y el empeño en obligar a los demás a seguir un modelo son contraproducentes».

Una cosa queda meridianamente clara: para Rusia, ya ha pasado el momento de hilar fino en materias de derecho internacional. La clase dirigente de Moscú no ve las sanciones occidentales como un castigo político ejemplar pensado para hacer entrar en vereda a su país, sino como elemento estratégico de una guerra oficialmente no declarada. Objetivo: seguir ampliando la UE y la OTAN hasta las fronteras de Rusia. A ojos de Vladímir Putin, la supuesta cruzada de Occidente en nombre de la autodeterminación y la democracia es en realidad la prolongación del empeño por poner coto a la influencia rusa. Una prueba de esa doble moral que, casi con las mismas palabras, acusa al presidente ruso de querer resucitar la Unión Soviética.

Pero Vladímir Putin no ha acabado todavía. «Ya saben el refrán antiguo: lo que está bien para Júpiter no está bien para el buey. Pues bien, no compartimos esa opinión. Quizá sea correcta en el caso de un buey. Pero para un oso no sirve. Para nosotros, el oso es el señor de la taiga. Y el oso no tiene la menor intención de emigrar a otro clima. No está hecho para eso. Pero tampoco está dispuesto a dejar la taiga en manos de extraños». El mensaje está claro. El equipo de expertos reunidos apenas tiene pregunta alguna. Solo una lobbysta de una gran firma legal de Washington, antigua empleada de agencias de seguridad norteamericanas, agita durante unos momentos con vehemencia la bandera del derecho internacional y de lo que ella entiende por democracia desde el punto de vista estadounidense. Más que una verdadera réplica es un simple testimonio de su presencia, meramente protocolaria.

Luego, en *petit comité* durante la cena con unos cuantos exprimeros ministros occidentales y un puñado de académicos, Vladímir Putin vuelve a presentar los aspectos centrales de la lista de pecados de Occidente que se han grabado a fuego en su conciencia. «Pidieron la autorización del Consejo de Seguridad de la ONU para bombardear Siria con el fin de evitar que Gadafi hiciera lo mismo con una parte de su población, y dimos nuestra conformidad. Pero, al final, Occidente utilizó la intervención solo para derrocar a Gadafi. ¿Y qué habéis conseguido? Nada. El caos. Y en Irak, igual. Lo invadísteis. ¿Para qué ha servido? Para nada bueno, tampoco. Ahora los islamistas del ISIS, aliados con miles de antiguos militares frustrados del régimen de Sadam, intentan fundar un estado teocrático».

Más tarde, con un vaso de vodka para la despedida, un breve recuerdo al tema del día, Ucrania. La cuestión central de la conferencia: *new rules or no rules*, o nuevas reglas o ninguna regla.

«No empezamos nosotros. Desde el primer momento avisamos a los europeos de los riesgos que implicaba un acuerdo con Ucrania en esos términos; o nosotros o Rusia, o con nosotros o contra nosotros. Se trata de una acción que afecta directamente a nuestros intereses», concluye el anfitrión. «Pero en Bruselas nos dijeron: no es asunto vuestro. Punto. Fin de la discusión. Y el resultado ha sido un cambio violento de régimen. El colapso económico y social de un país. Y una guerra civil con miles de muertos».

Esa noche del mes de octubre, en las montañas del Cáucaso, Vladímir Vladimiróvich no pronuncia una palabra sobre Crimea. Crimea vuelve a ser rusa desde el 18 de marzo de 2014, y lo seguirá siendo mientras él sea presidente. De eso no tiene la menor duda.

4. DEBE Y HABER:
BALANCE PROVISIONAL

Rusia y la geopolítica de Occidente

Ya pasan algunos minutos de la medianoche cuando Putin llega a su despacho de Moscú. Habíamos quedado aquella tarde de diciembre de 2011 para una de nuestras primeras entrevistas largas. Vladímir Putin llega tarde, como siempre, pero esta vez aún más que de costumbre. La joven funcionaria ha estado llamando cada pocos minutos desde su *smartphone* para preguntar por la hora de llegada aproximada del presidente, sobre todo para tranquilizarse ella misma, y el personal me ha preguntado repetidas veces si me apetece tomar un café, un té o quizá una copa de vino.

La reunión ha durado más de lo previsto, afirma Vladímir Putin, más que nada por cortesía. Cuando le pregunto si cree de verdad que el escudo antimisiles que la OTAN está instalando junto a las fronteras está solo para hacer frente a Irán, como afirma la Alianza, se ríe abiertamente. Pero luego responde con detalle: «Esos sistemas de misiles cubren todo nuestro territorio hasta los Urales. Neutralizan una parte de nuestro arsenal nuclear terrestre, que constituye la base de nuestro potencial de defensa. Eso lo tienen claro todos los expertos. Pero luego vienen y nos dicen: no os preocupéis, chicos. Estamos montando este sistema, pero no para usarlo contra vosotros. Somos los buenos. Creednos, os decimos la verdad».

Para Vladímir Putin, el escudo antimisiles solo es otra prueba de que Occidente no valora el esfuerzo que ha hecho

Rusia para administrar el hundimiento de la Unión Soviética sin apenas recurrir a métodos violentos. No le costó aceptar que la historia había sentenciado al socialismo realmente existente. Pero sí que sus propios dirigentes lo liquidaran de una manera tan poco profesional. Y que en solo dos semanas de diciembre de 1991, la Unión Soviética dejara de existir, cuando los presidentes de Rusia, Ucrania y Bielorrusia, reunidos en una dacha gubernamental en el bosque de Bélovesh, cerca de Minsk, proclamaron su final. Unos días después se arrió en el Kremlin la bandera de la hoz y el martillo y se izó en su lugar la del águila bicéfala de la época zarista.

De este modo, Rusia, con apenas 145 millones de habitantes, la mayoría rusos, se hizo cargo de la noche a la mañana de la herencia de lo que había sido un gigantesco imperio. El resto, formado por las repúblicas exsoviéticas, con una población similar, iba a tener que aprender a caminar por sus propios medios después de décadas de dependencia. Y, de la noche a la mañana, más de 20 millones de rusos se encontraron de repente en otro Estado obligados a asumir su condición de extranjeros. Un conflicto que todavía no ha acabado de resolverse. Estas circunstancias explican por qué Putin describió este hecho como «una de las mayores catástrofes geopolíticas del siglo xx».[1]

En su periodo como concejal de hacienda de San Petersburgo, aprendió rápidamente que, en la era de la globalización, el capital solo se desplaza a las zonas donde los inversores se sienten cómodos. Las mejores condiciones se encuentran en las regiones donde los impuestos y los sueldos son bajos y la población mantiene la tranquilidad a pesar de vivir en la miseria. En aquel momento, en pleno curso acelerado de capitalismo, entendió lo importante que es que también los multimillonarios paguen impuestos en su país y respeten al Estado.

Lo que le molesta a Putin no es solo la sensación de que le intentan tomar el pelo. Le ofende igual, o quizá todavía más, la falta de respeto por los intereses nacionales de Rusia, aunque el país se encuentre en horas bajas. Durante las horas que siguen, sin freno, sin apenas tomar aliento, explica con todo detalle, mientras come *pelmenis* y bebe té, cómo se ha cambiado el mapa militar de Europa sin tomar en la más mínima consideración los intereses de Rusia. Relata cómo el Pacto de Varsovia, la alianza militar soviética, se disolvió al desaparecer la Unión Soviética, mientras la OTAN se ampliaba a ritmo acelerado. Se remonta a 1999, cuando Polonia, la República Checa y Hungría ingresaron en la Alianza; a 2004, cuando se incorporaron también los Estados bálticos, Rumanía y Eslovaquia; y, finalmente, a 2008, cuando ingresaron Croacia y Albania «a pesar de que, en el momento de la reunificación de Alemania, nos prometieron que no se impulsaría la ampliación de la OTAN».

Esa promesa viene siendo objeto de profundo desacuerdo desde hace años. Se trata de una cuestión crucial en el nuevo conflicto Este-Oeste. Lo único seguro es que no figura en ningún tratado por escrito. Pero con la misma seguridad sabemos que se habló de ella largo y tendido. En una nota del ministerio de exteriores alemán se lee, en relación con una conversación entre el ministro de Exteriores alemán Hans-Dietrich Genscher y su homólogo ruso Eduard Shevardnadse del 10 de febrero de 1990: «[El ministro]: Somos conscientes de que la pertenencia de la Alemania unida a la OTAN plantea algunas complicaciones. Pero nosotros tenemos la certeza de que la OTAN no se ampliará hacia el Este».[2]

También está fuera de duda que los americanos compartían este punto de vista, al menos en aquel momento. La OTAN no extenderá su área de influencia «ni una pulgada en dirección al Este», declaró el secretario de Estado James Baker el 9 de febrero de 1990 en la Sala de Santa Catalina del Kremlin.[3]

«Todas esas afirmaciones existieron. La culpa de que no se pusieran por escrito en un tratado internacional corresponde a los dirigentes soviéticos de la época», añade Vladímir Putin, cargando sobre los políticos de su propio país la responsabilidad de un error tan funesto. «Se despistaron, y, como dice el refrán, las palabras se las lleva el viento». Sin embargo, esa noche me queda claro que para Putin, aun sin documentos firmados, todo esto constituye la prueba de que Occidente descartó desde el primer momento una cooperación futura. «Y lo que vino después, está escrito». Al despedirnos, al amanecer, el presidente ruso me da una recomendación: «Lea a Zbigniew Brzezinski».

El antiguo asesor de seguridad norteamericano Zbigniew Brzezinski, nacido en 1928 en Varsovia, ya trabajó para los presidentes estadounidenses Lyndon B. Johnson y Jimmy Carter, así como más tarde para Bill Clinton y Barack Obama. Como su equivalente republicano Henry Kissinger, fue uno de los geopolíticos demócratas más influyentes. Hijo de un diplomático polaco que, huyendo de la Segunda Guerra Mundial, fue a parar a EE. UU. a través de Canadá, Brzezinski describió ya con precisión en 1997 la prevista ampliación de la OTAN en su libro *El gran tablero mundial: la supremacía estadounidense y sus imperativos geoestratégicos*, aunque probablemente ni él mismo sospechaba que sus hipótesis se iban a cumplir hasta el último detalle.

Cuenta Brzezinski: «Una Europa sin un pacto común de seguridad con los EE. UU. resulta casi inimaginable en la práctica. En consecuencia, en el futuro, los Estados que deseen iniciar negociaciones de adhesión con la UE y sean invitados a hacerlo, deberán quedar automáticamente bajo la protección de la OTAN».[4]

También el calendario que plantea para el futuro desarrollo geoestratégico coincide en buena medida con la realidad. La tarea iniciada por el Gobierno demócrata de Bill Clinton en los años 90 fue continuada sin cambios por su sucesor republicano George W. Bush y, posteriormente, por Barack Obama. Brzezinski: «Entretanto, la UE iniciará negociaciones de adhesión con las repúblicas bálticas, y también la OTAN dará paso adelante en el asunto de la incorporación de estos Estados y Rumanía, cuyo ingreso podría culminar posiblemente en 2005. En algún momento de esta fase, los demás Estados balcánicos empezarán a cumplir los requisitos necesarios para la candidatura al ingreso. [...] Y algún día, entre 2005 y 2010 Ucrania estará preparada también para una negociación en serio con la UE y con la OTAN, en especial si el país consigue realizar entretanto progresos significativos en sus reformas en política doméstica y adopta con claridad un carácter de Estado centroeuropeo».[5]

El socialdemócrata Frank-Walter Steinmeier sabe de primera mano cómo ha llegado a producirse este nuevo enfrentamiento entre Este y Oeste. Al fin y al cabo, a principios de siglo fue jefe de la oficina del canciller y posteriormente ministro de exteriores en la era de la gran coalición de 2005 a 2009, cuando la crisis empezó a dispararse. Su incomodidad con el curso de los acontecimientos en el conflicto de Ucrania resulta evidente, aunque un diplomático como él sabe presentar la crítica y la autocrítica en forma de interrogantes cuando habla en público. Así lo hizo en su discurso de toma de posesión como ministro de Exteriores, al inicio de su segunda etapa en el cargo, a finales de 2013, aunque, después de varios años de Gobierno de la coalición de cristianodemócratas y liberales, todas las preguntas que planteó ya estuvieran más que respondidas. «Tenemos que preguntarnos si hemos sido conscientes de hasta qué punto ese país [Ucrania] se encuentra dividido y debilitado; si nos hemos dado cuenta de lo difícil que resulta para ese país tener que decidirse entre Europa y Rusia; y si no habremos subestimado la determinación de Rusia y sus lazos no solo económicos, sino también históricos y emocionales con Ucrania».[6]

La época de Guido Westerwelle, el predecesor de Steinmeier, fue la de mayor intrascendencia del ministerio de Exteriores en la reciente historia alemana. En el momento de la toma de posesión de Westerwelle, el antiguo embajador norteamericano en Alemania, Philip Murphy, escribió a sus compañeros del Departamento de Estado de Washington que el nuevo ministro de Exteriores era «una incógnita» y que «tenía una relación contradictoria con EE. UU.». Por eso, en los asuntos importantes, el Departamento de Estado norteamericano prefería tratar directamente con la cancillería. Así, Christoph Heusgen, el asesor en política exterior de Merkel, se convirtió en «una especie de ministro de asuntos exteriores paralelo», refiere *Der Spiegel.*[7]

Como veremos más adelante, fue la cancillería federal la que dio su aprobación, cómo no, cuando los EE. UU. decidieron por dónde iban a ir los tiros en Ucrania. Y en buena parte fue también la burocracia de Bruselas, en especial el expresidente de la Comisión Europea José Manuel Durao Barroso, quien presionó hasta el límite a Ucrania con su política de «o blanco o negro» para que se decidiera entre el Este y el Oeste. Los comisarios europeos «se inmiscuyeron demasiado en política internacional, aunque la mayoría de ellos no saben nada del tema», como se vio en el «intento de incorporar a Ucrania», como afirmó en 2014 el excanciller Helmut Schmidt criticando a la comisión. El conflicto, añadió, le recordaba a la situación de 1914, antes de la Primera Guerra Mundial. Se trataba de situaciones «cada vez más comparables». No sería él quien mencionase en vano la Tercera Guerra Mundial, «pero el peligro de que la situación se complique como en agosto de 1914 crece día tras día».[8]

El certificado de divorcio entre Ucrania y Rusia que el Diario Oficial de la Unión Europea publicó a finales de mayo de 2014 tiene más de mil páginas. La obra está compuesta por un preámbulo, siete capítulos, 486 artículos, 43 anexos y diversos protocolos que reglamentan con extravagante minuciosidad las relaciones entre Kiev y su nuevo socio, la Unión Europea.[9] Es el resultado de años de desplazamientos de Kiev a Bruselas y de Bruselas a Kiev de hordas de funcionarios y políticos expertos en redactar declaraciones públicas y en exigir, amenazar o atraer con promesas.

Todos los detalles están consignados con exactitud. El texto se explaya sobre aspectos financieros y normas industriales vinculantes. Sobre los aranceles que deberán pagarse para cada cosa y hasta qué momento en los próximos años. Cientos de páginas regulan meticulosamente, entre otras cosas, «el comercio de animales vivos y mercancías de origen animal». Por ejemplo, que las «cerdas con un peso de 160 kilos o más, y que hayan parido por lo menos una vez» pagarán un arancel del 8 por ciento en caso de exportación a Europa, mientras que los «pollos vivos» pueden exportarse gratis a Bruselas. En cambio, los pollos «desplumados, despiezados y sin cabeza, pero con cuello, corazón e hígado» salen algo más caros: tienen que pagar un 15 por ciento en la aduana.

El Acuerdo de Asociación entre la Unión Europea y sus Estados miembros, por una parte, y Ucrania, por otra, como se denomina oficialmente el tratado, especifica exactamente qué clases de pescados deberán pagar un arancel al ser exportados a la Unión Europea y cuáles no. Lo que sucederá con los mejillones y distintos tipos de cefalópodos, y que Ucrania deberá pagar 168 euros por cada tonelada de trigo exportada a Europa, para proteger a los agricultores de la UE frente a la competencia ucraniana.

En lo que respecta a la reglamentación que afecta a las personas, el articulado es menos explícito. En algún momento, los ucranianos podrán viajar al nuevo mundo feliz de la UE sin necesidad de visado. Eso sí, siempre que se cumplan una serie de condiciones jurídicas, organizativas y políticas. La fecha no se fija. En uno de los artículos del tratado se hace alusión a la esperanza de muchos manifestantes: «Conscientes de la importancia de que, llegado el momento, se introduzca una regulación para la admisión sin visado de los ciudadanos ucranianos, en la medida en que se cumplan las condiciones para una movilidad bien gestionada y segura», las partes abordarán el tema en detalle en los próximos años «en el marco de conversaciones regulares a nivel de altos funcionarios y expertos de ambas partes».[10]

A fecha de diciembre de 2015, el balance del proceso de separación entre Ucrania y Rusia, su antiguo socio, es catastrófico: más de 9000 personas han muerto por causas violentas. El país está arruinado y dividido, y seguirá en ese estado durante años. Desde el cambio de régimen en Kiev en febrero de 2014, en Europa reina de nuevo el bloqueo. La guerra fría solo se había tomado una breve pausa. Para la Unión Europea, esta forma de asociación con países de Europa oriental resulta extremadamente onerosa. Según los expertos, las consecuencias del enfrentamiento militar ascienden a varios cientos de miles de millones de euros, sin contar con la devastación de la zona oriental del país. También Vladímir Putin paga un alto precio. El nacionalismo ruso crece. La economía rusa atraviesa su crisis más profunda desde 2008. No solo debido a las sanciones, sino también a la caída del precio del petróleo. Aun así, el inquilino del Kremlin es más popular que nunca.

«Todo en Crimea está profundamente impregnado de nuestra historia común, de nuestro orgullo común», afirma Putin en la ceremonia solemne, visiblemente conmovido por la trascendencia del momento y por su propia persona, mientras apunta los motivos nacionales para la anexión de la península y de la ciudad de Sebastopol a Rusia. No solo la élite política rusa aplaude en pie las históricas palabras de

Putin el 18 de marzo de 2014 en la gran sala de San Jorge del Kremlin. El presidente también ha logrado tocar la fibra del pueblo ruso, por otra parte tan aficionado a pasar las vacaciones a orillas del Mar Negro.

«Crimea es Sebastopol, una ciudad de leyenda, una ciudad con un grandioso destino y cuna de la flota del Mar Negro». Y, por supuesto, da por sentado que «Ucrania será un buen vecino». Sin embargo, «la situación había empezado a cambiar», y «los rusos, igual que otros ciudadanos de Ucrania, sufrían bajo la crisis política permanente que viene sacudiendo a Ucrania desde hace más de veinte años».[11]

Los Gobiernos europeos están perplejos. No contaban con esta reacción, y se interrogan en público por la razón de que las cosas hayan llegado tan lejos. Por supuesto no es culpa suya, repiten todos. Ellos solo querían lo mejor.

«Nadie podía prever que fuéramos a deslizarnos tan rápidamente hacia la crisis más grave desde el fin de la guerra fría», aduce el ministro alemán de Exteriores Frank-Walter Steinmeier en abril de 2014 para disculpar el fracaso de su gremio.[12] Es el tipo de frases que los políticos construyen para los libros de historia futuros, para documentar su impotencia y el carácter inevitable del devenir político. También la canciller alemana suele usar una frase hecha similar para evocar la lógica inexorable de la política, que ella, por desgracia, no fue capaz de atajar pese a sus enormes esfuerzos. «No hay alternativa» es la expresión trillada que Angela Merkel deja caer cada vez que está determinada a sacar adelante sus proyectos contra viento y marea.

Y así, como si el conflicto hubiera surgido de la noche a la mañana, como si, después de dos guerras mundiales, la política no tuviera la tarea fundamental de poner coto a las confrontaciones de este calibre ya desde antes de su inicio.

Cien años después del inicio de la Primera Guerra Mundial, la excusa de no poder hacer nada sigue siendo igual de débil. En aquel momento ya era falsa. Los políticos, por su condición de tales, están automáticamente implicados en la creación activa de conflictos. La víspera del estallido de la Gran Guerra, el canciller alemán Moritz August von Bethmann-Hollweg telegrafiaba al embajador alemán en Viena: «Si se produce el gran conflicto, tenemos que crear la impresión de que los rusos son los agresores».[13] El imperio alemán había presionado a los Habsburgo austríacos a declarar la guerra a Serbia, sabiendo perfectamente que en ese caso Rusia intervendría. Ya en 1961, el historiador hamburgués Fritz Fischer, en su libro *Griff nach der Weltmacht* [Asalto al poder mundial], demostró la falsedad del mito corriente según el cual Alemania entró en la Primera Guerra Mundial sin malas intenciones, por así decirlo, y desató con ello uno de los debates historiográficos más intensos de la historia de la República Federal. Desde entonces, la excusa habitual de los políticos ya no vale. El intento de culpar al contrario de turno de la escalada de un conflicto es tan antiguo como la profesión de político.

Por supuesto, la crisis actual no es como la de entonces. Pero, en los últimos años, Alemania nunca ha sido mediador neutral entre Occidente y Rusia, sino siempre parte implicada en el conflicto entre Moscú y Ucrania. El proyecto de desplazar las fronteras de la OTAN y la UE hasta las puertas de Crimea a pesar de las continuas protestas de Rusia fue un error de cálculo que Angela Merkel fomentó y acabó bendiciendo. Y lo que cuenta aquí no es tanto una valoración moral de su política, sino la cuestión fundamental de qué coste pueden llegar a asumir los políticos a cambio de imponer sus planes, independientemente de que en el caso de Ucrania se dilucide una pugna entre dos modelos de sociedad o una simple disputa geopolítica, o ambas cosas al mismo tiempo.

Y no se puede decir que Vladímir Putin no haya avisado de lo que iba a suceder. Ya sea en su discurso en el Bundestag en 2001 o en la conferencia de seguridad de Múnich de 2007, sus protestas siempre giran en torno al mismo *leitmotiv*: falta de confianza para respetar a Rusia como un socio en pie de igualdad después de la caída de la Unión Soviética, y para diseñar y cumplir conjuntamente unas nuevas reglas de juego.

Ya en su primera (y hasta ahora última) aparición ante los diputados alemanes en el Reichstag de Berlín, el nuevo presidente, con apenas un año en el cargo, aludió de modo poco diplomático al problema que tenía con los nuevos socios occidentales y la oferta de cooperación con la OTAN. «Hoy en día, a veces se toman decisiones sin contar con nosotros en absoluto. Y luego se nos presiona para que demos nuestra conformidad. [...] Incluso nos dicen que sin Rusia no es posible llevar a la práctica esas decisiones. Deberíamos preguntarnos si eso es normal, si eso es verdadera cooperación. Seguimos viviendo en el antiguo sistema de valores. Hablamos de cooperación, pero en realidad todavía no hemos aprendido a confiar los unos en los otros».[14]

Más de una década después, su opinión al respecto no ha variado.

5. DESEO Y REALIDAD

El presidente que ya fue presidente y las protestas de 2012

Es junio de 2012 y hace calor de verano en Sochi. La ciudad se encuentra a la sombra de las altas montañas del Cáucaso, a la misma latitud que Niza. Desde allí, la costa del Mar Negro se prolonga 150 kilómetros en dirección Sudeste hasta la frontera georgiana y 300 kilómetros en dirección noroeste hasta Crimea. La residencia de verano estatal Bochárov Ruchei se halla al final de una calle llena de curvas que atraviesa el distrito de Novi Sochi. Los titulares del Kremlin siempre han pasado las vacaciones en esta residencia presidencial a orillas de la Riviera rusa. Iósif Stalin, Nikita Jrushchov, Leonid Breznev, Boris Yeltsin… Pero también el presidente norteamericano George Bush padre, el primer ministro Gerhard Schröder, Angela Merkel y el premier británico Premier David Cameron han sido huéspedes de Estado en la mansión. Fuera, en el agua lisa como una balsa de aceite, flotan en el calor centelleante del mediodía dos navíos de guerra rusos. Antes de comer, el anfitrión señala hacia el Mar Negro desde la amplia terraza de la sede gubernamental mientras imparte clases particulares de historia rusa. «En esa dirección está Crimea», afirma Vladímir Putin para iniciar una larga parrafada. El presidente ruso es aficionado a las digresiones de larga duración. Allí se encuentra la cuna compartida de los rusos y los ucranianos, afirma. Además, la flota rusa del Mar Negro tiene su base desde hace muchas décadas en la península, que le sirve a Rusia como trampolín hacia el Mediterráneo. Esta tradición se remonta a Catalina la Grande, que refundó la ciudad portuaria de Sebastopol en 1783.

«Y ya sabe usted», añade Vladímir Putin de pasada, «que Catalina la Grande procedía de Alemania y su nombre de soltera, antes de casarse con un zar ruso, era Princesa Sofía Augusta Federica». El matrimonio fue infeliz, por decirlo suavemente, pero a ella le sirvió como rampa de lanzamiento para una inusual carrera política en Rusia. En 1762, su esposo Pedro III firmó su decreto de abdicación y murió pocos días después, en circunstancias no del todo aclaradas. La alemana encumbrada al trono de los zares gobernaría Rusia durante 34 años.

Fue Nikita Jrushchov, antiguo jefe del Partido en Ucrania y elegido un año antes primer secretario del Comité Central en Moscú, quien regaló la península generosamente en 1954 a la entonces República Socialista Soviética de Ucrania, en reconocimiento a 300 años de hermandad ruso-ucraniana. Una decisión que Putin, como muchos de sus compatriotas, nunca compartió. Por entonces a nadie se le habría pasado por la cabeza que la Unión Soviética iba a disolverse al cabo de pocas décadas y en consecuencia Crimea iba a quedar fuera de la esfera de poder de Moscú. En la conciencia colectiva de los rusos, Crimea forma parte de su país desde tiempos inmemoriales.

Al fin y al cabo, cerca del 60 por ciento de los habitantes de la península son rusos, afirma Putin. Tras las largas disputas que siguieron a la declaración de independencia de 1991, la propia Ucrania acabó reconociendo esta realidad. En un gesto de buena voluntad dirigido a la parte mayoritaria de la población, la península pasó a denominarse oficialmente República Autónoma de Crimea. Tendría su propio Parlamento y capital en Simferopol. Solo que a partir de entonces las órdenes llegarían de Kiev y no de Moscú. En 2010, tras un largo tira y afloja, Dmitri Medvédev y el entonces presidente de Ucrania Víktor Yanukóvich prolongaron el tratado de estacionamiento de la flota del Mar Negro hasta 2042. Esta tarde, mi anfitrión no comentará nada sobre su relación, al parecer difícil, con Yanukóvich, que vive exiliado en Rusia desde su destitución. Prefiere no tocar el tema y solo deja entrever que se conocen desde hace tiempo, que no son precisamente amigos y que nada hace pensar que lleguen a serlo.

La ciudad de Sochi, de clima subtropical y 340 000 habitantes, presentó su candidatura a los Juegos Olímpicos de Invierno de 2014 y obtuvo la designación. Para Putin, otro motivo para visitarla más a menudo. La residencia estatal de verano es uno de sus lugares favoritos. En estos días de junio de 2012, el primer ministro de Rusia, que acaba de volver a su antiguo cargo, disfruta de sus vacaciones a orillas del Mar Negro. Vladímir Putin ha tomado posesión hace cuatro semanas de su tercera presidencia. Ha finalizado el periodo de interinidad de su compañero de viaje político Dmitri Medvédev.

Como la Constitución rusa solo permite un máximo de dos mandatos presidenciales consecutivos, hace cuatro años Putin y Medvédev sellaron un acuerdo interno que no solo irritó a la oposición rusa, sino también a Occidente: Medvédev se presentaría a las elecciones presidenciales de 2008 con el apoyo de Putin, quien, a su vez, ocuparía el cargo de primer ministro. Para decidir quién se presentaría cuatro años más tarde, se regirían por las encuestas de opinión. Según el acuerdo informal entre los dos, aquel que obtuviera una mejor valoración sería automáticamente el nuevo candidato a la presidencia.

Pese a lo esperado, cuando llegó el momento Dmitri Medvédev no se mostró dispuesto a abandonar el poder voluntariamente. La disputa, que tuvo lugar entre bastidores, duró más de un año. Ya a finales de 2010, Medvédev anunció a sus colaboradores que pensaba presentarse a la reelección. «La BBC tiene indicios muy fiables de que Medvédev pretende optar a una segunda presidencia», informó el corresponsal en Moscú Steve Rosenberg en diciembre.[1] En una entrevista con el *Financial Times*, el propio Medvédev afirmaría seis meses más tarde: «Cuando uno sale con ventaja, le cuesta renunciar a ella. La competencia entre políticos es importante para el desarrollo económico».[2]

Ya encontraremos alguna ocupación para Putin, empezaron a comentar sus partidarios. Por ejemplo, presidente del Comité Olímpico o, por qué no, secretario general de la ONU.

Para mejorar sus posibilidades de éxito, Medvédev se alió con el ministro de Defensa Anatoli Sérdiukov. «Aunque el Gobierno de Putin había aprobado un aumento del presupuesto militar de 345 000 millones de euros para los diez próximos años, Medvédev concedió al ministro de Defensa más del doble», detalla el exministro de Economía Aleksei Kudrin para describir el enfrentamiento entre los dos rivales durante un consejo de ministros.

Kudrin es uno de los más antiguos colaboradores políticos de Putin y adversario declarado de Medvédev. «Yo me opuse, porque eso nos habría obligado a recortar prestaciones sociales. Putin consiguió llegar a un compromiso. De acuerdo, más dinero, pero no más de 500 000 millones».

En enero de 2011 se produjeron nuevas desavenencias. El suplente díscolo movió pieza para ganarse el favor de los órganos de seguridad. «Medvédev quería aumentar los sueldos de los militares, policías, el servicio secreto y el servicio de seguridad presidencial», cuenta Kudrin. «Yo estaba en contra y quise dimitir. Putin me pidió que permaneciese en el cargo y desarrollara la propuesta. No quería enfrentarse a Medvédev en ese asunto».[3]

Pero Medvédev no se salió con la suya. En el círculo de poder interno, el antiguo presidente se impuso al titular del cargo. Putin no solo gozaba de mayor popularidad entre los ciudadanos, sino también de mejores contactos.

El primer ministro Dmitri Medvédev se arrellana en el sofá de cuero rojo de la biblioteca de su dacha en las afueras de Moscú y niega que llegaran a discutir seriamente quién sería el candidato presidencial en 2012. «Cuando tomé posesión de mi cargo acordamos que el siguiente candidato sería Vladímir Putin. Queríamos dar a Rusia seguridad a largo plazo»: así me contó su versión cuando le pregunto por los acontecimientos de aquella época. No oculta que tiene mala relación con el antiguo ministro de Economía Aleksei Kudrin. Lo expulsó del Gobierno porque había declarado públicamente que no estaba dispuesto a trabajar con Medvédev si este volvía a ser primer ministro después del intercambio de cargos. «Todo sistema tiene una jerarquía», explica sin entrar en detalles. Dicho de otro modo: donde hay patrón no manda marinero. Por lo demás, no cambia su versión: es cierto que Putin y él no siempre están de acuerdo, pero no son rivales. Esa tarde, Dmitri Medvédev habla mucho, pero sobre todo del trabajo común que había que sacar adelante, y mantiene la discreción en todos los demás aspectos.[4]

La idea de tener que vérselas de nuevo con Vladímir Putin en lugar de con su antecesor, un hombre más dialogante, no despertó entusiasmo en Washington ni en Berlín. La Casa Blanca expresó su pesar por la marcha de Medvédev, lo que Vladímir Putin interpretó como una ofensa personal, igual que las críticas a su decisión de optar a la presidencia por tercera vez. Para él, ese tipo de afirmaciones son un acto de agresión, una intolerable intromisión en asuntos internos. Quien, desde el extranjero, se vincula públicamente a un político ruso, pierde toda su capacidad política. «¿Qué hay de ilegal en ello?», se pregunta el jurista Vladímir Putin. «Todo lo que he hecho es absolutamente constitucional. Teníamos una mayoría de dos tercios en el Parlamento y habríamos podido modificar la limitación de dos mandatos. Pero no quisimos hacerlo. ¿Cuánto tiempo estuvieron en el poder Adenauer o Helmut Kohl en Alemania?», se pregunta retóricamente. Es el único momento de acritud que asoma esa tarde de verano. Al fin y al cabo, ha conseguido su objetivo. Ha ganado las elecciones y prestó juramento en el Kremlin hace cuatro semanas.

PROTESTAS Y CONSECUENCIAS

El chófer que el 7 de mayo de 2012 pasa a recoger al antiguo canciller Gerhard Schröder por el Hotel Balchug Kempinski para conducirlo a la ceremonia de toma de investidura se presenta con extrema puntualidad, a pesar de que esa mañana el tráfico no va a darle muchos problemas. A Schröder le bastan unos minutos para llegar al centro del poder de Rusia. El Kremlin está a la vista, solo unos metros más allá del Moscova. Esa mañana, a la entrada del palacio del Kremlin, hay una larga hilera de limusinas negras. La ceremonia solemne de entrega del poder no empezará hasta dentro de unas horas. 2000 invitados de honor hacen cola en dirección a la sala de San Alejandro para celebrar la tercera toma de posesión del antiguo y nuevo presidente Vladímir

Putin. Los controles, a cargo de hombres fornidos con pelo cortado al cero, son estrictos. Sin invitación y pase no pueden entrar ni siquiera los VIP.

La policía ha cerrado herméticamente las calles del centro de Moscú. Los manifestantes no tienen ninguna oportunidad de bloquear la columna de vehículos en la que Putin avanza hacia la gran ceremonia. Las medidas de seguridad son también una reacción frente a la concentración masiva en contra de su retorno que tuvo lugar el día anterior a poco más de un tiro de piedra del lugar de la ceremonia, y que acabó en una sangrienta batalla campal entre la policía y los manifestantes. En las filas de la oposición reina una gran frustración y rabia, y sus demandas políticas son radicales e ingenuas. La multitud exige la «cancelación de la investidura» y «nuevas elecciones presidenciales y parlamentarias».

Tras un largo tira y afloja, las autoridades moscovitas y los organizadores han acordado que la prevista «marcha del millón de personas» por el centro de Moscú finalice con un acto multitudinario en la cercana Plaza Bolotnaya, por más que en Moscú sea difícil encontrar una plaza capaz de alojar a un millón de personas.

Lo que alimenta la protesta es, sobre todo, la denuncia de que en las elecciones parlamentarias del pasado diciembre se produjeron manipulaciones y falsificaciones masivas. La oposición ha rebautizado al partido gubernamental Rusia Unida como «Partido de los ladrones y los estafadores». La junta electoral ha recibido miles de reclamaciones. Tampoco Vladímir Putin se quedó de brazos cruzados y ordenó equipar con *webcams* los más de 90 000 colegios de las elecciones presidenciales de 4 de marzo de 2012. Por primera vez era posible seguir las votaciones a través de cámaras conectadas a internet, y los observadores descubrieron alguna que otra manipulación.[5] Pero eso no afectó a la clara victoria de Putin. Eso sí, la frustración de sus enemigos aumentó todavía más.

En cuanto a lo que sucedió veinticuatro horas antes de la investidura en la Plaza Bolotnaya, las opiniones varían diametralmente en función de las posiciones políticas. Cuando los participantes en la marcha intentaron desviarse de la ruta fijada para dirigirse hacia el Kremlin, la policía intervino.

Las organizaciones pro derechos humanos acusan al enorme contingente de antidisturbios de brutalidad descontrolada, pero también culpan en parte a los manifestantes radicales de la escalada de violencia. Cientos de activistas fueron detenidos y se produjeron numerosos heridos, también en el lado policial. El número de manifestantes varía según las fuentes. Las autoridades reconocen 8000 manifestantes y los organizadores llegan a los 40 000.

Esta vez, el presidente, famoso por su impuntualidad, llega a la hora exacta. A las doce del mediodía, hora de Moscú, el Mercedes escoltado por motocicletas se detiene ante la puerta principal del Kremlin tras su recorrido por las calles desiertas del centro de la capital. La puesta en escena del poder está diseñada hasta el último detalle. Putin avanza por la alfombra roja entre las hileras de invitados en la sala de San Jorge y continúa luego por la contigua sala de San Alejandro, para acabar recibiendo las insignias del cargo en la Sala de San Andrés. La televisión pública retransmite la ceremonia en directo, junto con otras cinco emisoras. Rusia contempla cómo el nuevo presidente jura por la Constitución «proteger la soberanía, la independencia, la seguridad y la integridad del Estado y servir con fidelidad a sus ciudadanos».

Mientras tanto, en la zona privada del Kremlin, el personal prepara la mesa para un pequeño almuerzo de celebración de la jornada. Entre la docena de invitados que Vladímir Putin tendrá a su lado no hay ni generales del Ejército ruso ni jefes del servicio secreto, sino solo conocidos de toda la vida. A mí la invitación me ha llegado solo hace un rato. Está presente su predecesor en el cargo, Dimitri Medvédev, acompañado por su esposa Svetlana Vladimirovna. Hay tres invitados alemanes y un italiano. La lista se completa con un suizo, un francés y un amigo venido de Budapest. La esposa de Putin, Liudmila Aleksandrovna, está sentada a su lado. Viven separados desde hace tiempo y tienen previsto divorciarse pronto. El presidente, relajado, presenta uno a uno a los invitados y explica qué le une a cada uno.

Durante las dos horas siguientes apenas se hablará de política. Como muchos políticos, Vladímir Putin es experto en modular la expresividad de sus gestos en función de su humor o del efecto buscado. La pose de hombre de estado que había adoptado durante la jura del cargo y el pase de revista en el patio del Kremlin se esfuma rápidamente y deja paso a un tono desenfadado. Reparte toques de autoironía, por ejemplo cuando recuerda que ya no es precisamente un jovenzuelo o cuando pregunta por la autenticidad del pelo y el color del pelo de los demás comensales. En la mesa hay bandejas de blinis con caviar negro, *borsch*, pescado del lago Ladoga y chuletas de cerdo. Solo a Dmitri Medvédev y su mujer se les ve un poco apagados. Hace una hora que han dejado de ser oficialmente la pareja número uno del país. Pero la cosa tampoco es tan grave: al día siguiente, el Parlamento ruso volverá a designar primer ministro a Medvédev. Y además va a ser elegido presidente del partido del Gobierno.

Algo después, esa misma tarde, Vladímir Putin verá cumplirse su sueño de infancia, a cuya preparación lleva meses dedicando cada minuto de tiempo libre. Se desplaza con sus invitados hasta el Megasport Arena del bulevar Chodynski para disputar un partido de hockey con una selección de jugadores contra el legendario *dream team* de la era soviética. Le dejan ganar, y hasta marcar dos goles. Los antiguos profesionales y el presidente tienen más o menos la misma edad. El partido resulta bastante más entretenido que la pugna por la presidencia.

Elecciones y verdades

Durante los últimos meses, Vladímir Putin ha topado públicamente con obstáculos serios por primera vez en su carrera. Lo que más le preocupa son las protestas masivas que se produjeron en diciembre de 2011, después de las elecciones parlamentarias. Decenas de miles de personas se manifestaron en varias ciudades rusas contra el fraude electoral, y eso a pesar de que los resultados recortaron la cuota de poder del partido gubernamental Rusia Unida, que, aun obteniendo oficialmente más de un 49 por ciento de los votos, perdió nada menos que 77 escaños. En lugar de la anterior mayoría de dos tercios, que hasta ahora habría permitido al partido modificar la Constitución a su criterio, ahora solo cuenta con una mayoría absoluta.

«Lo cierto [...] es que el propio Putin ha criado a esos que ahora protestan en la calle contra él», admite el escritor Víktor Yeroféyev, representante de la clase media-alta moscovita y contrario a Putin, en una entrevista concedida en 2011. «En los diez últimos años hemos recorrido un largo camino. Putin no podrá ponerse de acuerdo con esta gente. Para decirlo claro: los valores morales de Putin están superados. Ha fortalecido el Estado y ha dado libertad. Y se lo agradecemos. Pero tenemos que seguir avanzando».[6]

La movilización a través de redes sociales como Facebook o Twitter preocupa a los estrategas del Kremlin, que encaran en este momento la fase más delicada de la campaña electoral presidencial, diez semanas antes de la votación. Solo el portavoz de prensa hace referencia, con palabras mesuradas, a la manifestación que tuvo lugar justo después de las elecciones. Todo el mundo tiene derecho a expresar su opinión, declara Dmitri Péskov con prudencia. «Respetamos los puntos de vista de los manifestantes, hemos escuchado sus peticiones y seguiremos escuchándolas en el futuro».[7]

La reacción de Aleksei Kudrin es mucho más clara. El que fuera durante años ministro de Economía y persona de confianza de Putin, condena públicamente el fraude electoral y exige la repetición de las elecciones. «Comparto sus sentimientos negativos en lo que respecta a las elecciones parlamentarias en nuestro país», escribe en una carta abierta a los manifestantes.[8] Vladímir Putin guarda silencio de momento, y solo reacciona ante una declaración oficial de la secretaria de Estado norteamericana, que, al día siguiente de las elecciones, critica el modo en que se llevaron a cabo.

«Los primeros informes arrojan muchas dudas», afirma Hillary Clinton, que se encuentra de visita en Alemania. Está «seriamente preocupada» por el modo en que se han realizado las elecciones, continúa en la rueda de prensa improvisada, y exige una «investigación a fondo de todas las denuncias creíbles de fraude y manipulación electoral en Rusia».[9] Desde hace algunos años, EE. UU. financia, con la intención de fomentar la sociedad civil, la organización no gubernamental rusa Golos, que ha enviado cientos de observadores electorales a los colegios. Golos está bien organizada y forma parte integral de la oposición.[10]

La reacción de Putin, poco menos que alérgica, no se hace esperar. «Acabo de ver la primera reacción de nuestros socios norteamericanos», afirma con aparente indiferencia en la televisión a la salida de una reunión. «Lo primero que ha hecho la secretaria de Estado ha sido caracterizar y valorar unas elecciones, y ha dicho que han sido injustas y desiguales, a pesar de que todavía no se han publicado los informes de los observadores ODIHR [de la OSCE]». Y ahora se lanza al ataque. Clinton ha estado «dando el tono para determinados activistas en nuestro país. Ellos han oído esas señales y han empezado el trabajo práctico con el apoyo de la secretaría de Estado americana».[11] Y subraya que el Gobierno ruso, a diferencia del estadounidense, aprueba que «observadores extranjeros supervisen nuestra política y nuestros procesos. Estamos a favor de ello y no en contra».

Para Putin, los comentarios de Hillary Clinton son un movimiento táctico, una prueba más de que EE. UU. quiere echarlo del poder y que pretende lograrlo por el mismo método que ya usaron con la revolución naranja de 2004 en Ucrania. Las manifestaciones de aquellos días en Kiev se le quedaron grabadas en la memoria como el modelo que se pretende seguir para desestabilizar también a Rusia. «¿Usted cree que todo eso es casual?», me pregunta retóricamente durante la filmación de nuevas escenas del documental. «Yo no». En el Kremlin se viene discutiendo desde hace tiempo qué hacer para poner coto a la influencia extranjera que financia a grupos opositores. Los sucesos de diciembre reforzaron a Putin y su equipo en la creencia de que había que tomar medidas drásticas en un plazo no demasiado lejano.

El portavoz de Hillary Clinton en el Departamento de Estado no oculta que EE. UU. apoya a la oposición rusa: «Antes de las elecciones, los Estados Unidos donaron más de nueve millones de dólares en ayuda económica y formación técnica a grupos de la sociedad civil, y seguirán haciéndolo para garantizar unas elecciones libres, justas y transparentes».[12]

En los días siguientes, Putin estudia aún más minuciosamente que de costumbre los informes de situación contenidos en las carpetas que encuentra cada día sobre su escritorio. Las encuestas de opinión no revelan ningún peligro potencial de cara a las elecciones presidenciales; los otros candidatos no consiguen rentabilizar el malestar. La táctica de ceder a Medvédev la presidencia del partido del Gobierno, al que él nunca ha pertenecido oficialmente, resulta eficaz. Aparte de la oposición, casi nadie lo relaciona con *Rusia Unida*, cuya imagen anda de capa caída. Ni los institutos de opinión que trabajan por encargo del Estado ni el centro Levada, cercano a la oposición, detectan ningún rival serio para el puesto de presidente. La única incógnita es por cuánta diferencia ganará Putin. Los investigadores manejan cifras similares, con una horquilla entre el 55 y el 63 por ciento, según el momento de realización de la encuesta. Incluso tras las grandes concentraciones de los *bolotniki* —como se denomina popularmente a los manifestantes de la Plaza Bolotnaya—, solo el 18 por ciento de los rusos apoya la idea de una «Rusia sin Putin», según muestran las encuestas, y la gran mayoría de la población la rechaza de plano.[13]

Sin embargo, Vladímir Putin no baja la guardia. Unos días más tarde, provoca la alarma entre sus asesores al dejar de lado la diplomacia durante la anual conferencia de prensa de Navidad. Los ciudadanos preguntan y Vladímir Vladimiróvich responde en un programa maratoniano en directo de cuatro horas de duración. El candidato presidencial practica primero la ironía y luego el sarcasmo más lacerante. Por lo visto, todos esos jóvenes que ha visto manifestándose «son producto del régimen Putin», y a él «le parece estupendo», afirma. Pero añade enseguida que cuando vio los lazos blancos que los manifestantes se habían colgado en la solapa en señal de protesta, al principio pensó que «eran condones». En Rusia, la palabra «condón» es un insulto frecuente para aquellos a quienes se considera perdedores. Y Putin no deja duda alguna de que ve a la oposición en el lado perdedor. No tienen «un programa unitario ni una vía por la que alcanzar sus objetivos».[14]

Por la tarde, la discusión después del programa en el amplio estado mayor de los asesores es casi tan vehemente como lo había sido Putin durante su aparición televisiva. La crítica formulada por los asesores es muy simple: se ha equivocado al juzgar el ambiente reinante y ha usado un tono innecesariamente duro. El candidato también está muy irritado, se siete atacado, y se marcha a Siberia durante el fin de semana largo a tomarse unas vacaciones que lleva tiempo esperando. Allí se dedicará a cazar y a evaluar la situación con su amigo y camarada político Serguei Shoigu, ministro de protección civil durante años. Putin conoce muy bien los análisis y estudios sobre la creciente clase media en las metrópolis. Presta oídos a la propuesta de su amigo Kudrin de hablar con la oposición. Promete pensar en ello, pero unos días más tarde descarta la idea. «¿Con quién voy a hablar, y concretamente de qué?», pregunta retóricamente a Kudrin cuando este vuelve a insistir.[15]

A su entender, la oposición en las metrópolis es irrelevante para esta elección. Las elecciones, afirma, se ganan en el campo. Y, como se verá, no anda desencaminado. Antes de las elecciones, el escritor Víktor Yeroféyev ya alertó de la división reinante en las clases medias de las metrópolis rusas. «A pesar de la corrupción, a pesar del asesinato de periodistas, del desprecio de Putin a sus rivales y de otros muchos errores, Rusia no ha sido nunca tan libre como ahora, ni ha gozado nunca de tanta tolerancia. A veces la gente querría aprovechar los logros de Putin y al mismo tiempo quitárselo de encima. Pero si ganan los nacionalistas será terrible».[16]

El 4 de marzo de 2012, Putin gana oficialmente las elecciones con cerca del 64 por ciento de los votos. La segunda posición corresponde al presidente del Partido Comunista Guennadi Ziugánov, con solo un 17 por ciento. El multimillonario Mijaíl Prójorov, uno de los hombres más ricos del país y candidato de la clase media, alcanza el 8 por ciento. Pero la campaña ha mostrado a Putin por primera vez dónde se encuentran sus límites.

El domingo por la tarde, tras el cierre de los colegios electorales, cuando el antiguo y nuevo presidente aparece ante sus entusiasmados seguidores en la Plaza del Manège, en el centro de Moscú, la tensión emocional se libera. «Os prometí que ganaríamos y hemos ganado», exclama ante la multitud mientras las lágrimas le cruzan el rostro.[17] El retorno a la presidencia ha afectado a Putin más de lo que le gustaría reconocer. Es consciente de hasta qué punto Occidente se ha implicado en estas elecciones, y toma buena nota de ello.

Durante la campaña electoral, en los medios de comunicación alemanes se habló poco de las relaciones de poder concretas. Algunos comentarios apuntan hacia una «revuelta de las clases medias». Hay quien interpreta el inteligente eslogan de la «marcha de los millones» como posible indicio de un cambio de régimen. Si no ahora mismo, por lo menos en un futuro no lejano. Por lo visto, el fin de la era Putin es solo cuestión de tiempo, quizá solo unos meses. En el mundo del periodismo actual es casi imposible sostener las ambigüedades. El aglutinante que une durante esas semanas a los manifestantes y los periodistas es la idea reconfortante de estar luchando codo con codo por una causa justa.

Contra la corrupción, por una mayor seguridad jurídica, por la democracia, ahora también para Rusia. Para algunos periodistas, la idea de consagrarse a una misión justa en lugar de limitarse a informar de lo que sucede y a buscar la manera de documentarlo, resulta muy tentadora. Durante la campaña electoral, el sueño de una especie de Primavera Árabe o de una nueva revolución naranja crece minuto a minuto hasta casi desbordarse. El ritmo atropellado de los reportajes oculta que esas imágenes e impresiones que parecen respaldar la ansiada hipótesis de una posible revuelta están captadas casi siempre en grandes ciudades, como Moscú o San Petersburgo.

De lo que casi nadie habla, en cambio, es de cuáles son las propuestas concretas de la oposición o de qué pretenden exactamente sus impulsores. Todos esos artículos no dicen nada acerca del programa concreto de Aleksei Anatoliévich Navalny, quizá la figura más conocida de la oposición. Por lo visto solo se sabe que es un bloguero famoso, atractivo y enemigo acérrimo de la corrupción. Y quien quiera saber en qué se parecen o diferencian las propuestas de opositores tan distintos como Serguei Událtsov, coordinador del frente de izquierdas, o el antiguo viceprimer ministro Borís Némtsov, tampoco encontrará información alguna.

Y, por supuesto, hay algo que nadie duda: el obstáculo para el avance hacia la democracia es Vladímir Vladimíróvich Putin, al que se presenta, a gusto del informador, como tirano, fanfarrón u hortera de la política. Las miserias de Rusia, según la lógica de los justicieros mediáticos, son resultado directo de la voluntad del presidente, y no consecuencia de la evolución de la sociedad.

El día de la elección, la idea de que el presidente ruso será pronto historia se revela como un espejismo. Para abordar la realidad se necesita capacidad dialéctica. Los diagnósticos que intentan explicar por qué no se ha producido un cambio político omiten la posibilidad de un error de cálculo. La explicación más común es que los electores rusos todavía están demasiado inmaduros.

El *Spiegel online* da a entender que el retorno de Putin al Kremlin obedece sin duda a maniobras inconfesables, ya que «las elecciones presidenciales de hoy también han sido manipuladas», aunque admite que, de algún modo, el jefe del Kremlin ha conseguido efectivamente algún tipo de mayoría. Eso sí, se trata de una «falsa mayoría», tal y como proclama el titular poco después de la publicación de los resultados de la jornada. «La mayoría de Putin es cuantitativa, no cualitativa». El artículo no contabiliza los votos de los jóvenes con ilusión en el futuro que llenan los Starbucks de Moscú y San Petersburgo, sino solo los de grupos menos emergentes, como pensionistas, médicos, profesores, militares y agentes secretos.[18] La democracia estilo *Operación Triunfo*. Como viene a decir Lenin en su ensayo *El oportunismo y la bancarrota de la II Internacional*, las crisis políticas no se producen cuando los de abajo ya no quieren, sino cuando los de arriba ya tampoco pueden. Y eso no sucedió en las elecciones presidenciales de 2012, ni por la parte de abajo ni por la de arriba.

Después de aquellos días, la costumbre de tomar la parte por el todo se ha mantenido. Sigue habiendo poca disposición a entender Rusia como un país de distintas velocidades en la ciudad y en el campo, así como a prestar atención a las molestas contradicciones y a cumplir el deber periodístico de atenerse a los hechos demostrables. La tendencia de numerosos políticos y periodistas a concebir Rusia como un país necesitado de ayuda al desarrollo está mucho más extendida que el hábito de observar sin tomar partido previo. Por más que la sociedad rusa esté perfectamente dotada de bases sobre las que sostenerse.

6. EL PODER Y SU PRECIO O IGLESIA Y ESTADO

El resurgimiento de la Iglesia ortodoxa rusa como fuerza política

Ya ha pasado la medianoche cuando mi anfitrión me hace llamar para dar una pequeña vuelta en coche por la extensa finca de la dacha gubernamental de Novo-Ogáriovo. Al cabo de unos centenares de metros, el vehículo se detiene delante de un pequeño edificio oscuro. Vladímir Putin abre la puerta, enciende la luz y se santigua. Es la capilla privada del presidente, con un pequeño ábside y un altar. En algunas paredes cuelgan iconos dorados, y otras están pintadas con escenas bíblicas. En el año 2000, al instalarse en su domicilio oficial a las puertas de Moscú, el nuevo presidente Putin ordenó restaurar la capilla semirruinosa que se encontraba en la finca. Durante nuestra ronda nocturna, Vladímir Putin se revela como creyente ortodoxo ruso, habla de su padre Vladímir Spiridonóvich, obrero industrial y comunista estricto, a diferencia de su madre Mariya Ivanóvna, que lo llevó a bautizar en secreto a una iglesia de San Petersburgo pocas semanas después de su nacimiento. Como aquel día se celebraba la fiesta de San Miguel y el sacerdote también se llamaba así, este propuso a la madre bautizar así al muchacho. Pero la madre se opuso, porque el pequeño se llamaba Vladímir como su padre, así que Vladímir Vladimiróvich Putin conservó su nombre de pila.

Luego Putin me señala un cuadro concreto de la pared. La mujer en hábito de monja encarna a Santa Isabel o Yelisaveta Fiodorovna, como se denomina a la Gran Duquesa en ruso. La aristócrata se llamaba originalmente Isabel Alejandra Luisa Alicia de Hesse y del Rin. Era prima del emperador alemán Guillermo II y, al igual que su hermana Alejandra, la última zarina, casó con un miembro de la familia Románov. Cuando su esposo el Gran Duque Serguei Aleksandróvich cayó víctima de un atentado en 1905, Isabel ingresó en el convento de las santas Marta y María de Moscú y se convirtió en su abadesa. Yelisabeta fue asesinada un día después de la eliminación de la familia del zar. La Iglesia ortodoxa rusa canonizó en 1992 a esta princesa alemana.

El cuadro es un obsequio de la Iglesia ortodoxa en el exilio como reconocimiento a los largos años de esfuerzo de Putin en pro de la reunificación del Patriarcado ortodoxo ruso de Moscú con la Iglesia en el exilio. Se lo entregó en Nueva York el antiguo primado de la Iglesia en el exilio, el obispo Lauro. Tras el fin de la Unión Soviética, pasaron años todavía antes de que la desconfianza mutua entre la Iglesia madre y su rama desgajada empezara a disiparse. «Fue un proceso muy trabajoso», recuerda Putin. «La división de la Iglesia era una grieta que atravesaba toda la sociedad. Desde el principio busqué la reunificación. Es importante para nuestra identidad».

A primera vista, los encuentros anotados en la agenda del presidente ruso para la estancia en Nueva York de aquel fin de semana de septiembre de 2003 no parecen ir más allá de la rutina política. Una breve charla con el presidente francés Jacques Chirac y el canciller alemán Gerhard Schröder. Luego la visita a la ONU, la Asamblea General anual con los habituales discursos programáticos. Además, Vladímir Putin, acompañado por el presidente del consejo de administración del consorcio ruso Lukoil, inaugurará la primera gasolinera de la empresa en territorio norteamericano en la esquina entre la calle 24 y la 10.ª avenida de Manhattan. Hace poco, la multinacional adquirió en una espectacular operación la cadena de gasolineras de la empresa estadounidense Getty Oil con el objetivo de obtener visibilidad a nivel internacional. También está previsto un encuentro en Wall Street con magnates de la economía americana. Finalmente tomará un avión hasta la finca que George W. Bush junior posee en el Estado de Maine, cerca de la ciudad de Kennebunkport.[1]

Pero la cita más importante de ese día tendrá lugar en el consulado general ruso. Allí, el jefe del Kremlin se reunirá con la cúpula de la Iglesia ortodoxa rusa fuera de Rusia. Además del primado en la diáspora, el metropolitano Lauro Schkurla, residente en Nueva York, acudirán los principales dignatarios. Desde Múnich, el arzobispo Marcos, responsable de Alemania y Gran Bretaña, y desde San Francisco, el obispo Cirilo, secretario de la conferencia episcopal de la Iglesia en el exilio. El asesor nombrado por el Patriarcado ruso, que acompaña a Putin, se llama Tijon Shévkunov y es abad del monasterio moscovita de Sretenski.

La división de la Iglesia en una parte rusa y otra en el exilio fue consecuencia de la Revolución de Octubre de 1917. Al principio, la Iglesia se mantuvo firme ante la represión de los nuevos gobernantes. Pero diez años más tarde, el metropolitano Sergio Stragorodski prometió desde la cárcel la fidelidad de la jerarquía eclesiástica al Gobierno. Su declaración fue la causa del cisma y de las décadas de enemistad entre ambas organizaciones. La Iglesia fue víctima del clásico dilema que se produce en toda revolución: la duda entre el deseo de mantener la identidad y el precio de la adaptación a la nueva realidad. Para la comunidad en el exilio y para muchos de los fieles que huyeron al extranjero, la decisión del patriarca Sergio significó la imperdonable colaboración con un régimen ateo. Y desde el punto de vista de la jerarquía eclesiástica moscovita de entonces, la huida de muchos sacerdotes fue un acto de cobardía ante el enemigo, y la sumisión el único camino para salvar a la institución de la aniquilación total.

Esa tarde de septiembre en Nueva York, Vladímir Putin entrega al obispo Lauro la invitación oficial del patriarca de Moscú Alejo II, que le exhorta a continuar en la capital rusa las conversaciones para la reconciliación. El mensaje que corre de boca en boca durante el encuentro que tendrá lugar meses más tarde en San Francisco en la conferencia internacional de la diáspora de las 250 comunidades en el exilio, y que acelera notablemente la reunificación, está compuesto por una sola frase: «El presidente Putin expresa los deseos de Dios».[2] Pese a ello, todavía tendrán que pasar casi cuatro años hasta la reunificación oficial en mayo de 2007. La discusión en torno a los errores del pasado es delicada, lenta y dolorosa. La comunidad en el exilio plantea una reclamación básica. Exige una condena pública de la política oficial de la Iglesia madre durante la era soviética.

Los dignatarios de Moscú ven las cosas de otro modo, aunque solo sea por instinto de conservación. Su argumento de defensa: condenamos la traición a nuestros ideales, pero nos vimos obligados a llegar a un compromiso con el Estado. No había otra opción. El resto de los argumentos es materia para escolásticos. El equilibrio entre la necesaria adaptación y la colaboración sin disimulo no es privilegio de la Iglesia rusa. También después de la reunificación de Alemania se debatió con acritud durante años hasta qué punto y en qué momento las Iglesias católica y evangélica se sometieron a los jerarcas de la RDA y cooperaron estrechamente con la policía política.

Es Vladímir Putin quien insiste sin descanso en la reconciliación de los hermanos en la fe. Habla con el patriarca Alejo en Moscú y con el influyente obispo Marcos en Múnich y, en su papel de mediador laico, transmite propuestas para la solución del conflicto. Por fin, en mayo de 2007 se celebra la reunificación solemne de la Iglesia ortodoxa rusa en la Catedral de San Basilio, en la Plaza Roja.

Pero la unidad no sale gratis. Las legaciones en el extranjero mantienen su independencia administrativa. Para demostrar públicamente su rechazo a las fechorías del pasado, la Iglesia en el exilio ya canonizó en 1990 a la familia del zar, asesinada por el régimen, y exige a la Iglesia madre un gesto equivalente antes de plantearse la posibilidad de la reconciliación. Y así fue como la princesa alemana Isabel Alejandra Luisa Alicia de Hessen-Darmstadt acabó convirtiéndose en Santa Isabel.

La probabilidad de reeditar la antigua alianza de trono y altar en Rusia no es despreciable. La mayoría de la población, según las encuestas, se mantiene fiel a la Iglesia ortodoxa rusa, aunque normalmente solo vaya a misa en las festividades tradicionales. Tras ochenta años de secularización, la promesa de redención que ofrece la religión tiene un gran atractivo. «La Iglesia es parte de nuestra historia común», afirma Putin durante la visita nocturna a la capilla privada. Por eso se empeñó en lograr la unidad de la institución rusa. Para él, el cuadro que le obsequiaron entonces es otro signo más de la importancia de aquella reconciliación. Tanto desde el punto de vista político como desde el personal.

Vladímir Putin no sería Vladímir Putin si aquella noche no se hubiera molestado en subrayar una vez más el aspecto simbólico. «Santa Isabel ha vuelto a casa. Ella y su esposo vivieron antes de la Revolución en la misma finca donde hoy se encuentra la sede de la presidencia». Vuelve a encender la luz y cierra la puerta. «Sin la conexión entre las experiencias históricas y las religiosas», agrega resumiendo su credo como despedida, «los rusos perderíamos nuestra identidad nacional. La unidad de la Iglesia nos ayuda».

Putin ha conseguido que la Iglesia se convierta en centro de gravedad no solo moral, sino también económico. En 2010, el Parlamento aprobó una ley que, casi cien años después de la Revolución de Octubre, devolvía a todas las comunidades religiosas la mayor parte de sus propiedades. Con excepción de los tesoros más valiosos que se encuentran en la lista del patrimonio cultural de la Unesco, como, por ejemplo, la catedral de San Basilio. De este modo, la Iglesia ortodoxa se ha convertido en uno de los mayores propietarios inmobiliarios del país.

Desde entonces está en plena marcha el experimento político que intenta crear una identidad rusa más fuerte con ayuda de la religión. Los medios de la nueva psicología son los de siempre, sacados de la caja de herramientas tradicional anterior a la unidad: la remisión al más allá como consuelo o amenaza. La regla suprema: seguir la palabra de las Sagradas Escrituras como ley sin mácula en tiempos de incertidumbre y de inestabilidad moral. Respeto a la autoridad. Como en los años sesenta, cuando en la antigua República Federal Alemana, y no solo en Baviera, la homosexualidad era todavía delito y el cura, durante el sermón del domingo electoral, explicaba las papeletas y dejaba claro en qué partido debían poner la cruz los feligreses.

Todavía es pronto para saber si esta alianza funcionará en Rusia. Por un lado, la proporción de ciudadanos musulmanes no deja de aumentar en la sociedad rusa, y por el otro, en las grandes ciudades crece una nueva generación para la que el redescubrimiento de la religión tiene más de hecho folclórico que de necesidad espiritual.

7. *GOD'S OWN COUNTRY* A LA RUSA O EN BUSCA DE LA IDENTIDAD

Cómo utilizar el pasado para reforzar la identidad colectiva

El padre Tijon celebra la misa regularmente en la capilla presidencial. El abad del monasterio de Sretenski es considerado el *dujóvnik*, es decir, el guía espiritual y confesor del primer mandatario del Estado.[1] El archimandrita ni lo confirma ni lo desmiente. El padre Tijon nunca responde a preguntas tan directas sobre su ocupación concreta. Está convencido de que la fe mueve montañas y de que, como muestra la experiencia desde siempre, una eminencia gris solo puede ser verdaderamente influyente si circulan muchas especulaciones sobre su relación con el poder pero trascienden muy pocos detalles concretos de esa relación. El día de primavera de 2015 en que nos encontramos por primera vez en Moscú para una entrevista prolongada, le cuesta respirar por culpa de la contaminación atmosférica. A primera vista no parece encarnar la imagen típica de los guardianes de las esencias ortodoxas, pese a la sotana y a la obligatoria barba. El archimandrita es rápido en las réplicas, muy despierto y amante del debate. El presidente, afirma con rotundidad, es un hombre creyente.

«Vladímir Putin es un cristiano que no solo se reconoce abiertamente como tal, sino que pone en práctica su condición de cristiano. Confiesa, toma la sagrada comunión y conoce sus responsabilidades», afirma el sacerdote. El monasterio, con las clásicas cúpulas en forma de cebolla y los muros exteriores blancos, se alza en medio de Moscú, en la Bolshaya Lubianka. Una manzana más allá se encuentra el cuartel general del servicio de inteligencia, cuyo predecesor asesinó o envió a campos de trabajo a decenas de miles de fieles ortodoxos durante la era de Stalin. Desde entonces la Iglesia ortodoxa explota con éxito su reputación de ser la única institución social que ha logrado subsistir contra viento y marea a lo largo de la turbulenta historia del país, gracias a su mandato divino. Es otra de las variantes de la historia rusa, aunque con una idea muy peculiar de su propia infalibilidad.

«Fuimos los primeros en llegar. El monasterio no lo fundó el KGB. Estábamos aquí 560 años antes». La respuesta de Tijon es rápida y precisa. El tema de la proximidad con el antiguo servicio secreto es pregunta obligada de todos los periodistas occidentales. Durante la era soviética, el monasterio estuvo cerrado, como la mayoría de las sedes eclesiales, y el KGB lo utilizaba para sus propios fines. Una cruz de piedra en el jardín recuerda aquel pasado sombrío: «En memoria de los fieles cristianos ortodoxos que fueron torturados y asesinados aquí en los años oscuros».

El padre Tijon recuerda con desazón los primeros tiempos de su misión: «Me mandaron aquí igual que lo mandan a uno al ejército. El monasterio estaba en un estado totalmente ruinoso y había que restaurarlo. En 1992, el único monje que había aquí era yo».

El antiguo estudiante de cinematografía Gueorgui Aleksandróvich Shévkunov —ese es el nombre civil de este religioso— vio la luz en los años ochenta del siglo pasado. Después de leer a Marx, Lenin y Trotski y convertirse en un experto en yoga y sánscrito, empezó a centrarse más en Dostoyevski, Tolstoi y Kant. Luego se bautizó a la tardía edad de 24 años, se hizo monje e ingresó en el monasterio de las cuevas de Pskov, en el nordeste de Rusia, cerca de la frontera estonia, uno de los pocos monasterios que sobrevivieron a la época de Stalin, de entre los más de mil que habían sido antes de la Revolución. El mentor espiritual de Tijon fue el archimandrita del monasterio, Juan Krestiankin, que en 1950 fue enviado por cinco años a un campo de trabajo.

El prior del monasterio de Sretenski es el más mediático del gremio eclesial ruso. Con su laboriosidad, ha convertido el monasterio en un negocio floreciente. En 2008 produjo el documental televisivo *El desmoronamiento del Imperio. La lección de Bizancio,* que fue emitido varias veces en *prime time* en la televisión rusa. En el documental, Tijon evoca «la grandeza perdida del Imperio Bizantino, que cometió el error de abandonarse a la nefasta influencia de comerciantes y consejeros extranjeros», como resume el *Neue Zürcher Zeitung*.[2] Es una advertencia a Rusia contra la decadencia occidental. Su web eclesiástica *pravoslavie.ru* es uno de los mayores portales de internet del país. Su autobiografía, titulada *Neswatye swatye* (*El santo sin santidad*), es un homenaje a la perseverancia y la bondad del estamento clerical en la época de la resistencia, y pasa de puntillas sobre los datos que recuerdan hasta qué punto la jerarquía eclesiástica se convirtió en colaboradora del régimen. El libro vendió más de 1,2 millones de ejemplares en Rusia, más que la novela erótica *Cincuenta sombras de Grey*.[3] El famoso coro masculino del monasterio va de gira por todo el mundo. En resumen, el *holding* monástico de Tijon es un ejemplo asombroso de éxito económico. «Desde el principio comprendí que si queríamos ser independientes teníamos que ganar nuestro propio dinero», confirma el archimandrita. 45 monjes se ocupan de la gestión del negocio y de formar a la futura generación de clérigos. Hay una guardería, un centro de bachillerato y un seminario. Incluso a mí, que fui a la escuela con monjes, me resulta insólito pasear con el prior por los terrenos del monasterio y observar hombres jóvenes en sotana haciendo cola para arrodillarse y besarle la mano con fervor, mientras en las paredes del edificio monacal brillan las pantallas táctiles de los ordenadores con los que los alumnos acceden a internet y a un mapamundi que muestra todas las legaciones de la Iglesia ortodoxa.

Tijon no es solo un amigo de Putin: es su gran colaborador en el intento de rehabilitar a la Iglesia como parte de la historia rusa en la memoria colectiva del país. Esta sintonía entre la Iglesia y el Estado no es cosa nueva. El monje y el político se conocieron en 1998, durante los 13 meses en que Putin fue jefe del servicio secreto después de que el presidente Yeltsin lo designara súbitamente para el cargo en un intento de atar corto al aparato del Estado, demasiado independiente para su gusto. «Putin acudió varias veces como visitante normal al monasterio, que tenía a cuatro pasos de su despacho», cuenta el padre Tijon evocando su larga amistad. Pero pasó algún tiempo antes de que le confesara al sacerdote su verdadera identidad. Desde aquellos días, Tijon actúa como una especie de emisario especial entre el Estado y la Iglesia para todas las cuestiones de fe.

El archimandrita desmiente la acusación de haberse convertido en la nueva oficina ideológica del Kremlin: «Nosotros no estamos al servicio de Putin ni él al nuestro. Las cosas no funcionan así». Para él, la mutua afinidad en cuanto a la visión del mundo, los valores tradicionales y la concepción de la moral y la historia son el resultado feliz pero meramente casual de su buena relación. «Un país inmenso como el nuestro solo se puede gobernar a la larga si se cuenta con una base fundada en la experiencia histórica. Y me refiero a las experiencias anteriores a la Revolución, combinadas con la parte buena de la Unión Soviética. Solo tenemos una historia. Si no asumimos nuestra historia, no tendremos futuro. El marxismo no funcionó, y la democracia, en la versión nefasta que nos quisieron imponer en los años noventa, tampoco ha dado resultado. Rusia tiene que encontrar su propio camino».

Desde entonces, la misión de ensalzar las glorias de la historia rusa en nombre de la formación del espíritu nacional con ayuda del Kremlin obliga al padre Tijon a poner en juego no solo sus virtudes pastorales, sino muy especialmente las mediáticas. Y no se le da nada mal. La monumental exposición multimedia *Mi historia: la dinastía rúrica*, consagrada a un linaje real al que hasta entonces solo habían prestado atención los especialistas, pudo verse en Moscú en 2014 y desde entonces recorre el país entero como muestra itinerante. Ha fascinado a cientos de miles de visitantes ansiosos de saber más sobre sus reales antepasados. La dinastía gobernó el antiguo territorio imperial entre el siglo IX y el XVI. Uno de los puntos álgidos de este rastreo histórico es el bautismo del príncipe Vladímir en la actual Ucrania, un suceso elevado a la categoría de mito fundacional de la nación. La exposición sigue fielmente la táctica putiniana de combinar entre sí diversos periodos históricos «para comunicar la sencilla verdad de que Rusia, igual que otros países, tiene una larga historia sobre la que nos apoyamos, a fin de que no olvidemos nunca nuestra fortaleza interior y sepamos usarla para nuestro desarrollo nacional».

A la luz de esta nueva interpretación de la historia, incluso el último hombre fuerte de la dinastía rúrica aparece con rasgos más favorables de lo habitual hasta ahora. A diferencia de sus antecesores, el zar Iván IV, más conocido popularmente como «Iván el Terrible» por haber matado a su hijo retrasado, sí merecería ser recordado como impulsor de la unidad del imperio ruso. La anterior exposición nacional encargada por Tijon, que versaba sobre los zares de la casa Románov, cuya galería de antepasados se presentaba con modernos audios y pantallas interactivas, obtuvo también un gran éxito de público.[4]

Aunque las clases de historia sacro-patriótica del clérigo mantienen un equilibrio bastante precario entre nacionalismo y patriotismo, conceptos que en Rusia van estrechamente unidos, lo cierto es que la idea de reforzar la identidad propia en lugar de copiar la de Occidente es la receta que aplica Vladímir Putin en el ámbito doméstico para reducir la brecha entre el sentimiento de inferioridad y el delirio de grandeza que aquejan a los rusos. En los turbulentos años noventa, en los que vio de cerca las interioridades del Kremlin bajo la administración de Yeltsin, aprendió que, si llegaba a ser presidente, no solo sería imprescindible para él contemplar la historia de su país desde un punto de vista más nacionalista, aunque ello forzase un cambio en la perspectiva global, sino que tendría que transmitirle esa visión también al pueblo ruso. Del mismo modo que lo hacen sus competidores estadounidenses con toda naturalidad: *God"s own country*, pero a la rusa.

Putin inició pronto su búsqueda de un vínculo nacional común tras el abrupto fin de la Unión Soviética. En 1999, el que más tarde sería ministro de Economía Herman Oskaróvich Gref y su centro de estudios estratégicos dedicaron varios meses a redactar un boceto de programa para la presidencia de Putin. Su declaración programática *Russia at the*

Turn of the Millenium (Rusia a las puertas del nuevo milenio), que el presidente *in pectore* hizo publicar en internet el 30 de diciembre de 1999, dos días antes de su investidura, anunciaba ya el nuevo rumbo.[5] El patriotismo como base para todo desarrollo posterior, por más que ese término «en ocasiones se use de modo irónico o peyorativo». Y el programa especifica también todas las demás medidas necesarias: un Estado no totalitario pero sí fuerte, «origen y garante del orden, así como iniciador y principal impulsor de toda transformación».

Putin resume así la situación de la sociedad rusa: «La mayoría de los rusos están más acostumbrados a asociar la mejora de sus condiciones de vida a la ayuda estatal y al apoyo de su entorno social que al esfuerzo y la iniciativa propios». Y concluye con pragmatismo: «Se puede estar a favor o en contra de esto, pero no vale la pena discutir si es bueno o malo, ya que se trata de un hecho innegable, y por lo tanto políticamente relevante. Pasará mucho tiempo antes de que estas actitudes desaparezcan».

Por lo pronto, la receta da resultado. El nuevo mandatario ha sabido leer la situación del momento. Menos experimentos, más seguridad. Y eso le acarrea elogios. No es solo el escritor Aleksandr Solzhenitsyn quien aplaude la búsqueda de un Estado y una identidad más fuerte y los considera la estrategia correcta. El premio Nobel, que vivió 17 años en el exilio en EE. UU. y volvió a Rusia en la era Yeltsin, critica «los intentos de la OTAN de atraer a su esfera restos del naufragio de la Unión Soviética», en referencia sobre todo a Ucrania, «un país estrechamente unido a nosotros, con el que estamos ligados a través de millones de lazos familiares», afirma en una entrevista con *Der Spiegel* en el verano de 2007, poco antes de su muerte. «Hasta entonces, Occidente aparecía a nuestros ojos como paladín de la democracia. Pero ahora constatamos con decepción que la política occidental está guiada ante todo por un pragmatismo egoísta y cínico».[6]

Para el estricto anticomunista Solzhenitsyn, las épocas de Gorbachov y Yeltsin fueron tiempos de «anarquía en el interior de Rusia y abandono d todas las posiciones en política exterior», y por lo tanto menos una condición necesaria para la reforma en profundidad, sino el resultado de un juego de poder. Occidente «se acostumbró pronto a la idea de que Rusia era ahora poco menos que un país del Tercer Mundo y seguiría siéndolo eternamente. Y cuando Rusia empezó a volver a reforzarse, Occidente entró en pánico». Al reproche moralizante de Occidente, que acusa al nuevo hombre al frente del Estado de no ser más que un antiguo elemento del aparato de seguridad, el antiguo prisionero del Gulag replica en tono lapidario señalando una diferencia pequeña pero decisiva. Es cierto que Putin fue oficial del servicio de inteligencia, pero no un informante del KGB ni jefe de un campo de internamiento. «Los servicios de información responsables de actividades en el extranjero gozan de respeto en todos los países del mundo». A nadie se le ocurriría «echar en cara a George Bush padre haber sido miembro de la cúpula de la CIA».[7]

El hecho de que un moralista y un icono de Occidente como Aleksandr Solzhenitsyn saliera en defensa del rumbo trazado por el presidente ruso no pasó desapercibido en Washington. El *cable*, que llega al Departamento de Estado en la calle C el 4 de abril de 2008 se identifica como «confidencial». El remitente es la Embajada de EE. UU. en Moscú. En el apartado *Subject*, el embajador estadounidense William J. Burns ha consignado los temas de los que se ocupa el escrito, entre ellos Aleksandr Solzhenitsyn, la NATO y Ucrania.[8]

A lo largo de varios párrafos, el diplomático de carrera informa acerca de su visita a Aleksandr Solzhenitsyn en la casa del escritor, en las afueras de Moscú. Aunque el premio Nobel, de 89 años, ha sufrido recientemente un ictus, tiene la mente clara y sigue con mucha atención la actualidad. A continuación, Burns cita varias afirmaciones del escritor que demuestran sus simpatías hacia Putin.

«Solzhenitsyn valora positivamente los ocho años de gobierno de Putin en comparación con los de sus predecesores Yeltsin y Gorbachov, que, como afirma, no han hecho sino agravar «el daño causado al Estado ruso por setenta años de dominio comunista». Con Putin, la nación ha vuelto a descubrir lo que significa ser rusos, «a pesar de que todavía haya problemas, por ejemplo la pobreza y la brecha cada vez más amplia entre pobres y ricos». Por lo demás, continúa el diplomático estadounidense, el escritor criticó también la intención de «seguir empujando a Ucrania en brazos de la OTAN».

8. ¿ESPÍAS O AGENTES DE LA SOCIEDAD CIVIL?

Putin y el papel de las organizaciones no gubernamentales extranjeras en Rusia

Vladímir Putin, en chándal y con aire cansado, toma un té en el pequeño bar de la piscina de su residencia oficial de Sochi. Estamos esperando a Dmitri Péskov, el portavoz de prensa. En el aire flota un leve olor a cloro. Ese día de finales de marzo de 2013, el presidente ha regresado de una visita de Estado a Sudáfrica en la que le he acompañado. Putin ha resuelto la crisis ya al amanecer. No por teléfono, sino por la vía tradicional. Todo el mundo sabe, ya desde mucho antes de que Edward Snowden aterrizara en Moscú, que las conversaciones telefónicas desde aviones son un botín fácil para los servicios de información rivales. Por eso un emisario del Kremlin saca de la cama en lo mejor del sueño al ministro de Defensa y le entrega un sobre sellado con las órdenes del comandante supremo de la nación. La situación: el enemigo está cruzando el Mar Negro y ataca a Rusia desde el mar. El resto es rutina.

Serguei Kushuguetóvich Shoigu, oriundo de Chadán (Siberia) es un viejo amigo de Putin, a quien conoce desde la época de Yeltsin, cuando ya era ministro de Protección Civil. Pero ahora hace unos meses que es ministro de Defensa y debe demostrar que sabe llevar las riendas del negocio y que tiene al Ejército a punto en todo momento. Y no como antes, cuando los tanques no podían moverse por falta de combustible y los barcos no podían zarpar porque los generadores no funcionaban. O cuando más de una tripulación estaba tan borracha que habría resultado poco menos que inservible en caso de conflicto bélico. Putin no quiere volver a encontrarse en situaciones como las de entonces, cuando, durante el último año de mandato de Yeltsin, siendo primer ministro, descubrió el catastrófico estado en que se encontraba el Ejército. Mal pagado, abandonado, desmotivado e incapaz de responder en caso de confrontación seria. Cuando, en 1999, tuvo que rastrear el país entero en busca de tropas mínimamente solventes para hacer frente a la guerra de Chechenia.

Vladímir Putin informa a su portavoz Dmitri Péskov, que a su vez transmitirá los datos necesarios para el operativo. Se trata de una acción militar limitada. Solo 7000 soldados se encuentran en marcha desde hace unas horas para defender a la patria. En los próximos días, 36 buques de guerra, en cooperación con tropas de desembarco, pondrán a prueba su capacidad operativa. «Si fueran más habríamos tenido que informar a la OTAN, y eso ahora no conviene», comenta el comandante en jefe de la nación. «Algunos de nuestros mandos van a tener unos días movidos». Luego se marcha a nadar unos cuantos largos para cumplir su programa deportivo del día.

Bajo su presidencia, el gasto militar se ha duplicado.[1] Y seguirá creciendo, según ha anunciado. Rusia ocupa el tercer lugar mundial en gasto militar, por detrás de EE. UU. y China. Pero aun así, como muestran las cifras, le falta un largo trecho para poder compararse con EE. UU. En 2013 Washington invirtió 640 000 millones de dólares en defensa, mientras que Moscú no pasó de los 88 000 millones. Si se suman los presupuestos de miembros de la OTAN como Francia (61 200 millones), Reino Unido (57 900 millones) o Alemania (48 800 millones) en ese mismo periodo, se aprecia el enorme desequilibrio militar a favor de Occidente, según el análisis de los expertos del prestigioso instituto sueco SIPRI.[2]

La piscina está solo a unos metros de la residencia oficial. El portavoz del Gobierno organiza una teleconferencia. Las principales agencias de prensa y televisiones (Interfax, TASS, Bloomberg y Reuters) publicarán los detalles del ejercicio en curso una hora más tarde.

La antigua residencia de Stalin ha sido restaurada recientemente. En 2008, cuando Dmitri Medvédev asumió la presidencia para cuatro años, hizo transformar la residencia heredada en una especie de villa de estilo renacentista italiano: mármol con rosetones, tonos amarillentos, candelabros. En el jardín de invierno del primer piso, una congregación de ministros y asesores esperan su turno sentados en muebles trenzados de sauce oscuro con cojines blancos. En ocasiones la espera puede prolongarse bastante. El jefe de protocolo de Putin ya hace tiempo que dejó de intervenir cuando su jefe está tan interesado por un asunto o un visitante que los horarios de vuelos o las citas dejan de existir. Es la famosa espontaneidad de Putin, a veces mera expresión demostrativa de una forma de poder que deja libre un amplio margen de maniobra.

Ese día, Dmitri Péskov tiene otro encargo importante. Tiene que informar a su jefe acerca de los registros practicados dos días atrás en las oficinas de las fundaciones políticas alemanas en Rusia. Según la nueva ley que entró en vigor en 2012, todas las organizaciones no gubernamentales (ONG) con actividad política deben registrarse y revelar de dónde procede su financiación. La nueva norma está pensada para impedir a los Estados extranjeros inmiscuirse en los asuntos internos de Rusia. Las ONG políticas que reciben dinero del extranjero deben registrarse como «agentes extranjeros» y someterse a un control estricto de su contabilidad y sus actividades.[3]

El término *agent* es polisémico, ya sea en inglés o en ruso. Sirve tanto para denominar a un espía como a un representante o apoderado de una institución. La intención política que se desprende de esa etiqueta es muy clara. Muchas de las ONG rusas reciben dinero del extranjero. Entre los afectados reina la indignación y la oposición a la denominada Ley de agentes. Hasta el momento, ninguna organización se ha declarado agente extranjero. Pero ahora las autoridades han empezado a realizar controles, y el fiscal se ha personado en los locales de varias ONG rusas y de la Fundación Konrad Adenauer de San Petersburgo, cercana a la CDU, así como de su equivalente socialdemócrata, la Fundación Friedrich Ebert de Moscú.

Mientras desayuna en el avión, Vladímir Putin desconoce todavía esta operación, que ha saltado a las portadas en Alemania. Su breve respuesta a mi pregunta sobre el asunto: él no es fiscal, sino presidente de Rusia. No cree que a Angela Merkel la avisen tampoco antes de cada registro que se realiza en Alemania. Pero va a preguntar. De hecho, es probable que efectivamente no esté al corriente de la acción de la fiscalía. Angela Merkel tiene previsto inaugurar con él la Feria de Hanover dentro de una semana, el 7 de abril de 2013. En estos momentos, un escándalo sería inconveniente desde el punto de vista político.

Mientras cenamos juntos, Putin enciende el gran televisor de pantalla plana donde en este momento aparecen las noticias del día, y me muestra que durante la jornada ya ha encontrado la respuesta a mi pregunta de la mañana. El mensaje está cifrado en la tercera noticia: hoy, el comisionado de derechos humanos Vladímir Lukin se ha reunido con él y le ha entregado un informe sobre la situación. Vladímir Putin se lo ha agradecido y le ha preguntado si las ONG que trabajan en el campo de los derechos humanos cumplen la nueva ley. Luego ha comentado que tampoco es necesario exagerar los controles. Y el mensaje ha llegado a sus destinatarios, ya que al día siguiente las fundaciones alemanas reciben de nuevo sus ordenadores confiscados. Vladímir Putin hablará por teléfono con Merkel y viajará a Hanover.

La discusión sobre el papel de las organizaciones humanitarias en Rusia no es nueva. La actitud de Occidente en este asunto recuerda a veces a las misiones de evangelización de la Iglesia católica en África durante el siglo pasado. Las organizaciones humanitarias se limitan a hacer el bien, a cuidar a niños minusválidos, a luchar contra el SIDA y a proteger la naturaleza. Actúan en nombre del Señor. Y, de paso, propagan la economía de mercado, apoyan la libertad de prensa y ayudan a ir transformando poco a poco la democracia vigilada de Putin en una sociedad civil de corte occidental. Occidente como proyecto universal que es necesario implantar también en otras latitudes. Y a esa lucha se destinan miles de millones de dólares.

EE. UU. financia desde hace años con fines estratégicos la creación de NGO rusas como Golos, que durante las elecciones de 2011 y 2012 movilizó a miles de observadores y denunció diversas irregularidades. Pero Golos no está sola. Cientos de ONG organizan cursos de desobediencia civil o técnicas alternativas de comunicación para la oposición.[4] Washington apoya las denuncias contra injusticias, ya sean verdaderas o aparentes. Esos son los motivos por los que el Gobierno ruso promulgó en el verano de 2012 la ley que obliga al registro de las organizaciones humanitarias patrocinadas por países extranjeros.

También Memorial, la organización pro derechos humanos más importante de Rusia, está afectada por esta ley, ya que las donaciones que recibe proceden mayoritariamente del extranjero, por ejemplo de la Fundación Heinrich Böll o de la del multimillonario estadounidense George Soros. La organización fue fundada en 1989 por el disidente y premio Nobel de la Paz Andrei Sajárov con el fin de mantener vivo el recuerdo de las víctimas de la opresión soviética. Desde entonces sirve de paraguas a numerosos grupos muy diversos que trabajan en nombre de los derechos humanos. Por eso el ministerio de Justicia intentó directamente disolver la organización. Pero el Tribunal Constitucional ruso dio la razón a Memorial, que desde entonces se ha propuesto obtener una mayor proporción de sus donaciones desde la propia Rusia.

En todo este tiempo, Vladímir Putin ha repetido varias veces sus argumentos a favor de la restricción. Lo único que pretende es hacer lo mismo que se hace en todas partes. Si se ha actuado con mayor dureza ha sido a causa de la intromisión en la anterior campaña electoral, y, para él, la indignación moral que esto provoca es solo expresión del doble rasero de Occidente. El presidente aclara cuál es la fuente de inspiración de la versión rusa. «Los EE. UU. tienen una ley como esta desde 1938. Y seguro que el Gobierno de Washington sabe muy bien por qué».

La Foreign Agents Registration Act (FARA) de EE. UU. a la que alude fue aprobada inicialmente como medida de protección contra la infiltración nacionalsocialista.[5] Han pasado muchos años, pero la ley sigue en vigor y se aplica de modo general contra las «actividades antiamericanas», es decir, contra la penetración de potencias extranjeras y servicios secretos de otros países. En la página del Departamento de Estado norteamericano, la norma se describe de este modo: «De acuerdo con esta Ley, toda persona u organización que actúe como agente de una entidad extranjera debe inscribirse en un registro del ministerio de Justicia y revelar la identidad de la entidad para la que trabaja». La FARA define como «entidades extranjeras» a los «Gobiernos, partidos políticos y personas u organizaciones externas a los Estados Unidos, así como cualquier empresa sujeta a la legislación de un país extranjero».[6] Como se aprecia, tanto a EE. UU. como a Rusia les interesa cultivar la ambigüedad del término *agent*.

La noticia que el ministro de Exteriores ruso comunica de modo extraoficial a la secretaria de Estado norteamericana durante su cita matinal en septiembre de 2012 en la cumbre del Foro de Cooperación Económica Asia-Pacífico (APEC) en Vladivostok es uno de los escasos gestos amistosos dentro de una relación habitualmente tensa. Mientras ambos negocian en torno a la futura cooperación en el gélido territorio del Ártico, Serguei Lávrov avisa por anticipado a su homóloga norteamericana Hillary Clinton de que en los próximos días se requerirá oficialmente al Department of State a cerrar la sede de la Agencia Estatal para el Desarrollo Internacional (USAID) en Moscú.[7] Tres días más tarde, las autoridades rusas notificarán al embajador estadounidense Michael McFaul la decisión oficial y la fecha exacta. El decreto dicta que las delegaciones de USAID deberán cerrar antes del 1 de octubre. Y sus empleados norteamericanos que gocen de estatus diplomático deberán abandonar las oficinas antes de que transcurra ese plazo. Según Rusia, Washington lleva años inmiscuyéndose excesivamente en los asuntos internos rusos a través de esa peculiar forma de ayuda al desarrollo.[8]

La decisión de Vladímir Putin pone fin a las actividades en Rusia de una agencia estatal norteamericana considerada como una de las organizaciones más eficaces a la hora de impulsar los intereses estadounidenses.[9] Fundada en 1961 por el Gobierno norteamericano con el fin de fomentar en todo el mundo «la democracia, los derechos humanos y la salud pública», USAID está presente en más de cien países y es conocida por haber colaborado en el pasado con los servicios secretos norteamericanos.[10] La causa del brusco desenlace, según sugiere el *New York Times*, podría ser «la historia de la agencia para el desarrollo durante los años de la Guerra Fría, cuando sirvió también como tapadera para el espionaje norteamericano. Esa imagen está todavía fresca en la memoria de algunos representantes extranjeros, que no han perdido nunca del todo su desconfianza».[11]

Desde 1992, el servicio estadounidense de ayuda al desarrollo invirtió 2700 millones de dólares en proyectos en Rusia. Sin embargo, en los últimos años, la mayor parte de ese dinero no se empleó, al parecer, en el fomento de la salud pública, sino que fue a parar a las cuentas de más de cincuenta ONG que trabajan por «la democracia, los derechos humanos y la consolidación de la sociedad civil», como reconoció Victoria Nuland, del U.S. State Department el 18 de septiembre de 2012 en una conferencia de prensa en torno a USAID.[12] Ahora, continuó, la tarea proseguiría por otras vías. «USAID ya no está presente físicamente en Rusia, pero seguiremos trabajando a favor de la democracia, los derechos humanos y el fortalecimiento de la sociedad civil rusa». Más tarde, el Departamento de Estado anunció quiénes tomarían el relevo de USAID: el National Democratic Institute (NDI), el International Republican Institute (IRI) y el National Endowment for Democracy (NED).[13]

Esta declaración implica la continuación de la lucha política por medios similares. Se trata de organismos bien conocidos que operan desde hace décadas para el Gobierno norteamericano en el extranjero y son financiados por USAID junto con el U.S. State Department. Todos apuestan por la difusión mundial de los «valores democráticos y los derechos humanos». Sus cúpulas están compuestas fundamentalmente por exdiplomáticos como la antigua secretaria de Estado Madeleine Albright, exmilitares como el antiguo comandante supremo de la OTAN Wesley Clark o miembros del servicio secreto como el antiguo jefe de la CIA James Woolsey.

En 1983, durante el acto de fundación del National Endowment for Democracy, el antiguo presidente norteamericano Ronald Reagan dejó pocas dudas acerca de la ambivalencia de sus buenas intenciones al describir, en la sala 450 del Old Executive Office Building de Washington, el edificio administrativo situado justo al lado de la Casa Blanca, las tareas del Instituto ante un grupo de miembros del Congreso. Según él, esta nueva fundación, llamada a traer la esperanza a la humanidad entera, era una empresa crucial para la fe norteamericana en la democracia, como consigna el protocolo de la Casa Blanca, que recoge incluso la hora exacta de nacimiento (las 11:59 del 16 de diciembre) de la melodramática iniciativa propagandística de Reagan. La traducción a un lenguaje más concreto la proporcionó el propio exactor de Hollywood: «Esto significa que vamos a invertir en este programa a largo plazo todos nuestros medios: organizaciones, sudor y dólares». Entre otras cosas, el NED ofrecerá talleres de formación democrática. «El Instituto cooperará estrechamente en el extranjero con todos aquellos que aspiren a un rumbo democrático, y esa cooperación centrará sus esfuerzos en facilitar a los distintos grupos y organizaciones todo lo que necesiten. Todo ello, por supuesto, en plena consonancia con nuestros intereses nacionales», aclara la invitación dirigida a grupos opositores extranjeros.[14]

Desde entonces, el NED está presente en más de noventa países en nombre de la democracia, creando ONG y coordinando de paso el trabajo de otras fundaciones públicas o privadas. Uno de los fundadores del NED, el profesor Allen Weinstein, de la Universidad de Georgetown, describía los objetivos de la organización de manera más clara y concisa en 1991 en el Washington Post: «Gran parte de lo que hacemos ahora lo hacía la CIA de modo encubierto hace 25 años».[15]

La aportación de Alemania a la mejora de la humanidad no está organizada de una manera tan detallada. Se resume en proclamar a los cuatro vientos la consabida idea de que ser alemán significa «hacer las cosas porque hay que hacerlas». El certificado de buena conducta que el Bundestag expidió a Rusia en una resolución de noviembre de 2012 se inicia con la constatación de que Rusia es «un socio imprescindible para Alemania y Europa».[16] A continuación afirma que existe un gran interés en sellar una alianza por la modernización del país en todos los aspectos. Pero, a partir de ahí, los dos tercios restantes de la resolución están dedicados subrayar carencias, infracciones de los derechos humanos o acciones gubernamentales contra la oposición. «El Bundestag observa con preocupación que, desde la toma de posesión del presidente Putin, se han adoptado una serie de medidas legislativas y jurídicas que, en conjunto, apuntan a un control creciente de los ciudadanos activos, criminalizan a quienes piensan de otro modo y trazan un rumbo de confrontación contra los ciudadanos críticos con el Gobierno». El hecho de que el Gobierno ruso haya expulsado al «organismo norteamericano USAID» es otro «signo inquietante», que entra en contradicción con «el espíritu de la cooperación entre sociedades».

Angela Merkel concibe su crítica pública a Putin como una bienintencionada oferta de *coaching* político. No se trata de una crítica destructiva, sino de una expresión de franqueza entre socios. Su respuesta jovial e inalterable al reproche de Putin de fomentar el ambiente antirruso es: «Si me enfadara por estas cosas, no duraría ni tres días como canciller».[17]

9. LA MORAL COMO ARMA POLÍTICA

La homosexualidad y Pussy Riot

Las recomendaciones políticas que le llegan a Vladímir Putin desde Alemania, y que tanto le irritan, no se circunscriben solo a normas de comportamiento. Hay también un modelo de corrección político-moral a la occidental que, según algunos, Rusia debería aceptar sin rechistar. «¿Por qué el tema de la homosexualidad es tan importante para el Estado? Yo no tengo nada contra los homosexuales ni contra las lesbianas», remacha en una de nuestras conversaciones nocturnas de la primavera de 2013. «El Estado tiene que concentrarse en lo importante. Los homosexuales no tienen hijos. No es misión del Estado fomentar unas u otras preferencias sexuales. Y mucho menos trasladar ese planteamiento a otros Estados como exigencia en el ámbito de la política exterior». Putin hace una breve pausa y entra enseguida en el núcleo de sus convicciones, que le ronda desde que se instaló en el Kremlin. «Es una decisión que le corresponde tomar a nuestra sociedad y a nadie más. Tampoco tengo nada contra el señor Westerwelle», añade con ligera sorna. El motivo concreto de esta declaración de principios es una nueva ley del Parlamento ruso sobre la homosexualidad, que ha causado polémica en Alemania no solo en la escena gay, sino también en el ámbito de la política.

Debido a esta nueva ley, el exministro de Exteriores alemán Guido Westerwelle ha impulsado la redacción de una nueva advertencia para viajeros que el ministerio de Exteriores ha publicado en su web en el verano de 2013. No se trata de un mero acto de servicio público, sino también de la expresión de una contrariedad personal. Guido Westerwelle es abiertamente homosexual.

La advertencia reza así: «La homosexualidad no está prohibida en Rusia. Sin embargo, la sociedad rusa en general no ve con buenos ojos las uniones entre personas del mismo sexo. La ley federal contra la "propaganda de relaciones sexuales no tradicionales frente a menores" entró en vigor el 30 de junio de 2013. La ley prevé multas de hasta 100 000 rublos, hasta 15 días de prisión y la expulsión de la Federación Rusa, también para extranjeros, en caso de transmisión de informaciones, exhibición pública y apoyo a la homosexualidad».[1]

En la web no se encuentra ninguna advertencia específica para los homosexuales que prevean viajar a Arabia Saudí o a otros países islámicos en los que la práctica de la inclinación hacia el mismo sexo puede tener consecuencias notablemente más graves, sino solo una recomendación de viaje genérica en el apartado «Disposiciones penales específicas». Justo en el momento en que se anuncia la visita de la canciller a San Petersburgo dentro de un mes, el estado de pública indignación ha alcanzado un nuevo punto máximo. Angela Merkel exhorta públicamente a Rusia a retirar la nueva ley sobre la homosexualidad.[2] Obviamente, la exigencia tiene mucho más que ver con la campaña electoral alemana que con un decantamiento de su partido hacia la defensa de valores éticos en política exterior. No se sabe de ningún otro país al que la canciller le haya pedido públicamente nada parecido.

El hecho de que el movimiento LGTB haya conquistado en una tenaz lucha de varias décadas una serie de derechos (que para muchos cristianodemócratas tampoco resultan fáciles de aceptar) no tiene nada que ver con esto. Es una exigencia de ámbito fundamentalmente interno, de aquí y ahora. En Alemania, la homosexualidad goza ya de aceptación social, mientras que en Rusia el nivel de tolerancia es similar al que existía en la República Federal en los años cincuenta, cuando lesbianas y homosexuales estaban tan mal vistos aquí como lo están ahora en Rusia. Es más, en la RFA la homosexualidad fue delito hasta 1973, y hubo que esperar hasta 1994 para que el Bundestag anulara el tristemente célebre artículo 175, en cuya aplicación se condenó penalmente a decenas de miles de personas.

«Donde aún reina la homofobia»: así tituló el *taz* su aportación al debate, con una certera descripción de los hechos.[3] En Rusia, más de dos terceras partes de la población se muestra contraria a la homosexualidad. Ni la regañina de Merkel ni la advertencia del ministerio de Exteriores para viajeros con tendencias homosexuales causaron el más mínimo efecto en la sociedad rusa. La Duma no retiró la ley. Los diputados de Moscú tienen una tendencia tan escasa al suicidio político como sus colegas de Berlín. Las críticas procedentes de Alemania no han sido de gran ayuda para el movimiento. Todavía tendrán que luchar tenazmente durante décadas para llegar a alcanzar un estatus mínimamente soportable dentro de la sociedad rusa.

«Occidente tiene su propia manera de ver las cosas, nos guste o no», afirma el padre Tijon, el consejero espiritual de Putin. «Y en algunos aspectos nunca coincidiremos». Por supuesto, concede, el matrimonio homosexual es algo que afecta exclusivamente al estilo de vida de cada cual, pero desde el punto de vista de la Iglesia ortodoxa rusa resulta absolutamente inaceptable. Y si el Estado ruso llegara a aceptarlo, eso significaría «el camino directo a la degeneración». En este tema, el padre Tijon coincide punto por punto con la Iglesia católica.

Luego el archimandrita me explica una anécdota que describe la postura pragmática de Putin en lo referente a este asunto. Un día que quedaron para almorzar juntos, la prensa rusa informaba acerca de la próxima visita de Putin a Berlín y subrayaba que el alcalde berlinés de aquel momento, Klaus Wowereit, era homosexual declarado. En cumplimiento de su deber pastoral, el padre Tijon desaconsejó al presidente dar la mano públicamente a un homosexual. Putin discrepó: por una parte, eso era asunto personal de Wowereit, y por la otra se trataba del representante de la ciudad de Berlín. Como la entonces esposa de Putin, Liudmila, se puso de parte del sacerdote y apoyó la petición de Tijon, Putin replicó con concisa ironía: «Cariño, no hay motivo para que te pongas celosa».

Aunque pueda tratarse de una anécdota inventada, lo cierto es que describe perfectamente el patrón de comportamiento de Putin. Cuando las circunstancias lo exigen, no le falta flexibilidad. Pero eso no cambia en absoluto sus convicciones políticas.

También la espectacular aparición de Pussy Riot en 2012 en la iglesia más grande e importante de Rusia, la catedral de Cristo Redentor, ha acabado favoreciéndole en el panorama interior ruso. La prensa occidental ha elevado a la categoría de iconos de la resistencia contra Putin a las integrantes de este grupo activista denominado «Rebelión de vulvas», pero eso solo es una muestra de su incapacidad de valorar la situación sobre el terreno. La aparición en la catedral hizo famoso al grupo en todo el mundo en un instante. Las componentes de Pussy Riot entraron en el templo disfrazadas de creyentes y empezaron a recitar a gritos su estridente oración punk contra Putin y contra el principal líder religioso del Estado, el Patriarca Cirilo. La banda femenina filmó la escena para publicarla en internet a fin de conseguir mayor eco mediático, antes de que el personal de la iglesia las echara a la calle con cajas destempladas. El relato de las jóvenes e intrépidas rockeras en lucha contra un régimen brutal y cada vez más impopular fue todo un éxito en Occidente y atrajo millones de clics en la prensa digital. En cambio, en Rusia el mensaje de la resistencia heroico-vanguardista fracasó y topó con un rechazo masivo.

El estribillo de la canción, «Madre de Dios, Virgen María, echa a Putin», suena bastante inocente, pero la otra parte («Mierda, mierda, Dios de mierda» y los insultos al Patriarca («hijo de puta») les sonaron a los rusos, mayoritariamente temerosos de Dios, como lo que seguramente pretendían ser: una provocación en toda regla. Una de las protagonistas, Nadezhda Tolokonníkova, se hizo famosa en el *underground* ruso junto con su marido Piotr Versilov por haber puesto en escena en el Museo de Biología de Moscú una orgía sexual pública que no habría tenido nada que envidiar a las de la *Comuna 1* alemana de los años sesenta (o al menos así describió el espectáculo el *Frankfurter Allgemeine Sonntagszeitung*).[4]

Para la oposición rusa, la acción realizada en la catedral fue un duro revés, al contrario que para Vladímir Putin, que salió claramente beneficiado. El presidente ruso detectó inmediatamente el potencial político de la situación y no dudó en explotarlo. Enseguida aireó públicamente su repulsa a los hechos. «Espero que esto no vuelva a suceder. Pido perdón a todos los sacerdotes y creyentes en nombre de esas mujeres [Pussy Riot], ya que ellas seguramente no serán capaces de disculparse».[5] También la Iglesia supo aprovechar el viento favorable y se movilizó. Dos meses después del suceso, el Patriarca Cirilo celebró una misa de cuatro horas ante unos 50 000 fieles «en defensa de la fe, del santuario profanado y de la Iglesia y su buen nombre».[6]

Durante la vista del juicio que siguió a los sucesos, la elocuente portavoz del grupo Nadezhda Tolokonníkova intentó comparar su encausamiento con los procesos de Moscú en tiempos de Stalin —«lo que se está juzgando aquí es el sistema estatal de la Federación Rusa»—, pero la táctica tampoco tuvo éxito. Su intento de perfilarse como mascarón de proa de la resistencia condujo en determinados cenáculos intelectuales de Moscú y San Petersburgo a un breve aumento del consumo de vino tinto y dio pie a encendidas discusiones sobre los límites del arte. Pero, desde el punto de vista político, la acción fue un fiasco.

Según las encuestas del centro Levada, el 86 por ciento de los rusos deseaba que se castigara a las integrantes del colectivo. Y más de la mitad estaba a favor de la severa condena a dos años de prisión, que fue calificada de desproporcionada por el comisionado de derechos humanos Vladímir Lukin, y no solo por él. Solo el 5 por ciento era partidario de dejar sin castigo la acción de las jóvenes.[7]

«Nos encontramos ante un hecho innegable: se trata de unas infelices que han llevado a cabo una gamberrada de poca monta para hacerse publicidad», resumió enojado en internet el bloguero Aleksei Navalny, el más notorio de los detractores de Putin en la oposición. Lo único que criticaba era lo excesivo de la pena. Vladímir Putin indultaría a las activistas en la navidad de 2013, tres meses antes del cumplimiento de la condena.

10. LA CARTA DE BERESOVSKI O SALUDOS DESDE EL PASADO

La etapa de Putin en San Petersburgo

Toca aguardar en la sala VIP del aeropuerto de Vnúkovo número 3. En la pared de madera pintada de gris se lee «Aeroflot Russian International Airlines». Sobre la moqueta de un color entre beige y marrón se alzan abultados sofás de piel sintética, ocupados por hombres fornidos de edad indefinible equipados con maletines de cuero y portátiles. El presidente se hace esperar una vez más.

Más tarde, en el avión, la conversación entre Vladímir Putin y yo gira en torno a Borís Abramóvich Beresovski. El autoproclamado descubridor de Vladímir Putin se convertiría más tarde en un enemigo declarado, que acabaría exiliándose en Londres y escenificando desde allí su campaña contra el nuevo inquilino del Kremlin. El motivo de la conversación es la muerte repentina del antiguo oligarca. Unos días antes, el 23 de marzo de 2013, un guardaespaldas lo encontró sin vida en el cuarto de baño de su casa en el lujoso distrito londinense de Ascot. A su lado había una bufanda. El forense no encontró ningún indicio de lucha violenta. Su dictamen fue muerte por estrangulación. La policía, por el momento, atribuye a un suicidio la muerte del oligarca ruso.

Beresovski tenía 67 años y estaba solo y arruinado. La casa pertenecía a su exmujer. En su última entrevista, un día antes de su muerte, reveló a un periodista de la revista *Forbes*: «No era consciente de lo mucho que echo de menos Rusia. No estoy hecho para ser un exiliado». Y luego añade: «Mi vida ya no tiene sentido. Ya no tengo ganas de hacer política. No sé qué hacer».[1]

Vladímir Putin se arrellana en el asiento y se pasa la mano por la cabeza. Me cuenta que, a finales de 2012, Beresovski le escribió una carta que no le llegó hasta unas semanas después, a través de un intermediario que se la entregó en mano. En la misiva, escrita a mano, el antigua oligarca le informa de que quiere volver a Rusia, dedicarse a la docencia y renunciar a la política. «Me pidió perdón y me dijo que se había equivocado. Había intentado acabar con mi carrera política y había fracasado. Fue una disputa muy agria».

En cuanto al ruego principal de la carta, en las últimas semanas Putin aún no había llegado a una conclusión definitiva. Por supuesto estaba en sus manos indultarlo, pero el proceso sería complicado, ya que todavía había causas abiertas. La noticia del suicidio de Beresovski le sorprendió mientras los juristas de la administración presidencial estaban todavía analizando las posibles consecuencias legales del indulto.

Durante mi visita, pocas semanas antes de la reelección de Putin en 2012, encuentro a Beresovski sentado al escritorio de su despacho Down Street 7, en el distinguido barrio londinense de Mayfair, rodeado de fotos de tiempos pasados en las que aparece con gente importante. Beresovki está convencido de que volverá pronto a Rusia. Las manifestaciones de Moscú demuestran que esta vez Vladímir Putin ha echado mal las cuentas. «Hay una nueva generación que ya no nació en la Unión Soviética, y que a diferencia de Putin no tiene por lema *Back in the USSR*», afirma, citando el estribillo de una vieja canción de los Beatles. Cuanto más habla —y habla mucho y rápido—, más se entusiasma con la idea de volver a ser alguien en Moscú. A condición, claro, de que Putin pierda las elecciones, algo que da más o menos por hecho. Asegura que se presentará en la capital rusa el día después de las elecciones. Después de la victoria llegará el momento de desarrollar una nueva ideología con garantías de futuro. Vladímir Putin no podrá frenar a la nueva generación.

La figura de Borís Beresovski, el antiguo conspirador de los pasillos del Kremlin, que en la era Yeltsin supo utilizar sus contactos para amasar una fortuna multimillonaria y logró ampliar aún más su poder gracias a esa fortuna, fue desde siempre objeto de la fantasía de sus contemporáneos. En Rusia nadie sabe exactamente cuánto dinero tenía en realidad, porque todos los datos procedían de él, y la contabilidad no era precisamente su fuerte. Posiblemente él tampoco lo sabía muy bien; lo único que sabía seguro es que necesitaba tenerlo, y que en algún momento debió ser mucho. Desde 2001, cuando, tras su enfrentamiento con Putin, tuvo que marcharse a Inglaterra, concentraba todas sus energías en hacer caer al nuevo hombre fuerte de Rusia. Nunca se perdonó a sí mismo —ni a Putin— el haber quedado reducido a la irrelevancia. Su frase favorita de los últimos años era: «Yo lo creé y yo lo destruiré».

El ministerio de Hacienda de Londres, que investiga el legado de Beresovski y las cuentas pendientes tras su muerte, comunica a los allegados una mala noticia. Borís Beresovski estaba arruinado ya antes de su muerte y debe al Tesoro británico 46 millones de libras en impuestos.[2] Y, al igual que en toda su vida, después de su muerte el antiguo magnate sigue alimentando un mito, el único que le queda ya: a ojos de los adversarios de Putin, la desaparición de Borís Beresovski solo puede ser otro asesinato cometido por orden del presidente ruso.

Poco antes del aterrizaje, el presidente me revela quién fue el mensajero que le entregó personalmente la carta con la petición de indulto a principios de enero de 2013. Se trata de un antiguo conocido de Beresovski, precisamente el hombre que, medio año antes, le asestó la última derrota definitiva ante los tribunales y lo hundió así en la ruina para el resto de su vida: Roman Arkadiévich Abramóvich, uno de los hombres más ricos de Rusia, conocido también en Occidente por ser propietario de un inmenso yate y del club de fútbol FC Chelsea de la Premier League inglesa. El oligarca al que antaño Borís Beresovski, influyente padrino de la era Yeltsin, hizo grande a cambio de cientos de millones de dólares en concepto de protección o, como se denomina en ruso, *krysha,* y al que había abierto las puertas del Kremlin. El hecho de que fuera el propio Abramóvich quien entregara la carta es un singular gesto de gratitud del antiguo protegido hacia uno de los peces gordos del entramado de burocracia, política y delincuencia económica que caracterizó la era postsoviética. Beresovski también ayudó a Roman Arkadiévich Abramóvich a ganar miles de millones.

El drama que se representa durante meses en la sala 26 del Rolls Building, sede de la High Court de Londres, es el juicio más espectacular celebrado en Inglaterra desde hace décadas. Esta versión rusa de *House of Cards* es un cóctel de miles de millones, poder y derrotas, extorsiones y promesas rotas, política, amistad y decepción, y, ocasionalmente, alguna pincelada de megalomanía. Una disputa personal entre dos hombres, planteada en términos absolutamente clásicos. Uno de ellos es joven y el otro mayor, ambos fueron en su día grandes triunfadores rebosantes de poder. Luego cambian las circunstancias y con ellas la relación. Esa es una de las tramas de la historia.

La otra: el juicio celebrado en 2012 revela instantáneas de aquella época turbulenta en la que millones de rusos perdieron no solo su orientación social sino también todo su dinero. *Flashbacks* de un fracasado experimento a cielo abierto, que pretendió trasladar al mayor país del mundo desde un sistema económico socialista hasta el capitalismo en un plazo de diez años. De aquella época en que Vladímir Putin aprendió el oficio de la política tras abandonar el servicio secreto. Otros Estados necesitaron más de cien años para transitar ese camino. Para muchos, el experimento acabó en desastre.

No, desde luego, para los dos hombres que acuden regularmente a la sala de vistas del Tribunal Superior de Comercio de la capital británica entre una nube de guardaespaldas y abogados, intérpretes y asesores de estrategia. Ellos se aprovecharon del caos, y ahora se enfrentan por el reparto del enorme botín. Es también la última batalla por el derecho a tener una versión propia del pasado y volver a revivirlo.

La jueza Elizabeth Gloster encargada del caso número 2007, tiene ante sí una ardua decisión. Condecorada con el título de *Dame Commander of the Order of the British Empire* y poseedora de una excelente reputación como jurista, los que la conocen saben que no se arredra ante nada. Es la primera mujer que ocupa un puesto en la High Court. El caso es complicado. Están en juego cerca de cinco mil millones de dólares, la cifra que Borís Beresovski reclama a Roman Abramóvich. Según el primero, Abramóvich, en primer lugar, lo habría amenazado por encargo de Vladímir Putin y luego le habría arrebatado su participación en varias empresas rusas comunes cuando Beresovski se enemistó con el nuevo presidente y abandonó el país. No existen contratos por escrito que demuestren que fue copropietario de aquel imperio económico. Todo se basó en acuerdos verbales, sostiene Beresovski. Esta historia salida de los traumáticos años noventa es tan complicada como previsible. Al investigar el caso, la juez va desenterrando también las etapas recientes de la historia rusa.

En la época de la *glasnost* y la *perestroika*, el matemático Beresovski comprendió pronto que en su condición de empleado estatal con un sueldo cada vez más irregular no tenía posibilidades de hacer carrera. Trabajaba en un prestigioso instituto científico que investigaba para la industria rusa del automóvil, pero ya por entonces los coches rusos solo se vendían por falta de otras alternativas. Beresovski estaba en el lugar idóneo en el momento idóneo cuando se fundó la empresa LogoWAS. Los negocios de la sociedad anónima se ampliaron a un ritmo vertiginoso. LogoWAS, una empresa de software y ordenadores, pasó a importar automóviles occidentales usados, se convirtió en representante general de la industria rusa del automóvil y acabó mutando en un holding que realizaba negocios de todo tipo. Literalmente.

PASADO Y FUTURO

Beresovski conoce a Vladímir Putin a principios de los años noventa. El antiguo agente del servicio secreto en el extranjero acaba de cambiar de profesión ante las escasas posibilidades que se presentan en el funcionariado. Anatoli Sóbchak, alcalde de San Petersburgo, le ha ofrecido un puesto muy prometedor en la administración municipal. Putin nació en San Petersburgo y estudió allí Derecho en la Universidad, precisamente con Sóbchak como profesor. Vladímir Putin asume el cargo de representante del alcalde para relaciones internacionales y asuntos económicos.

Beresovski se encuentra en Petersburgo en viaje de negocios. Ambos saben a quién tienen delante. Por lo demás, de momento tienen poco que ver el uno con el otro. Para el hombre de negocios de Moscú, se trata de un encuentro rutinario, otro contacto con la administración local, quizá provechoso para los negocios en curso. Un conocido le ha hablado del «representante de Anatoli Aleksandróvich». Anatoli Aleksandróvich Sóbchak, partidario de Gorbachov, es el primer alcalde elegido en votación popular libre desde el fin de la Unión Soviética en 1991. Simultáneamente a su elección, los habitantes de la ciudad aprobaron en referéndum devolver a Leningrado su nombre original, San Petersburgo.

Para el futuro presidente Putin, el hombre de negocios Beresovski es casi de otra galaxia inalcanzable para él. La situación en San Petersburgo es catastrófica. Las tiendas están tan vacías como las arcas del Ayuntamiento. El empleado municipal intenta mantener San Petersburgo a flote y administra la miseria.

Vladímir Putin habla alemán con fluidez. Estuvo destinado en Dresde cinco años como agente del servicio secreto con su esposa Liudmila y sus hijas Mariya y Yekaterina, y tiene un buen concepto de los alemanes. Desde que trabaja en la administración municipal, mantiene contactos oficiales con la antigua República Federal. Por ejemplo, con el alcalde de Hamburgo, Henning Voscherau. La ciudad hermana a orillas del Elba lleva meses enviando convoyes de ayuda humanitaria a la ciudad del Neva. Los paquetes de ayuda son bien recibidos. Sin embargo, la asociación de veteranos de guerra se siente herida en su orgullo y se queja al alcalde: No lucharon en la Gran Guerra Patria para contentarse ahora con limosnas.[3] Es un tema espinoso. Vladímir Putin viaja a Hamburgo para plantear las quejas de los veteranos, y Henning Voscherau, tras consultar a su colega Sóbchak, cancela los envíos de ayuda cuando, al cabo de un tiempo, la situación empieza a mejorar lentamente.

En San Petersburgo, el recuerdo de la Segunda Guerra Mundial no solo está presente entre los mayores. Murieron más de un millón de civiles, todas las familias perdieron parientes. «El *Führer* está decidido a borrar la ciudad de San Petersburgo de la faz de la tierra», afirma una instrucción del Estado Mayor de la *Wehrmacht*.[4] En el otoño de 2011, durante nuestro primer encuentro en San Petersburgo, Vladímir

Putin relata la dolorosa historia de sus padres mientras pasamos por delante del monumento al Asedio en la Plaza de la Victoria: «Mi padre, que era soldado y resultó gravemente herido, salvó de morir de hambre a mi madre en el último momento al volver a casa desde el hospital».

Las tropas alemanas sitiaron la ciudad y cortaron los suministros a sus habitantes durante 871 largos días, entre septiembre de 1941 y enero de 1944. Putin nunca conoció a sus dos hermanos mayores, que ya estaban muertos en 1952 cuando él llegó al mundo tardíamente. Uno murió poco antes de la guerra y el otro durante el asedio. Los padres sobrevivieron y superaron el trauma entre los dos. «Mis padres no tocaban nunca el tema», recuerda Vladímir Putin. «Yo solo me enteraba de algunas cosas cuando teníamos visitas o mis padres hablaban con amigos sobre los acontecimientos de aquella época». Hay escasez de vivienda. La familia Putin vive en una habitación de una *kommunalka*, como se denominan las viviendas comunitarias municipales ocupadas por varias familias. Sus pequeñas escapadas de adolescente transcurren por los patios traseros de la vecindad. «De alguna manera, en aquella época todo el mundo vivía dentro de sí mismo», recuerda Vladímir Putin. «No puedo decir que fuéramos una familia muy emocional, que intercambiáramos sentimientos. Se lo guardaban casi todo para sí. Todavía me pregunto cómo consiguieron superar todas aquellas tragedias».

La historia de la ciudad es uno de los diversos motivos por los que, ya de joven, sueña con entrar en el servicio de inteligencia. El resto son ideas románticas de un quinceañero que anhela aventuras, viajes al extranjero y la oportunidad de ser un héroe. En la escuela aprende alemán, también en la Universidad. Vladímir Vladimiróvich es el prototipo de estudiante normal en la Unión Soviética. «En esa época de mi vida me concentré en dos cosas para tener éxito: el deporte y los estudios. Y funcionó», relata. «Me interesaba la política, pero no puedo decir que a los veinte años ya hubiera profundizado en ese ámbito. Por entonces no sabía nada de la represión de la era de Stalin, con la que el KGB tanto había tenido que ver, ni había oído hablar de disidentes como el físico Andrei Sajárov, por ejemplo».

No pone en cuestión lo que ve en la televisión o lee en el periódico. Y, al fin y al cabo, no es él quien ha de decidir si su aspiración profesional se hará realidad o no. Tras la oposición, una comisión estatal analiza a los candidatos, y cada una de las administraciones representadas en ella elige a sus preferidos. El deseo de Putin se cumple. En 1975, después de la oposición, el KGB enrola al licenciado en Derecho y empieza a formarlo para tareas de inteligencia en el extranjero. Al principio está destinado en San Petersburgo, donde trabaja unos cuantos años, y luego lo envían a Moscú para continuar su formación en el Instituto Andrópov.[5] Este centro del KGB es una escuela para la élite de la organización. Algo parecido a lo que representa West Point para los militares estadounidenses.

«No pude elegir destino. Me lo asignaron. Quien tenía contactos pedía que lo enviaran a Bonn o a Viena, porque el sueldo se pagaba en la moneda del país de destino», explica cuando le pregunto por qué fue a parar a la RDA. «Nuestro departamento se llamaba Inteligencia Exterior desde el Interior. De los asuntos internos de la RDA se encargaban otros departamentos». Su trabajo en Dresde durante los años siguientes consiste en obtener información sobre países de la OTAN como la República Federal y reclutar informantes. También analiza la prensa alemana.

Mientras tanto, en Rusia el panorama político empieza a cambiar. En el vetusto Politburó empiezan a escalar posiciones hombres más jóvenes. Es el principio del fin del imperio soviético. Desde Dresde, el agente secreto toma nota de que algo está pasando, pero no le llegan más que rumores. En el KGB de Dresde, como en todas partes, circulan chanzas sobre el Partido, que, como de costumbre, no da pie con bola en Moscú, mientras que ellos, desde el frente real, ven todo lo que se podría hacer mejor, pero nadie les hace caso. Es el tipo de crítica que abunda en todas las organizaciones. Nada del otro mundo, los típicos chismes, el habitual sentimiento de frustración. «Los funcionarios del servicio exterior no teníamos ni idea de lo que se estaba cociendo en los niveles más altos del poder. Y mucho menos de lo que se preparaba en la cúpula del Partido», recuerda Putin. «Y en eso llegó Gorbachov, y con él la *perestroika*. Nosotros éramos conscientes de que las cosas no podían seguir sin cambios mucho más tiempo. Al fin y al cabo, trabajábamos en el extranjero y veíamos lo que sucedía y todas las posibilidades que existían fuera de la Unión Soviética».

Putin vivió en primera persona la visita de Mijaíl Gorbachov a Berlín en octubre de 1989, con ocasión del cuadragésimo aniversario de la RDA, y la legendaria advertencia del secretario general del PCUS a los camaradas del Politburó de su delegación alemana: «El peligro solo acecha a quien no reacciona ante la vida». Y la frase que, justo después, tergiversada y convertida en eslogan, se hace popular en Alemania: «A quien llega tarde lo castiga la vida». Vio a los manifestantes que salían a la calle en Dresde para protestar contra Erich Honecker y su Gobierno.

A finales de 1989, al mismo tiempo que finalizaba su etapa en Alemania, sonaba la hora final de la RDA, y también en Moscú sonaba la hora del cambio, no solo de escenario, sino también de protagonistas. Regresar desde fuera a un país en plena transformación no es fácil. Además, en el servicio se anuncian recortes de plantilla.

Putin no quiere ir a Moscú. No quiere ir a la central, sino volver a San Petersburgo. «Por supuesto, me planteé cuáles debían ser mis próximos pasos. Tenía dos hijas y una mujer que alimentar. Mis padres ya eran octogenarios. Pero mi formación civil me abría oportunidades. Al fin y al cabo era licenciado en Derecho y me movía con comodidad en San Petersburgo», recuerda al preguntarle por los motivos de su decisión de entonces.

Vladímir Putin ha vuelto a la vida civil. Ahora se enfrenta a la tarea de rehabilitar de algún modo la desmantelada economía de la ciudad. Negocia con empresas y hombres de negocio extranjeros, y también con Borís Beresovski, para atraer inversiones a San Petersburgo.

El recién llegado a la administración municipal contempla con escepticismo los acontecimientos políticos de la capital. Tras el intento de golpe de estado contra Gorbachov en 1991, envía una carta al servicio secreto solicitando con vehemencia su licenciamiento. «Cuando en San Petersburgo se creó también el comité estatal para el estado de excepción y confinaron a Gorbachov en Crimea», afirma Putin, «me di cuenta de que me encontraba entre dos fuegos. Por un lado, era un estrecho colaborador de Anatoli Sóbchak y como tal estaba contra el golpe de estado. Pero, por el otro, seguía estando en la lista del KGB. Aunque procedía de la inteligencia exterior, seguía siendo un hombre del KGB, y el KGB había apoyado la intentona». En San Petersburgo también había miembros del KGB favorables al golpe.

Vladímir Putin rebusca en el cajón del escritorio de su despacho en Novo-Ogáriovo, saca una carpeta con documentos personales y me muestra el escrito del KGB con el que se licencia del servicio al teniente coronel Vladímir Vladimiróvich Putin con fecha de 31 de diciembre de 1991. «Pero, como saben usted y sus compañeros de profesión, quien ha sido del KGB sigue siendo siempre del KGB», agrega irónico. «Por más documentos que tenga».

El alcalde Anatoli Sóbchak ha viajado a Moscú para apoyar a Yeltsin contra el golpe. El alcalde accidental Vladímir Putin recluta un grupo de guardaespaldas para ir a recoger a Sóbchak al aeropuerto a su regreso a San Petersburgo. El mundo de Vladímir Putin está cambiando de modo lento pero seguro, igual que ha cambiado el mundo del matemático Borís Beresovski. Pero en ese momento nadie puede saber que pronto se van a encontrar frente a frente.

11. EL KREMLIN O LA RULETA RUSA

El saqueo del Estado ruso en los años noventa

El capital con el que cuenta Borís Beresovski en Moscú son sus contactos. En 1993 conoce a Valentin Yumáshev, subredactor jefe del semanario Ogóniok, que ahora trabaja en el Kremlin como asesor de Yeltsin. Yumáshev le abre las puertas de la política. Lo que en tiempos de George W. Bush era el club de golf de Texas, ahora en Moscú es el club de tenis del presidente. «Fui el primer hombre de negocios ruso admitido en el club».[1] Beresovski pronuncia esta frase con visible orgullo, ya que el club es punto de reunión de «la familia» del presidente, como se denomina al círculo de los miembros del Gobierno y los consejeros más cercanos de Yeltsin. En su ambiciosa escalada dentro del nuevo capitalismo ruso, el oligarca Beresovski se atiene a la vieja fórmula de Karl Marx: la verdadera riqueza de un hombre es la riqueza de sus relaciones verdaderas.

«A través del club de tenis desarrollé buenas relaciones con políticos de primera fila y con Tatiana Diachenko, la hija del presidente Yeltsin», y «Diachenko y Yumáshev compartían mis opiniones políticas»: así explica el potentado en la sala de audiencia la dinámica evolución de sus nuevas relaciones. En el círculo de Yeltsin, el concepto de «familia» no debe entenderse solo en sentido figurado. Valentin Yumáshev accede primero al puesto de jefe de la administración del Kremlin y luego se casa con la hija de Yeltsin. Beresovski ya ha entrado en el círculo, tiene acceso a la planta noble de la política y sabe cómo ampliar su influencia. Pronto comprende el papel que desempeñarán los medios de comunicación en el futuro combate político, y está firmemente decidido a participar en la partida de póker por el poder.

Habla con Valentin Yumáshev sobre la posible privatización del *holding* estatal de radio y televisión Ostankino. Su primera cadena es el canal con mayor cobertura de toda Rusia. El 98 por ciento de los telespectadores sintonizan el *Perwy kanal* —así se denomina la emisora— cuando quieren informarse. Y a continuación Beresovski convence a Borís Yeltsin de impulsar la privatización del gigante mediático.[2]

Ambos aspiran a beneficiarse de ese acuerdo. La popularidad de Yeltsin se esfuma a toda velocidad; la mayoría de los rusos sufren enormemente las consecuencias del capitalismo de rapiña. Los comunistas recuperan una parte de su popularidad. Borís Beresovski promete al desprestigiado presidente que el futuro canal de televisión estará al servicio de los electores partidarios de la democracia, cuyo único legítimo representante es, al fin y al cabo, el propio Borís Yeltsin.[3] A Yeltsin el planteamiento le suena bien, y el 29 de noviembre de 1994 firma el decreto presidencial que ordena la privatización de Ostankino y su transformación en una nueva empresa denominada ORT. El Estado se reserva el 51 por ciento y ofrece el 49 por ciento restante a inversores privados. Con ayuda de un socio, Beresovski va comprando progresivamente las acciones. Llega un momento en que su figura se hace imprescindible. De acuerdo con el nuevo reglamento de la empresa, todas las decisiones referentes a la orientación y el personal deben tomarse de acuerdo con él y nunca en contra de él. Poco a poco va adquiriendo también participaciones en grandes periódicos. Para él, los medios son el arma decisiva, y las próximas elecciones presidenciales solo una etapa más en la lucha por el reparto de los recursos. Su convicción fundamental es inmutable: «La gente creció durante la época soviética y se cree lo que lee en el periódico. Y, además, para los rusos la televisión es la Biblia».[4]

Cuando Abramóvich y Beresovski entablan amistad durante un crucero por el Caribe, entran en contacto dos mundos hasta entonces dispares. Abramóvich solo tiene 28 años y es un *self-made man* con gran éxito en los negocios, aunque sin conexiones políticas importantes. Nacido en Sarátov, ha estudiado ingeniería y ha empezado a centrarse en el negocio del petróleo local ya desde los tiempos de la *perestroika*. Sus empresas Petroltrans, Runicom o BMP son algunas de las firmas más importantes que se dedican a comprar petróleo a compañías estatales como Omsk Oil en Siberia occidental o a refinerías de Samara o Moscú, para después distribuirlo a través de una red comercial con ramificaciones en toda la Federación.

Abramóvich invierte en Aeroflot, en aluminio o en abonos artificiales. En suma, en todo lo que promete buenos dividendos. Ha creado una empresa de gestión propia que coordina todas sus participaciones, y tiene previsto ampliar aún más sus áreas de negocio. Lo único que le falta es el contacto con la cúpula política. Abramóvich resume así sus reflexiones estratégicas del momento: «Era consciente de que, sin personas con las conexiones políticas adecuadas, no llegaría muy lejos».[5] Estaba buscándolas, y por fin las ha encontrado.

EL ENCANTO DE LOS OLIGARCAS

Los dos influyentes jefes del Alfa Bank de Moscú, Piotr Aven y Mijaíl Fridman, tienen la vista puesta en el mercado del petróleo e invitan al joven empresario a un crucero por el Caribe. Van en busca de inversiones lucrativas en la industria petrolera, y deciden ponerlo en contacto con Beresovski. Para el *spin doctor* Beresovski, el «vendedor de petróleo Abramóvich», al que no conoce personalmente porque no tiene acceso a las altas esferas de Moscú, es un chico bastante simpático con ganas de hablar de posibles negocios.

Y, a lo largo de los días siguientes, ese chico simpático presenta a su ilustre auditorio, entre aperitivos y cócteles, una idea interesante. Dado que el precio del petróleo en Rusia se encuentra muy por debajo del nivel del mercado internacional, sus empresas podrían obtener enormes beneficios explotando esa diferencia de precio. La receta es tan lucrativa como simple. Le basta con seguir comprando a nivel local y luego vender en el extranjero a precios internacionales, pero, eso sí, a un mayor volumen que hasta ahora. Y para eso necesita apoyo. Abramóvich presenta un plan para la puesta en práctica del prometedor negocio con ayuda del actual programa de privatización de propiedades estatales. Si fuera posible añadir a la lista de empresas privatizadas las firmas Noyabrskneftegaz y Omsk Oil, pertenecientes al conglomerado petrolero estatal Rosneft, se podría edificar sobre ellas un verdadero holding energético que se convertiría en una fábrica de dinero para sus nuevos propietarios.

Beresovski, con su olfato infalible para el dinero y las oportunidades, capta de inmediato la posibilidad de negocio y pone bajo su protección al muchacho. Le promete encargarse del asunto y hablar con el presidente sobre ese nuevo proyecto, que se llamará Sibneft. A no tardar, se pone en contacto con el director de la autoridad estatal de privatización, al que conoce bien, y luego directamente con el jefe del Kremlin. El 24 de agosto de 1995, el presidente Yeltsin firma el decreto 972. La orden autoriza la creación de una nueva empresa denominada Sibneft y la incluye en el programa de privatización *loans for shares*.[6]

La operación «préstamos a cambio de acciones» es el inofensivo título que encubre un gigantesco programa de redistribución impulsado por el Gobierno para obtener fondos. Se basa en la propuesta de un grupo de hombres de negocios rusos que pretenden adquirir empresas propiedad del Estado. Las joyas de la corona de la industria de las materias primas, como Norilsk Nickel, Yukos o Lukoil pasan a manos de inversores privados por una fracción de su valor. El programa se ejecuta siempre en condiciones similares. Los hombres de la economía y del Gobierno son viejos conocidos, y algunos de los empresarios han trabajado incluso algún tiempo para el Gobierno. Disponen de información privilegiada. Oficialmente, el futuro propietario abona el precio de compra en forma de préstamo al Estado. A cambio obtiene una participación mayoritaria en la nueva empresa. Este tipo de liquidación es la base de la increíble riqueza de muchos oligarcas.

«El programa *loans for shares* fue la última fase de la trama de enriquecimiento de los oligarcas», analiza el economista Joseph Stiglitz, «que no solo controlaban la vida económica del país, sino también la política». Stiglitz sabe de lo que habla. Entre 1997 y finales de 1999 fue economista jefe del Banco Mundial, cuya tarea, compartida con el Fondo

Monetario Internacional (FMI), consiste en conceder miles de millones en créditos a países con dificultades financieras. El FMI, famoso por aplicar las condiciones más severas del sector financiero internacional, prestó miles de millones al Gobierno ruso con la condición de que siguiera impulsando la privatización de empresas públicas. «El Gobierno malvendió prácticamente todas las joyas de la familia, pero al mismo tiempo no era capaz de pagar las pensiones ni las ayudas sociales. El Gobierno obtuvo del FMI préstamos por miles de millones, lo que a la larga no hizo sino aumentar aún más su endeudamiento». Hasta ahora, este esquema no ha cambiado excesivamente, como muestra el ejemplo de Grecia.

«Los países y Gobiernos occidentales no hemos desempeñado en absoluto un papel neutral e insignificante», escribe el premio Nobel, ya que el FMI creía ser «capaz de reformar Rusia por completo». En privado, Stiglitz critica duramente la política del FMI: «Los nuevos dueños de Rusia se han apoderado de las empresas públicas, las han desmantelado y han dejado tras de sí un país saqueado. Las empresas que Beresovski [...] tenía bajo su control se han desangrado hasta quedar a las puertas de la quiebra».[7] El Gobierno de Bill Clinton quiere mantener en el puesto a Borís Yeltsin a toda costa e insiste en mantener las privatizaciones. El secretario del Tesoro Lawrence Summers presiona tanto que Stiglitz acaba dimitiendo. En 2001, dos años después de su salida forzada, recibe el premio Nobel de Economía.

Roman Abramóvich no está solo en su estrategia para ganar miles de millones. También otros oligarcas aprovechan la situación para enriquecerse sistemáticamente. Mijaíl Jodorkovski, por ejemplo, adquiere la compañía petrolera estatal Yukos por unos 300 millones de dólares. Poco después, el valor de mercado alcanza ya los ocho mil millones y continúa subiendo. La comisión estatal de privatización ha encargado la subasta al banco Menatep. Jodorkovski, a su vez, es propietario de una parte de Menatep, y es Menatep quien le permite adquirir Yukos. Cualquiera que pueda reunir suficiente dinero y disponga de las relaciones adecuadas, puede hacerse todavía mucho más rico en poco tiempo: Esa es la regla que preside esta fiebre del oro azuzada por el Estado. Beresovski conoce las reglas del juego a la perfección. Un mes después del decreto de Yeltsin, la autoridad de privatización saca a subasta Sibneft.[8] Es jugar sobre seguro.

Según el contrato, si el Gobierno no conseguía liquidar el crédito en un plazo determinado, el acreedor quedaba automáticamente en posesión de la empresa. «Era prácticamente imposible devolver el préstamo. El Gobierno ruso estaba en bancarrota, y el presidente Yeltsin estaba muy interesado en tener a su alrededor a unos pocos hombres de negocios muy ricos y poderosos que, a largo plazo, tuvieran los medios y la motivación necesarios para mantener el rumbo de las reformas en Rusia», escribe Beresovski años después.

En la subasta, el Estado obtuvo algo más de 100 millones de dólares. Diez años más tarde, en octubre de 2005, Roman Abramóvich vende Gazprom el 72 por ciento de su participación en Sibneft por 13 100 millones de dólares. Por eso Borís Beresovski lo lleva a juicio. Reclama su parte. Argumenta que, en el momento de la fundación de Sibneft, él y su socio de la época sellaron un acuerdo con Abramóvich por el que este se comprometía a recompensarlos por sus esfuerzos: las futuras ganancias de la nueva empresa se dividirían entre ambas partes. El socio de Beresovski ya no puede comparecer como testigo. Por desgracia murió en 2008. No existe ningún acuerdo por escrito.

Abramóvich presenta a la jueza Elizabeth Gloster de la High Court de Londres una versión diferente, una variante específica rusa de las prácticas mafiosas tradicionales. Lo único que hizo, afirma, fue contraer una relación de *krysha*. «Mi relación de *krysha* con el señor Beresovski era un vínculo con alguien que sabía utilizar sus contactos políticos y resolver determinado tipo de problemas, y a cambio de ello cobraba unas cantidades. No era un socio en el sentido convencional». La palabra rusa *krysha* significa techo, y techo significa protección. «Era un pacto entre una persona que buscaba protección y otra que le garantizaba que todos los pasos esenciales se dieran en el sentido deseado por el cliente, y removía los obstáculos que pudieran aparecer».[9]

Abramóvich explica también otro de los componentes del acuerdo: en aquella época también era imprescindible contar con «protección física, ya que al fin y al cabo soy una persona que maneja dinero». De esta protección especial se ocupaba el socio de Beresovski, el georgiano Badri Patarkatsishvili, dotado de excelentes contactos en ese sector. El paquete se ofrecía a un precio poco menos que prohibitivo. Abramóvich describe las condiciones: «Mientras el protector ofrezca el servicio deseado, el cliente tiene que pagar, cada vez que se lo requiera el padrino, todo el dinero que este le exija».

A Abramóvich, el techo no le salía barato. Cuando Beresovski necesitaba un avión, alquilaba un yate o se compraba una casa en Cap d"Antibes, enviaba la factura a su protegido. Y Abramóvich pagaba, como reconoce el abogado de la otra parte. Al principio 30 millones al año, luego 50 millones, y en 2001, cuando renunció al trato porque el antiguo *godfather* vivía ya en el exilio y carecía de influencia dentro de Rusia, otros 1200 millones de dólares.

La jueza, después de escuchar a varios expertos en el tema de la protección, redacta sus conclusiones. El texto es un resumen tan breve como preciso de la situación de Rusia tras el colapso de la Unión Soviética. En aquella época era imposible hacer negocios sin *krysha*. Se trataba de una especie de intercambio: influencia política, protección física o maniobras delictivas a cambio de dinero. La mayoría de las veces, todo junto.

El hecho de que la alianza careciera de plasmación escrita también tiene explicación, según explicó el antiguo político Beresovski ante el tribunal. Fue Abramóvich quien quiso evitar que se pusiera en peligro la empresa debido a la relevancia pública de Beresovski. Si Yeltsin hubiera perdido las elecciones de 1996 y los comunistas hubieran vuelto al poder, los nuevos gobernantes habrían intentado acabar con él.

12. EL FRACASO COMO OPORTUNIDAD Y LAS CIRCUNSTANCIAS

Putin se traslada de San Petersburgo a Moscú

Para Vladímir Putin en San Petersburgo, 1996 tampoco es un buen año. Se preparan elecciones municipales. Putin es uno de los organizadores de la campaña electoral de su mentor Anatoli Sóbchak. Y al final, este pierde las elecciones por poca diferencia. El vencedor, Vladímir Yákovlev, un antiguo compañero en el Gobierno municipal, le ofrece a Putin mantener su puesto y trabajar en el futuro para él en lugar de para Sóbchak, pero Putin rechaza la oferta por lealtad. «Yo formaba parte del círculo más próximo a Sóbchak y después de nuestra derrota me quedé sin empleo. Estaba claro que en San Petersburgo ya no tenía nada que hacer». Se retira unas semanas a su dacha a recuperarse, y empieza a buscar trabajo.

Años más tarde, durante nuestra entrevista en Londres, a Borís Beresovski todavía le cuesta entender la actitud de Putin en aquellos días. «Realmente me sorprendió», afirma, «que se negara a trabajar para el nuevo alcalde. Me contó que no estaba dispuesto a cambiar de postura». A Beresovski, esa falta de flexibilidad le resulta extraña.

Al cabo de algún tiempo, Putin recibe una oferta del Kremlin y se traslada a Moscú a finales del verano. Su antiguo compañero de San Petersburgo Aleksei Kudrin trabaja como economista en la administración presidencial y quiere contar con él. «Yo era subdirector de la administración presidencial y sabía que Putin buscaba un puesto. Hablé con Anatoli

Chubáis, que lo conocía vagamente de San Petersburgo, y salió bien», recuerda Kudrin. En la oficina de administración inmobiliaria del Kremlin había un puesto libre, y a partir de ese momento Vladímir Putin será responsable de la administración de los edificios públicos. Desde una posición discreta, observa fascinado cómo funcionan los procesos políticos y cómo se toman las decisiones, aprende a distinguir quién manda de verdad y quién no. Dentro de solo tres años será primer ministro de la Federación Rusa. Y al cabo de otro medio año, presidente.

Borís Yeltsin, cuyo cargo ocupará en mayo de 2000, también lucha por la supervivencia política en ese año crucial de 1996. La inacabable guerra de Chechenia, las corruptelas que han salido a la luz y la impopularidad de las reformas impulsadas le han hecho perder muchos apoyos. Las encuestas son desastrosas. Guennadi Ziugánov, el candidato del Partido Comunista, y principal competidor de Yeltsin en las próximas elecciones presidenciales de principios de la primavera, le lleva mucha ventaja. Cinco años después del colapso del comunismo como doctrina de Estado, su nueva esperanza promete estabilidad y el regreso a tiempos mejores. En las encuestas, Borís Yeltsin obtiene entre el tres y el cinco por ciento, y queda relegado al cuarto puesto entre los aspirantes, mientras Ziugánov, con un 20 por ciento, ocupa el primer lugar; además, su partido ya ha obtenido buenos resultados en las elecciones parlamentarias.[1]

Los resultados de las encuestas y la naturalidad con que el viejo comunista, hasta entonces más bien huraño, se desenvuelve aquel mismo enero en el Foro Económico Mundial de Davos, han atraído la atención de los jefes de las multinacionales occidentales. Los altos ejecutivos charlan animadamente con el posible nuevo presidente de Rusia, por más que los comunistas no gocen precisamente de simpatías en las altas esferas del capital. Borís Beresovski y el grupo de los oligarcas, que también rondan por la prestigiosa cumbre económica de los Alpes suizos, están alarmados y no tardan en convocar una reunión para abordar la crisis.

Además de Beresovski, que es quien ha tocado a rebato, se trata de las jóvenes promesas del gremio de los especuladores, como Mijaíl Jodorkovski, Vladímir Potanin, Mijaíl Fridman o Vladímir Gusinski. Lo único que tienen en común, aparte de sus miles de millones, es una profunda antipatía mutua. Pero los siete hombres que se reúnen en marzo con Borís Yeltsin se han aprovechado casi todos del programa público de redistribución y, por lo tanto, tienen mucho que perder. Si ganara el Partido Comunista, probablemente el nuevo presidente Ziugánov anularía las privatizaciones. Así que los multimillonarios hacen causa común por puro miedo. «Los comunistas nos colgarán de las farolas. Si no cambiamos ahora mismo nuestra situación, será demasiado tarde»: así resume Beresovski el estado de ánimo del grupo. Y la mala salud de Borís Yeltsin, que tiene problemas cardíacos, agrava aún más la coyuntura.

Prometen al presidente donaciones millonarias para la campaña electoral y ponen a su disposición a sus mejores hombres para formar un comité electoral extraordinario. Es una singular operación de bypass financiero. El fondo privado que crean para financiar la reelección lleva el acertado nombre «Centro para la protección del patrimonio privado».[2] Los oligarcas ponen al frente de la operación a un hombre de su plena confianza desde hace años, el hombre que les ha permitido acceder a su fortuna, y que ahora se encargará de evitar que la pierdan. El salvador es Anatoli Chubáis, antiguo ministro de Hacienda de Yeltsin y arquitecto de la privatización de las propiedades del Estado. Él se encargará de dirigir la campaña electoral. Va a ser una campaña realmente sucia.

EL PODER Y LOS MEDIOS

Los oligarcas unen fuerzas y apuestan por los medios de comunicación. El imperio de Borís Beresovski, formado por el Canal 1 de ORT y varios periódicos se alía con el conglomerado MediaMost de Gusinski y su emisora de televisión NTV. También RTR, el canal de TV del Gobierno, pertenece a la todopoderosa coalición, que desencadena una auténtica cruzada contra Guennadi Ziugánov y el Partido Comunista. Periodistas de primera línea como Ígor Malashenko de NTV se pasan al equipo electoral del presidente. La idea es presentar el resultado de las elecciones como un asunto de vida o muerte para Rusia. También en Alemania y EE. UU., Helmut Kohl y Bill Clinton se muestran preocupados por el supuesto renacimiento del comunismo. El lema: Con Yeltsin hacia un futuro democrático, con Ziugánov de vuelta a un pasado tenebroso. De EE. UU. llegan expertos en campañas electorales que se instalan para los próximos meses en el President Hotel de Moscú y se dedican a maquinar campañas televisivas. Poco después de las elecciones, la revista de información general *Time* bautiza como *Rescuing Boris* la exitosa operación de los asesores norteamericanos en la batalla por el poder en Moscú y saca en portada una caricatura de Yeltsin, ebrio de victoria, ondeando una bandera de EE. UU.[3]

Pero no todo es asesoramiento técnico. Los oligarcas invierten cientos de miles de dólares para sobornar a periodistas rusos. La larga crisis está siendo muy dura para la prensa. Apenas hay anunciantes ni suscriptores. Para compensarlo, se ha abierto paso un modelo de negocio alternativo. Es posible encargar artículos elogiosos como quien pide una pizza en el restaurante de la esquina, «incluso en los mejores periódicos», como apunta el *New Yorker* en su retrato de la decadencia de la profesión en Rusia.[4] Es solo cuestión de precio. «Cómo paga Yeltsin la información electoral positiva», titula el *Washington Post*.[5]

Desde luego, algunos periodistas que trabajan por evitar una derrota de Yeltsin no lo hacen solo por dinero, sino también por convicción. Y por miedo a que la nueva libertad de información pueda dejar paso de nuevo a la censura comunista al estilo soviético. Un estudio de la Universidad de Harvard sobre la información periodística en ese periodo contabiliza durante la primera ronda electoral 492 crónicas televisivas favorables a Yeltsin y 313 negativas para Ziugánov.[6] Y, al inicio de la campaña, el FMI anuncia que Rusia podrá contar con nuevos créditos por varios miles de millones de dólares.[7]

La campaña funciona y catapulta a Borís Yeltsin desde la desesperada cuarta posición hasta el número uno de la lista. El 3 de julio de 1996, el presidente resulta reelegido con cerca de un 54 por ciento, frente a un 40 por ciento para Guennadi Ziugánov. Con ayuda de la prensa, Borís Beresovski ha logrado su sueño de poner o quitar presidentes, y describe con énfasis su victoria: «Usando la televisión como arma, hemos conseguido cortar el paso a los comunistas para poder continuar con las reformas». En una entrevista con el *Financial Times*, explica sus próximos objetivos: «Hemos contratado a Anatoli Chubáis e invertido mucho dinero en la victoria de Yeltsin. Ahora tenemos derecho a reclamar puestos en el Gobierno y gozar de los frutos de nuestro triunfo».[8]

De momento será el banquero multimillonario Vladímir Potanin quien, en el papel de viceprimer ministro, intervendrá en las nuevas privatizaciones, y luego lo relevará Anatoli Chubáis, que además tomará las riendas del Kremlin como jefe de la administración presidencial. Beresovski ocupará, entre otros cargos, el de vicepresidente del Consejo Nacional de Seguridad. Mijaíl Jodorkovski, el magnate del petróleo, que seguirá ampliando su imperio a costa del Estado, describe así la estrategia de los oligarcas para los próximos años en el diario de Beresovski *Nesavisímaya Gaseta*: «La política es el terreno más lucrativo para los negocios en Rusia. Y siempre lo será. Hemos escogido para llevar a cabo esta tarea desde el poder a uno de los nuestros».[9]

Pero, en estas elecciones, Vladímir Putin también ha adquirido una experiencia decisiva. Los medios no solo pueden reflejar la realidad, sino también crearla, y pueden ser un arma extremadamente eficaz en el ámbito político. A los oligarcas les ha pasado desapercibido ese hombre discreto, procedente de San Petersburgo, al que Yeltsin, al inicio de su segunda presidencia, llama al Kremlin para ocupar un cargo de alta responsabilidad. Vladímir Putin ya ha tenido contacto ocasional con los clanes de Moscú, pero hasta ahora se ha limitado a observarlos desde la distancia. Pronto va a verlos de cerca. Y aprenderá deprisa. Su trabajo en el Kremlin se convierte en un curso intensivo que le proporcionará en rápida sucesión todas las herramientas necesarias para manejar el poder y las circunstancias imperantes. Tras el servicio secreto y los años en el extranjero y en la política local, la oficina de la presidencia se convertirá en el campo de entrenamiento para la última fase de su formación como presidente.

13. LA LLEGADA AL KREMLIN

El ascenso o *learning by doing*

El Mercedes negro con la luz azul en el techo, estacionado en el patio de la casa de la Bólshaya Polianka, no lejos de la Plaza Roja, es un signo infalible de que el ocupante de la casa debe ser alguien importante. También los dos hombres fornidos que ocupan los asientos de cuero negro del coche encajan en el cuadro. En Moscú, esta combinación de vehículo y personal forma parte del equipamiento estándar de las altas esferas, y sirve para avanzar más rápido por el carril de la izquierda en el denso tráfico de la gran ciudad o de cualquier otro lugar.

Valentin Borisóvich Yumáshev es un adinerado hombre de negocios cuya oficina se encuentra en el primer piso de esta casa antigua. En la pared cuelgan, además de retratos de familia, recuerdos de la época en la que todavía intervenía en política de forma activa. Fue en ese mundo donde el antiguo redactor del semanario tradicional Ogóniok, que no tardó en perfilarse como buque insignia de la *perestroika* y la *glasnost*, se hizo un nombre, primero como *negro* de Yeltsin, luego como su mano derecha en el Kremlin y finalmente como yerno del presidente, al casarse en 2001 con su hija menor Tatiana, que de ese modo contraía matrimonio ya por tercera vez. «Tania y Vlaya», como se conocía a la superpareja en los pasillos del Kremlin ya mucho antes de su boda, poseían una notable influencia en los asuntos del Estado. La familia sigue estando perfectamente conectada hasta hoy dentro de la alta sociedad moscovita. Polina, la hija del primer matrimonio de Yumáshev, se casó, como corresponde, con un oligarca que también amasó su fortuna en la época de las privatizaciones y se cuenta entre los hombres más ricos del país. Por supuesto, Borís Beresovski pertenecía también al círculo íntimo de la familia.

Valentin Yumáshev es llamado a la central del poder en 1996 por Anatoli Chubáis, el reformista que, bajo la presidencia de Yeltsin, transforma la oficina del presidente en un efectivo órgano de poder. Y así Yumáshev se convierte en el superior de Vladímir Putin en sus primeros años en el Kremlin. En nuestra conversación de mayo de 2015, el experiodista, ahora rayano en los sesenta, responde a mis preguntas con amabilidad pero también con pies de plomo. En el reparto de tareas de la época, «Putin no era el empleado más importante», afirma. «Pero nos entendíamos muy bien. Era muy apreciado por su fiabilidad y muy eficiente. Trabajábamos día y noche sin parar. Estábamos con el agua al cuello. Desde el punto de vista económico, vivíamos al día».

Resulta imposible hacer planes a largo plazo. Las decisiones políticas s toman en función de la situación concreta y el lobby de turno. Por ejemplo, cuando el ministro de Defensa pide dinero urgentemente para paliar, al menos durante un tiempo, la situación desesperada del Ejército, Yeltsin autoriza el gasto, a pesar de que sus asesores se lo desaconsejan. Simplemente, ya no puede hacer oídos sordos a las quejas estridentes de los generales. Solo le faltaría que los militares se pusieran en su contra. Le han informado previamente de los efectos secundarios de su decisión, y Yumáshev preferiría no recordarlos. «La consecuencia fue que no pudimos pagar las pensiones ni los sueldos de los funcionarios. El programa de privatizaciones ya estaba en su última fase. No quedaba prácticamente nada más que vender».

Según las observaciones del jefe de personal Yumáshev, el nuevo empleado Vladímir Vladimiróvich Putin es un modelo de discreción, habla poco, ofrece buenos resultados, siempre con puntualidad, y tiene un trato correcto con sus compañeros. Por lo que cuentan de su etapa en San Petersburgo, no se mete en política y se concentra en el trabajo. Para moverse entre las diarias intrigas en la central del poder le son de gran utilidad su virtud de no llamar mucho la atención y, en los casos dudosos, su capacidad de mimetizarse con el entorno. Las etapas que atraviesa le van facilitando una visión de conjunto de la situación en la que se encuentra el Estado. Y esa situación no es buena.

No tarda en hacer carrera. Lo nombran jefe del influyente organismo de inspección oficialmente denominado Dirección Central de Control (GKU), una especie de tribunal de cuentas que supervisa el destino de los fondos del Gobierno y comprueba que lleguen adonde tienen que llegar. El jurista conoce pronto con detalle el nivel de corrupción existente. Putin crea grupos especiales de trabajo y colabora con la justicia y las autoridades financieras para frenar la malversación de los escasos fondos públicos. Poco después, su jefe Yumáshev es nombrado jefe de la administración presidencial, lo que en la práctica le eleva a la segunda posición en el Kremlin, y Putin, a su vez, asciende al puesto de subjefe y continúa su expedición a través del aparato del poder estatal. Ahora, responsable de la relación del Gobierno central con las más de ochenta regiones de Rusia, no tarda en darse cuenta de la impotencia del Gobierno central y toma nota de cómo las mafias familiares o los oligarcas compran a los gobernadores o se colocan a sí mismos en lucrativos puestos clave.

Por razones del servicio, Putin debe ahora reunirse más a menudo con el presidente para explicarle qué problemas hay en el lejano Vladivostok o en Kazán, la capital del Tartaristán, a orillas del Volga. También es el encargado de formular propuestas para la resolución de los conflictos. Viajan juntos de vez en cuando, y Yeltsin empieza a valorar cada vez más a aquel hombre reservado venido de San Petersburgo. A ojos de la «familia Yeltsin», el servicio Federal de Seguridad (FSB), la organización sucesora del KGB, actúa de manera excesivamente independiente e incluso desleal, así que, en julio de 1998, Yeltsin decide nombrar un nuevo director y, sin pensárselo mucho, dicta un decreto nombrando para el puesto al antiguo agente secreto, que en ese momento está de vacaciones. Pero a Putin no le apetece volver a entrar en ese mundo.

«Cuando volví a casa después de las vacaciones y me encontré con aquella situación, no me sentí precisamente entusiasmado». Putin ya había dejado atrás sus dudas de aquella época y consideraba su decisión de dar la espalda al servicio secreto como un punto de inflexión en su vida. «Y ahora me pedían que volviera a aquella existencia paramilitar, con todas las limitaciones que daba por definitivamente superadas desde hacía años. A mi regreso de Alemania había tomado conscientemente la decisión de abandonar ese mundo. Hacía años que llevaba una vida diferente. Y el puesto que tenía en el Kremlin me gustaba».

Sin embargo accede, con una condición. Rechaza el ascenso a general que le proponen y convence primero a Valentin Yumáshev y luego a Yeltsin de que puede dirigir el organismo como civil. «Tenía una visión muy analítica de la complicada situación, muy distinta a la de los antiguos generales el KGB. Metió en cintura a los clanes enquistados en la organización, la reestructuró y, por encima de todo, se comportó con lealtad. Y eso lo hizo aún más valioso a ojos de Yeltsin», resume Yumáshev para explicar la relación de confianza entre los dos hombres. Vladímir Putin ha llegado a la cúpula del poder y se reúne cada semana con el presidente para debatir sobre los asuntos de actualidad.

Ahora forma parte de la nomenclatura política, con sus reglas específicas. Una vida entretejida en una densa trama de poder concreto y enfocada al cultivo de la propia imagen. Rodeado día y noche de agentes de seguridad, de colaboradores discretos y, en buena medida, de la marcada megalomanía que reina en ese mundo. Sus hijas dejan la Escuela Alemana de Moscú por motivos de seguridad. Ya no hay ninguna cita, ni siquiera privada, sin que antes un comando de seguridad inspeccione el domicilio o el punto de encuentro. La familia no está precisamente satisfecha con el cambio.

El nuevo jefe del FSB hace lo mismo que había hecho siempre. Se concentra en los temas importantes e introduce nuevos empleados en la organización, viejos conocidos de San Petersburgo. Crea un nuevo departamento de delincuencia económica y ordena reorganizar la inspección fiscal. Va generando sistemáticamente los recursos de los que echará mano más tarde en su lucha por la supervivencia política. «Hacía tiempo que quería poner orden», recuerda Vladímir Putin mientras describe las posibilidades que le ofrecía el nuevo cargo. «Yeltsin me dio la oportunidad de hacer exactamente eso. El Estado prácticamente no existía». Vladímir Putin, como siempre, es pragmático. No está seguro de estar hecho para moverse por las altas esferas. Pero quiere estar preparado si se presenta la ocasión. A nivel privado, las cosas no le van tan bien. Viaja cada fin de semana a su ciudad natal. Sus padres, que lograron sobrevivir al asedio del ejército alemán, ahora tienen casi noventa años y están enfermos de cáncer.

Durante su segundo periodo presidencial, Borís Yeltsin cambia de primer ministro como de camisa. A veces, porque el Parlamento bloquea sus nombramientos, otras porque el presidente necesita un chivo expiatorio para la miseria económica. Cuando Yeltsin designa a Putin jefe del FSB, el primer ministro es el antiguo ministro de Energía Serguei Kiriyenko, a quien el pueblo pone el apodo de *Kinder Sorpresa*. Acaba de cumplir 35 años y no dura ni seis meses en el puesto. La crisis llega a su punto culminante en 1998. Los bancos colapsan y el rublo se hunde. Los mineros de Kuzbas, una de las mayores reservas de carbón de Rusia, se declaran en huelga porque llevan meses sin cobrar ni un kopek, y no son los únicos que están a dos velas.

El antiguo jefe del servicio de inteligencia y ministro de Exteriores Yevgueni Primákov sucede a Kiriyenko y llega a aguantar ocho meses. Tiene el apoyo del Parlamento y se convierte cada vez más en un peligro para el presidente. También Beresovski y los oligarcas temen a este curtido estratega que se está posicionando para optar a la presidencia en las próximas elecciones. Yeltsin no está dispuesto a que le hagan sombra y lo sustituye por el antiguo ministro del Interior Serguei Stepashin. Será el periodo de Gobierno más corto de la historia de Rusia. Stepashin dura en el cargo un total de 89 días, hasta principios de agosto de 1999. El último día se dirige al gabinete con brevedad y tono malhumorado para presentar a su sucesor: «Buenos días. No voy a sentarme porque este asiento ya no va a ser mío por mucho tiempo. Esta mañana he hablado con el presidente. Ha firmado mi cese, me ha dado las gracias por mi trabajo y me ha echado. A partir de ahora ocupará mi cargo Vladímir Putin».[1]

«En realidad, mi nombramiento fue bastante extraño». Así describe Serguei Stepashin su fugaz carrera como primer ministro. «Se esperaba que nombraran al ministro de Ferrocarriles Aksenenko. Yo era ministro del Interior y vice-primer ministro. Y de repente Yeltsin me llamó por teléfono y me dijo: le nombro primer ministro. Le pregunté por qué y solo me dijo: lo que se tiene que hacer, se tiene que hacer».

Serguei Stepashin se jubiló en 2015 como presidente del tribunal de cuentas ruso. Es de San Petersburgo y conoce a Putin de la época en que ambos vivían allí. Nacido en el mismo año, Stepashin también se hizo mayor en el aparato de seguridad soviético. Durante la intentona golpista contra Gorbachov de agosto de 1991, era diputado de la Duma y demostró lealtad poniéndose del lado de Yeltsin y Gorbachov. Tras ello, Yeltsin le encargó investigar hasta qué punto el KGB estaba implicado en el golpe, y luego lo nombró director del servicio de inteligencia FSB, que por entonces, en 1994, todavía no se llamaba así.

La «familia» de Yeltsin busca desde hace tiempo un candidato adecuado, capaz no solo de ocupar el cargo de primer ministro en esos tiempos difíciles, sino también de presentarse como sucesor del presidente enfermo. El nombre de Vladímir Putin suena cada vez más. Las mismas razones que convencieron a Valentin Yumáshev al principio de su colaboración en Moscú convierten al jefe del FSB en claro favorito. Su carácter reservado y los resultados palpables de su trabajo. Un elemento fiable en medio del caos imperante. Leal, eficiente y, en apariencia, carente de ambición. Su influencia es limitada y prácticamente no tiene seguidores. En resumen, todo hace pensar que sería un candidato fácil de manipular, y por lo tanto idóneo para administrar los intereses del círculo de Yeltsin. Borís Beresovski, el amigo de la familia, participa en las deliberaciones sobre el sucesor.

«Por entonces discutíamos sin parar sobre quién podría ser el próximo primer ministro. Y éramos conscientes de que, si queríamos evitar una transición accidentada, el hombre que ocupase esa posición debía ser también el próximo candidato a la presidencia. Yeltsin ya se había decidido por Putin antes del nombramiento de Stepashin», recuerda Valentin Yumáshev esa tarde en su oficina de la Bolshaya Polianka, intentando rebajar el peso de Beresovski en la «familia Yeltsin». «Pero Yeltsin, pensando en términos estratégicos, prefirió evitar que Putin se quemase en la situación agitada del momento. Por eso nombró primero a Stepashin primer ministro y dejó que se desgastara. Beresovski se subió inmediatamente a un avión, fue a visitar a Putin durante sus vacaciones y le dijo: Vas a ser el próximo presidente. Lo hizo como si fuera él quien había movido los hilos. Ese era su modelo de negocio. Siempre traficaba con información parcial para conseguir a cambio fidelidad y agradecimiento».

Cuando hablamos en Londres poco antes de su muerte, Beresovski no recordaba las cosas así. Según él, viajó a Biarritz a ver a Putin por encargo del presidente para conocer personalmente la postura del candidato. Putin confirma la visita relámpago del oligarca. «Sí, Beresovski fue a verme. Lo que me dijo me sorprendió, pero por supuesto sabía que era un hombre muy influyente». La oferta le resulta inesperada. No está seguro de ser el hombre adecuado para la tarea, y, de regreso en Moscú, comparte sus dudas con Yeltsin. Este le responde: «Piénselo y volvemos a hablar dentro de un tiempo». Pero ese tiempo será breve.

Aparte de los ocasionales accesos de inseguridad, Vladímir Putin también intenta valorar objetivamente sus posibilidades como delfín. En aquella época de crisis, ser recomendado por un presidente en horas bajas no equivale precisamente a una garantía de éxito. La autoridad de Yeltsin se erosiona a ojos vistas día a día, y por supuesto Putin tiene muy en cuenta la costumbre presidencial de sacrificar al primer ministro de turno en cuanto se siente acorralado. La búsqueda de un sucesor sólido no obedece a un deseo sino a una necesidad.

«La opinión mayoritaria entre la oposición y el Parlamento era que cualquier candidato propuesto por Yeltsin tenía todas las de perder», recuerda Putin antes de recapitular el proceso que le llevaría a tomar una decisión. «Por un lado, me parecía imprescindible poner freno a la desintegración de las estructuras del Estado. Era cuestión de supervivencia, y estaba convencido de que había que hacerlo. Desde el punto de vista económico, era imposible volver a la Unión Soviética. Por otro lado, no tenía claro que yo fuera la persona idónea para esa labor».

Pero finalmente accede. La decisión implica para él un cambio radical de actitud. Mientras era jefe del FSB, la naturaleza del cargo exigía una invisibilidad total fuera de las tareas del servicio. Esa regla encajaba perfectamente con su personalidad. Nunca le había gustado mostrar su lado interior. Incluso a su mujer Liudmila no le había contado que trabajaba para la inteligencia exterior hasta poco antes de la boda. Ahora, como presidente, deberá cambiar por completo de talante.

Vladímir Putin se convierte en un personaje público que, por motivo de su cargo, debe ser visible cada día y adoptar distintas imágenes para mantenerse en el poder, y serán muchos los roles en los que tendrá que sumergirse. Ante todo, deberá asumir el papel de héroe nacional con aires de tipo duro, una imagen muy apreciada en Rusia y diametralmente opuesta a del anciano enfermo y alcohólico Yeltsin. Ya por entonces no le interesaba el efecto que esto pudiera causar en Occidente. «No me presenté al puesto de canciller de Alemania», afirma burlón, «sino solo al de presidente de Rusia». En cuanto a su vida privada, la mantendrá todavía más oculta que antes. Le desagradan las exhibiciones públicas de los presidentes estadounidenses como Barack Obama con su mujer e hijas.

En agosto de 1999, unos días antes de que Yeltsin lo designe primer ministro, muere su padre. Su madre tampoco verá ya el imparable ascenso de su hijo. Ya hacía unos meses que había muerto de cáncer. En el funeral celebrado en San Petersburgo solo comparecen, además de la familia, una docena escasa de amigos. Ellos forman la red informal en la que el futuro líder de Rusia se apoyará en los próximos años. La votación en el Parlamento ruso sobre el quinto primer ministro en 17 meses transcurre sin obstáculos. Unos meses mas tarde, el 31 de diciembre de 1999, el presidente Borís Yeltsin renunciará al cargo anticipadamente y nombrará sucesor a Vladímir Vladimiróvich. A este le espera un reto de enormes dimensiones. Apenas una década después del fin de la Unión Soviética, Rusia se encuentra en una situación desesperada.

Las estadísticas solo reflejan una parte de la realidad de Rusia a las puertas del tercer milenio, escribe el antiguo economista jefe del Banco Mundial Joseph Stiglitz antes de presentar un puñado de cifras escalofriantes.[2] En 1989, todavía en época soviética, solo el dos por ciento de los rusos vivían por debajo del límite de la pobreza, fijado en dos dólares al día. Una década más tarde, el porcentaje ha aumentado a casi una cuarta parte de la población, y más del cuarenta por ciento de los rusos disponen de menos de cuatro dólares al día para vivir. Más de la mitad de los niños vive en familias catalogadas como pobres. La industria rusa produce un 60 por ciento menos que diez años atrás. Incluso «la cabaña ganadera se ha reducido a la mitad», relata el premio Nobel Stiglitz. El punto de partida de Vladímir Putin no puede ser menos halagüeño.

Un informe redactado por analistas en torno a la figura del nuevo presidente, que circula internamente por la cúpula de un gran banco ruso, no prevé cambios de gran calado para el futuro próximo. Las cosas van a seguir más o menos igual: «En los últimos diez años, Putin se ha limitado a ejecutar órdenes ajenas. No tiene experiencia en toma de decisiones políticas y solo cuenta consigo mismo. Todavía se siente abrumado por la generosidad de Yeltsin. Tiene mentalidad de subordinado y depende del clan de Beresovski».[3] Una predicción casi tan certera como los pronósticos de la prensa alemana para la reelección de Putin en 2012.

14. AMPLIACIÓN DE LA ZONA DE COMBATE

La guerra de Chechenia y la ofensiva contra los oligarcas

Aquella mañana del 5 de marzo de 1999, el teniente general Guennadi Shpigun no tuvo ninguna oportunidad. La operación ha sido minuciosamente planeada y solo dura unos minutos. Los hombres enmascarados que toman al asalto el avión TU-134 que está a la espera de permiso para despegar en dirección Moscú en el aeropuerto de Grozny, saben perfectamente a quién buscan. Los secuestradores sacan a la fuerza del avión al representante ruso en Chechenia y se dan a la fuga en un coche que les espera. El cadáver aparecerá a principios de abril en el sur de Chechenia. Meses más tarde, en agosto, cientos de yihadistas armados se abalanzan sobre la república caucásica rusa de Daguestán. Los fundamentalistas, liderados por el cabecilla separatista checheno Shamil Basáyev y el circasiano de origen saudí Ibn al-Jattab, proclaman la República Islámica de Daguestán. Sin embargo, no logran convencer a la población de que los salude como liberadores. Al contrario: la mayoría los considera una banda de invasores fanáticos y ofrece resistencia. Finalmente, tras varias semanas de combates, fuerzas rusas liquidan a estos precursores del denominado Estado Islámico.

En septiembre, una serie de atentados con bomba que duran varios días destruyen edificios de viviendas en Moscú y otras ciudades rusas. Hay cientos de muertos, mutilados, heridos. De inmediato, el nuevo primer ministro Vladímir

Putin declara la guerra a Chechenia, a pesar de que su cargo no lo habilita para ello.[1]

«Pensé que todo se había acabado para mí antes incluso de llegar a empezar realmente. En realidad, el conflicto entraba dentro de las atribuciones del presidente, y yo habría podido inhibirme y esperar hasta las elecciones presidenciales. Pero era incapaz». En su despacho, Vladímir Putin hace una pausa y se sirve té antes de justificar aquella acción como una medida de emergencia cuya necesidad Occidente (o al menos una parte de Occidente) no entendió hasta los atentados del 11 de septiembre de 2001.

Como primer ministro, no está autorizado formalmente, ya que se trata de una medida reservada al presidente. «Pero si no hubiera sido coherente en aquel momento, Rusia se habría visto arrastrada a una sucesión inacabable de sangrientas guerras regionales y se habría convertido en una segunda Yugoslavia. Así que hice lo que tenía que hacer».

Se trata de un conflicto ya antiguo que el primer ministro recién designado ha heredado de los tiempos de la antigua Unión Soviética. Stalin desterró a medio millón de chechenos a Kazajistán con el argumento de que habían colaborado con el ejército alemán. Su sucesor Nikita Jrushchov les permitió regresar a su tierra. Tras la desaparición de la Unión Soviética, el presidente checheno Dzhojar Dudáyev, un antiguo general a las órdenes de Moscú, proclama el 1 de noviembre de 1991 la independencia unilateral de la antigua posesión soviética, que solo fue reconocida brevemente por Georgia. En unos pocos meses, la subsiguiente campaña de *chechenización* del país provoca el éxodo masivo de más de 200 000 rusos, y Borís Yeltsin ordena la primera intervención militar. Será un conflicto sangriento e impopular. Las elevadas pérdidas movilizan la oposición a la guerra en la población rusa. Moscú se ve incapaz de ganar el conflicto y, antes de la reelección de Yeltsin, firma un armisticio que disimula apenas la humillación de la derrota. El tratado de paz firmado al año siguiente también deja fuera la cuestión de la independencia. En los años siguientes, Chechenia se convierte en el clásico estado fallido. Señores de la guerra y clanes combaten encarnizadamente entre sí en nombre del Islam, de la independencia chechena o de intereses comerciales. El secuestro se convierte en un lucrativo negocio. No existen apenas estructuras de poder estatales.

En 1999, la nueva campaña contra Chechenia da lugar a un estallido general de violencia y brutalidad en el que ya no importan las pérdidas humanas. Los bombardeos del ejército ruso cuestan la vida a cientos de civiles, y la táctica de guerrilla de los islamistas pone duramente a prueba a las fuerzas rusas. La cifra de soldados caídos es muy alta. «Sobre el papel teníamos un ejército enorme, pero apenas había ninguna unidad preparada para aquel tipo de intervención militar», resume Putin. «Fue una pesadilla». La carnicería alarma a las organizaciones pro derechos humanos y a muchos políticos, y es vista en Occidente como la típica maniobra del KGB, que, tras la caída de la Unión Soviética, seguía sin entender, por lo visto, la importancia de valores como la civilización y la independencia fuera del antiguo régimen comunista.

En cambio, en Rusia se dispara la popularidad del hasta entonces desconocido Vladímir Vladimiróvich Putin, que hace gala de actitud inflexible, incluso con frases llamativas como su promesa de encontrar y eliminar a los terroristas estén donde estén, «aunque sea en el lavabo».[2] Vladímir Putin intenta explicar por qué actúa de ese modo, y se muestra dispuesto a colaborar con EE. UU. En un artículo publicado en noviembre de 1999 en el *New York Times* con el título «Why we must act» [Por qué tenemos que actuar], el nuevo primer ministro escribe lo siguiente: «Dado que valoramos mucho nuestras relaciones con EE. UU. y nos importa la percepción del público americano, quisiera explicarles nuestro modo de actuar. Olviden por un momento las dramáticas noticias que llegan del Cáucaso y piensen en algo más pacífico. Personas normales en Nueva York o Washington durmiendo en sus camas. Y de repente se produce una explosión y cientos de personas mueren en su casa, en los apartamentos de Watergate de Washington o en el West Side de Manhattan. Hay miles de heridos, algunos terriblemente desfigurados. Al principio cunde el pánico solo en la vecindad, pero pronto la nación entera es presa del terror». Y, tras dibujar este escenario hipotético, continúa: «Pues bien, los rusos no necesitan imaginarse una situación así. Ese golpe mortal lo sufrieron más de trescientas personas en Moscú y otras ciudades, cuando los terroristas hicieron estallar bombas y destruyeron cinco bloques de viviendas».[3]

No pasaron ni dos años antes de que esa visión terrorífica se hiciera realidad cuando terroristas islámicos atacaron el World Trade Center de Nueva York y EE. UU. inició, junto con sus aliados, una guerra mundial contra el terrorismo que persiste hasta hoy y ha costado la vida a decenas de miles de personas. Hasta poco antes de aquellos sucesos, algunos adversarios de Putin afirman incluso en Occidente que los atentados de Moscú fueron ordenados por el propio primer ministro con la intención de reforzar su popularidad.[4] Sin embargo, no presentan pruebas convincentes. Fue en ese momento, si no antes, cuando empezó la demonización de Vladímir Putin.

Para Borís Beresovski, la decisión en favor del candidato Vladímir Putin no es más que la consecuencia lógica de un eficaz modelo de negocio. Él y su protegido Roman Abramóvich, que ahora ya frecuenta el Kremlin tan a menudo como su mentor, organizan una especie de lobby electoral, un partido denominado Yedinstvo (Unidad), que se presenta a las elecciones parlamentarias de diciembre poco antes del relevo en el cargo. Tampoco tardan en encontrar un secretario general: Será el ministro Serguei Shoigu, amigo de Putin. El primer ministro no quiere asociarse oficialmente con ningún partido antes de las elecciones presidenciales, por si acaso la «unidad» se fuera al traste. El único objeto del nuevo partido es facilitarle un apoyo en el Parlamento.[5]

Vuelve a funcionar el antiguo reparto del trabajo. Borís Beresovski está en su elemento; igual que en las últimas elecciones de Yeltsin, pone a trabajar a su eficiente imperio mediático, y se encarga de las relaciones públicas y de difamar a los adversarios políticos del bando comunista.

El resto de los oligarcas paga sin inmutarse la cantidad que le corresponde a cada uno en el proyecto. Abramóvich no solo paga, sino que, gracias a su padrino, tiene acceso al poder, ha intensificado su relación con la hija de Yeltsin, Tatiana, y también empieza a tratar con asiduidad a Putin. Ambos se estudian el uno al otro y no se caen mal. A Putin le puede ser útil contar con él en la batalla contra los oligarcas que se avecina. Al futuro número uno de la política le complace el estilo mesurado del nuevo mascarón de proa de la economía. A diferencia de los demás oligarcas, el joven multimillonario no muestra actitudes de nuevo rico, por lo menos en Rusia, donde exhibe un carácter sobrio y proyecta una imagen de emprendedor serio. Las extravagancias de alto nivel las deja para el extranjero. Beresovski contempla este proceso con benevolencia, ya que, al fin y al cabo, los pagos en concepto de *krysha* siguen llegando puntualmente. «Lo veía como mi pupilo entre los jóvenes. A los dos nos convenía que cultivara buenas relaciones con la siguiente generación del núcleo duro de la "familia Yeltsin"».[6] A Beresovski ni se le pasa por la cabeza quedar fuera de ese relevo generacional.

El nuevo partido Unidad da la campanada en las elecciones parlamentarias de diciembre de 1999. Con un 23 por ciento de los votos, se convierte de improviso en la segunda fracción por detrás de los comunistas. A finales de diciembre, en la víspera de año nuevo, Yeltsin dimite y nombra a Vladímir Putin presidente provisional. Unos meses más tarde, en marzo de 2000, Putin ganará las presidenciales con una gran ventaja sobre Guennadi Ziugánov, el eterno candidato del Partido Comunista.

Chechenia solo es uno entre otros muchos frentes. En el campo de batalla político nacional va a dilucidarse con pocos miramientos la cuestión de si el Kremlin debe volver a ser el verdadero centro del poder de Rusia o continuar ejerciendo como central administrativa en manos de los oligarcas. Se trata del conflicto decisivo en la carrera política de Vladímir Putin. En los próximos meses, el hombre con «mentalidad de subordinado» parará los pies a quienes lo han elevado al cargo e intentará imponer unas nuevas reglas de juego.

«El país estaba deshecho por dentro. Estaba claro que había que intervenir, aun a riesgo de fracasar. Aunque en realidad no teníamos nada que perder», relata Putin recordando la situación de partida. «Por eso me presenté».

Escasez y motivación

Por ahora, Vladímir Putin empieza a maniobrar con la intención de ir controlando poco a poco los puestos clave. El Kremlin no le parece una central de poder sino más bien un laberinto, y esa impresión es la que determina su táctica. De momento se centra en recortar la influencia de la «familia Yeltsin». La hija de Yeltsin, Tatiana, y Yuri Yumáshev salen de la administración presidencial y son sustituidos por personas de confianza.

Por un lado, el presidente quiere dar la espalda a los magnates de la economía, pero, por el otro, sabe perfectamente que los necesita. Su problema es el mismo que tiene todos los líderes que ascienden rápido: catapultados inesperadamente a lo más alto, tienen que hacer equilibrios para sobrevivir. La receta que aplicará Vladímir Putin, y que usa todavía hoy, es una combinación entre conveniencias y afinidades. Se ve obligado a recurrir a personas en las que pueda confiar, y por lo general siempre proceden del entorno de su historia personal. De la época en el ayuntamiento de San Petersburgo y del mundo del servicio secreto. El resto de las personas cualificadas y adecuadas proceden del mundo de los oligarcas y trabajan por salarios de escándalo, además de tener una visión muy distinta de las cosas. El Manifiesto Capitalista de esta generación lo sintetizó unos años antes Mijaíl Jodorkovski en un libro aparecido en 1992 con el título *Chelovek s rublem* [El hombre del rublo]. Su grito de guerra: «Nuestra brújula es el beneficio, nuestra autoridad financiera el capital», sin que importen las consecuencias.[7]

Serguei Ivánov es una de las primeras personas a las que Putin llamó a su lado ya en su época de director del FSB, para tener a su lado en la cúpula de la dirección a alguien de confianza. Hoy es jefe de la administración presidencial y uno de los políticos más influyentes del país. Los dos son de San Petersburgo y de origen humilde, y se conocen desde los primeros años de su formación en el departamento de inteligencia exterior. «Aquel departamento era la única oportunidad de salir al extranjero y sentirte una persona libre y autónoma, a menos que optaras por el servicio diplomático»: así explica el antiguo agente secreto su elección profesional de entonces. «El ministerio de Exteriores no resultaba especialmente atractivo. Una gran ventaja de nuestro departamento es que pudimos ver desde muy pronto que muchas cosas no eran como en la Unión Soviética. Entre otras cosas, fui jefe de una red de espionaje. Nos dedicábamos todo el tiempo al análisis y podíamos comparar cómo funcionaba el sistema económico y cultural de Occidente y qué cosas fallaban en nuestro país».

Como Putin, Ivánov vivió largo tiempo en Occidente, en Helsinki y Londres, así como en África. No es el único hombre de confianza de Putin procedente del mundo del servicio secreto. El personal que recluta Putin se caracteriza por una mezcla de conciencia de élite y misión personal. El otro motivo para elegir este tipo de personal era la falta de alternativas personales en un momento en que el caos alcanzaba un nuevo punto álgido en Rusia.

Ahora bien, por el momento Serguei Ivánov no cuenta con una gran libertad de desplazamiento. Se encuentra en la lista de personas non gratas de Occidente que desde abril de 2014 no pueden viajar a la UE ni a EE. UU. a causa del conflicto de Ucrania.[8] Un problema que por entonces no habría podido imaginar ni en sueños. Putin lo nombró jefe del poderoso Consejo de Seguridad Nacional, ministro de Defensa y viceprimer ministro. Ivánov describe la motivación que los unía en torno al cambio de siglo: «La tarea era volver a hacer gobernable el país. Éramos poco menos que mendigos esperando ver si el FMI nos daba dinero o no para poder pagar el sueldo a los funcionarios, los médicos o los mineros. Nuestra meta era conseguir un orden básico elemental, no imponer una tiranía sangrienta del KGB ni una disciplina de *cheka*. Se necesitaba capacidad de gestión y fiabilidad en medio de la discusión política».

El resto es prueba y error. Cambia el equilibrio del poder. Ya no es posible arrancar al presidente decisiones fundamentales con una simple llamada al Kremlin. Al padrino Borís Beresovski le molesta la dureza empleada contra Chechenia. La guerra perjudica sus intereses privados. Tiene buenas relaciones con los separatistas, que le han sido de utilidad para sus negocios políticos y particulares, o eso conjetura el *New York Times* en 2000 para explicar la razón del creciente desacuerdo entre el mentor y el antiguo protegido, que ahora sigue cada vez su propio camino.[9] Su intento de hacer cambiar de opinión a Putin fracasa.

«Nunca entendió quién era realmente Putin», afirma el predecesor de Putin en el cargo de primer ministro, Serguei Stepashin, para explicar la frustración de Beresovski. «Después de mi cese, yo volvía a estar en la Duma, y allí le oí decir a todo el mundo que era él quien había convertido a Vladímir en lo que era. Pero Mefistófeles también puede equivocarse».[10] Y no fue el único que erró el cálculo.

El presidente consolida su poder e impulsa una reforma fiscal; luego toma la decisión de cambiar las estructuras administrativas y se propone controlar a los más de ochenta gobernadores regionales desde el Kremlin con el objetivo de reforzar el poder del Gobierno central. Durante la época de Yeltsin, muchos sátrapas han hecho pingües negocios a costa del Estado y han malvendido por su cuenta las riquezas del subsuelo. El Parlamento aprueba la ley por una mayoría abrumadora. Una derrota más para Borís Beresovski. Su red de relaciones, tejida en toda Rusia durante años, se va haciendo más pequeña y frágil. Pasa a la contraofensiva a través de una carta abierta publicada en los grandes periódicos de la capital. La ley, afirma, es un «ataque a la democracia».[11] El *spin doctor* vuelve a echar mano de un arma habitual: la televisión y los periódicos del oligarca empiezan a disparar contra el presidente. El clima se enrarece. Ha empezado el ocaso político del gran conspirador Beresovski.

PROGRAMA Y PRAGMATISMO

Antes de que tenga lugar la toma de posesión oficial, en el Centro de Desarrollo Estratégico de Moscú, un equipo lleva ya meses incubando artículos y bocetos, desarrollando *worst case scenarios* y posibles enfoques de solución para la economía rusa e intentando diseñar una estrategia para el desarrollo de los próximos años. El equipo de Putin es joven —no llegan a los cuarenta— y compacto. No proceden de los despachos de gestión de los oligarcas que marcan el ritmo de la economía. Son asesores surgidos de una generación de ambiciosos economistas que ya no quieren saber nada tampoco de la antigua economía planificada. Y les espera una carrera astronómica.

El hombre encargado de dibujar el croquis del futuro se llama Herman Oskaróvich Gref, tiene antepasados alemanes y ejercerá durante siete años como ministro de Economía y Comercio. Hoy es presidente de la caja de ahorros rusa Sberbank, la entidad bancaria más grande de Rusia y cuarta de Europa. Gref pertenece al consejo de numerosas grandes empresas rusas y conoce a Putin del ayuntamiento de San Petersburgo, donde era corresponsable del patrimonio municipal.

También Aleksei Kudrin, que será ministro de Hacienda, es un hombre de confianza de aquellos días, antiguo responsable de presupuesto de la ciudad del Neva. Es un economista de corte liberal. La tercera participante en el diseño del programa económico no procede del grupo de hombres de San Petersburgo y hoy tiene su despacho en un edificio restaurado con el rótulo *Bank Rossiya* en la fachada, en la calle moscovita Neglinnaya 12. Elvira Nabiúllina, jefa del Banco Central de Rusia desde 2013, supervisa el dinero y los negocios de las entidades crediticias. Nació en Ufá, capital de la República de Baskortostán, en el sur de los Urales. Vladímir Putin escogió a la única mujer entre los quince candidatos para este puesto clave. El principio de selección que aplica es siempre similar, y se denomina promoción por méritos. Tanto como dura el ascenso dura normalmente también el descenso. Vladímir Putin no deja caer fácilmente a los suyos. Ha estado observando a Elvira Nabiúllina durante años, desde que entró por primera vez en el Gobierno en 2003 como viceministra de Economía. Cuando accede por segunda vez al cargo de primer ministro, la deja en el cargo de ministra de Desarrollo Económico, y finalmente, al ser reelegido presidente, le confía la dirección del Banco Central ruso. Como medida de precaución, enrola como asesor al anterior director.

Kudrin describe el reparto desigual de fuerzas al principio de la era Putin. «Cuando empezamos había cuatro centros de poder: la presidencia, el primer ministro, el bloque reformista del Gobierno, en torno a Gref y a mí, y los servicios de seguridad. Y a esto se sumaban un puñado de amigos personales de Putin, la mayoría de San Petersburgo, cuya influencia fue disminuyendo con el tiempo». El primer hombre al que Putin nombra primer ministro durante su presidencia, Mijaíl Kasiánov, permanece en el cargo desde mayo de 2000 hasta febrero de 2004. Se trata de otro hombre cercano a Beresovski. «Fue resultado de un compromiso político que la "familia" todavía logró imponer al adjudicar la presidencia. Pero todos éramos muy optimistas».[12]

En el seno del equipo dirigente no tardan en surgir conflictos y desavenencias que dan lugar a agrias disputas, tanto dentro como fuera del Gobierno. Para el primer ministro, los cambios van demasiado deprisa. El gabinete está dividido. Putin busca el equilibrio y media entre las dos facciones, refuerza a los reformistas, tranquiliza a los conservadores, procura no perder las riendas y toma sus propias decisiones. Finalmente se produce un enfrentamiento abierto entre el primer ministro Kasiánov y Herman Gref, responsable del área económica. Kasiánov convoca un encuentro en el ministerio de Economía, reúne a todos los departamentos de la casa y ataca frontalmente a Gref.

«Kasiánov le echó una bronca monumental al ministro de Economía, perfectamente escenificada delante de todos sus subordinados, cerca de trescientas personas», recuerda Kudrin. Tras la humillación, Herman Gref pasa varias semanas en baja médica y pide el cese. «A Kasiánov, nuestro plan le parecía demasiado ambicioso, y además le molestaba que no se lo hubiéramos consultado».

Putin disuade a Gref de retirarse y le presta apoyo político. Es la ocasión perfecta para sustituir a Kasiánov, el elemento de conexión con el antiguo clan Yeltsin. Poco antes había nombrado jefe de la poderosa administración presidencial a otro conocido de San Petersburgo, el jurista Dmitri Medvédev. El nuevo primer ministro Mijaíl Frádkov había sido ministro ruso de Comercio Exterior antes de que Putin lo nombrara primero jefe de la policía fiscal y luego lo designase representante de Rusia en la UE. Tres años más tarde se convertirá en jefe del servicio de inteligencia exterior SVR.

Aleksei Kudrin describe la política de personal del presidente: «La decisión de nombrar a Frádkov primer ministro la tomó el propio Putin. Había tres motivos: en primer lugar era una recomendación de sus amigos del KGB. En segundo lugar, Frádkov era experto en comercio exterior, había trabajado mucho tiempo en el extranjero y se daba por sentado que entendía de economía. Yo también pensaba que era un hombre de ideas modernas y el más avanzado entre los mayores. Y en tercer lugar, Putin necesitaba a alguien que apoyara sus opiniones. Los dos primeros ministros, tanto Frádkov como su predecesor, siempre necesitaban un empujón por parte de él para llevar a cabo algún cambio. Las propuestas de los ministros, en cambio, se eternizaban».

El artículo, ya mencionado anteriormente, que Gref redactó con otros reformistas como programa de Gobierno de Putin, lleva por título «Rusia a las puertas del nuevo milenio» y hace un balance demoledor de los años anteriores. «El experimento de los años noventa muestra con claridad que la mera experimentación con modelos abstractos o la simple copia de recetas extranjeras no garantizan el éxito en el caso ruso, y que, por lo tanto, no es posible realizar una renovación profunda de nuestro país sin excesivos costes. Cada país debe buscar su propio camino, y eso se aplica también a Rusia. Nos encontramos en unas circunstancias en las que ninguna política, por correcta y social que sea, puede triunfar, porque el Estado es demasiado débil».[13]

¿Qué significa esto en la práctica? Vladímir Putin se lo explicará a la élite económica del país, reunida un cálido día de verano de julio de 2000, tras convocar a una charla en el Kremlin a lo más selecto de la oligarquía. Putin está dispuesto a luchar, y el encuentro va a dejar huella. El otro bando está inquieto desde hace algún tiempo. Un comentario del nuevo líder después de las elecciones ha causado revuelo. Vladímir Vladimiróvich anunció públicamente que el tiempo de los oligarcas había pasado y que la lucha contra la delincuencia incluiría también la lucha contra la corrupción.[14]

EL mensaje que les transmite ese día es una declaración de guerra, aunque el tono en el que lo enuncia solo es ocasionalmente tan sarcástico como en los primeros párrafos del discurso. «Me tomo la libertad de recordarles que son ustedes mismos quienes en buena parte han convertido este Estado en lo que es hoy, con estas estructuras políticas o pseudopolíticas que ustedes controlan. Es obra suya. Si no están satisfechos, solo pueden culparse a sí mismos. Y ahora vamos a hablar claramente al respecto y a hacer lo necesario para que tengamos una relación civilizada y transparente a este respecto».[15]

Los pesos pesados de la economía deben decidirse. O entran en política o se dedican a los negocios. Se acabaron las componendas entre bastidores. Y además van a tener que pagar impuestos. No se trata de amenazas vacías. En las altas esferas de la ciudad ha causado estupor un hecho insólito: antes de la reunión, uno de ellos ha permanecido un breve tiempo bajo arresto, acusado de desfalco. El afectado, Vladímir Gusinski, no es un oligarca cualquiera, sino un miembro del exclusivo club de los siete multimillonarios que financiaron la reelección de Yeltsin, por más que ambos se odiaran profundamente.[16] La televisión privada NTV de Gusinski, de la mano del canal ORT de Beresovski, se dedicó a destruir sistemáticamente la reputación del rival durante la contienda electoral.

Ahora, NTV vuelve poco a poco a la carga, esta vez contra el hombre al frente del Estado, cuyas decisiones desagradan a Vladímir Gusinski. Este banquero y antiguo director teatral llegó al sector de la comunicación con el mismo desparpajo y los mismos objetivos que Borís Beresovski. «El único propósito era influir, influencia al 100 por 100. Influir sobre los políticos y la sociedad»: así describe la motivación y el objetivo de sus inversiones en una entrevista con el antiguo corresponsal del *Washington Post* David Hoffman.[17]

Aunque la acusación contra Vladímir Gusinski será retirada, la declaración de guerra ha quedado clara. Debido a la crisis económica, el magnate de la comunicación se encuentra gravemente endeudado con Gazprom, y vende su imperio mediático al conglomerado energético estatal por 300 millones de dólares. Según afirmaría más tarde en el extranjero, se vio obligado a tomar esa decisión debido a amenazas de las autoridades, que, de lo contrario, habrían iniciado nuevas investigaciones sobre él. No precisa de qué clase de investigaciones se trataría.[18]

La operación destinada a limitar la capacidad de maniobra de los potentados es una empresa arriesgada y bronca. Rusia se encuentra en la fase más brutal y corrupta del capitalismo. Putin tiene poder y entretanto ha conseguido un gran volumen de información sobre los métodos delictivos empleados por los oligarcas para amasar sus fortunas. Puede movilizar a los fiscales, y cuenta con la ventaja de que el grupo había cometido un error de cálculo al ver en aquel hombre de cabello ralo un gestor eficaz pero carente de iniciativa propia.

Ahora, sin embargo, los treinta hombres sentados a la mesa empiezan a rectificar su valoración. Y los datos les son favorables. Los oligarcas siguen teniendo influencia y miles de millones, poseen las empresas más importantes y, gracias a sus gestores, disponen del mejor *know-how* económico del país. Van a defenderse. Vladímir Putin sabe que el crecimiento económico no es algo que se pueda ordenar por decreto, y poner freno a años de redistribución será una ardua empresa. El Estado está en bancarrota, necesita dinero urgentemente y apenas cuenta con expertos. Los oligarcas pueden acorralarlo y dejarlo morir de hambre, y está seguro de que lo intentarán. La posición de partida del presidente es más que insegura.

Por eso tiene preparada una compensación tentadora, una contraoferta que el grupo difícilmente podrá rechazar. La oferta de paz es la siguiente: si aceptan las propuestas y dejan de usar al Estado como sucursal privada para sus propios intereses, los empresarios podrán conservar las empresas de las que se han apoderado por medios delictivos.

«Todos sabemos que durante estos años se cometieron enormes injusticias. Pero, lamentablemente, el mal ya estaba hecho, y en muchos casos simplemente lo mejor era dejar las cosas como estaban en lugar de intentar revertirlo todo»: así explica Vladímir Putin, encogiéndose de hombros, la estrategia que adoptó al inicio de su mandato. «Además, para poder impulsar cambios —y desde luego estábamos decididos a cambiar la situación—, era imprescindible valorar con realismo las relaciones de fuerza».

Muy poco después, Mijaíl Jodorkovski interpretaba así la reunión desde el punto de vista de los oligarcas en una conversación con el *New York Times*: «Nos confirmó que los resultados de la privatización no se cuestionarían y que el Estado asumiría como una de sus tareas principales el fomento de la economía rusa».[19] Con la dudosa compra de su imperio petrolero Yukos al Estado, Jodorkovski había dado uno de los mayores *pelotazos* de los últimos años. No hace tanto hincapié, en cambio, en las condiciones asociadas a la concesión, y no parece estar muy dispuesto a actuar de acuerdo con las nuevas reglas del juego. Otros también prefieren esperar y se mantienen en segundo plano. La mayoría de los empresarios ha entendido el mensaje y se compromete a cumplir la ley, a condición de que el Estado le permita mantener su reciente fortuna. Pero la batalla acaba de empezar. Los comparecientes toman nota de que Borís Beresovski, Roman Abramóvich y Vladímir Gusinski no han sido invitados a la reunión en el Kremlin. Pero, a pesar de ello, o quizá precisamente a causa de ello, los tres están muy presentes, debido a las especulaciones sobre los motivos de su ausencia y a la sospecha de que pueda obedecer a algún tipo de acuerdo. La prensa publica que Sibneft paga únicamente una tercera parte de los impuestos que otras empresas comparables liquidan al Estado.[20]

Antes de todo esto, Putin, Gref y Kudrin habían estado discutiendo cómo hacer entrar más dinero en las vacías arcas del Estado. Gref y Kudrin proponen una solución aceptable para ambas partes. La propuesta del ministro de Hacienda es tan simple como radical: como, de todos modos, las empresas siempre encontraban maneras de ahorrarse impuestos, la solución sería que en el futuro pagasen solo el 13 por ciento. Eso podría bastar de momento para enjugar los atrasos en los sueldos de los empleados públicos y las pensiones, y más adelante se podrían tomar otras decisiones. Eso sí, los nuevos impuestos, aunque bajos, deberían recaudarse de manera implacable, sin excepciones.[21]

Herman Gref recuerda el escepticismo con el que tropezó la propuesta. «Putin le preguntó: "¿Está seguro de que con la bajada de impuestos no bajarán también los ingresos del Estado?" Le dije que sí. Pero él insistió. "¿Y si se equivoca?" Respondí: "Presentaré la dimisión." La concisa respuesta del presidente: "¿Y eso de qué le serviría a mi presupuesto? Su dimisión no hará desaparecer las pérdidas."»

El ministerio de Hacienda crea una división especial para grandes empresas y en 2000 empieza a enviar inspectores a sus sedes. La evasión de impuestos deja de ser un pecado venial. La nueva ley incrementa la presión y entierra definitivamente la permisividad del pasado. «Tenía que poner en práctica mi propio plan», relata el por entonces ministro de Hacienda Kudrin, recordando la presión a la que estaba sometido el nuevo departamento. «Empezamos a pagar los atrasos a los soldados, médicos, profesores y pensionistas, y fuimos capaces de hacerlo con regularidad y recaudar los impuestos para ello». A partir de una determinada suma, la evasión fiscal tendrá carácter de delito sujeto a investigación judicial, con voluminosas multas y penas de prisión. Con la nueva normativa para los balances empresariales, ya no será tan fácil sacar millones de las empresas y realizar pagos en metálico por debajo —o por encima— de la mesa. La *krysha*, los tradicionales pagos al contado en concepto de protección, se convierte en una práctica arriesgada.

Los inspectores estatales también comparecen en la Sibneft de Abramóvich para analizar la contabilidad creativa del consorcio. Los costes políticos se disparan en todos los aspectos. Borís Beresovski ve con estupor cómo su influencia sobre Putin mengua a ojos vistas. Su televisión ORT redobla los ataques contra el jefe del Gobierno y fomenta el miedo trazando comparaciones con la dictadura comunista del pasado. Beresovski esperaba más gratitud por parte del nuevo líder, al que considera su creación.

15. EL PODER Y LOS MEDIOS

El hundimiento del *Kursk* y sus consecuencias

Al teniente Dmitri Kolésnikov apenas le queda tiempo para garabatear unas pocas líneas de despedida en un papel. El oxígeno se agota en el submarino K-141 *Kursk*, varado en el fondo del Mar de Barents, a 108 metros de profundidad. Anota la hora exacta de ese 12 de agosto de 2000, un día negro en la historia de la marina rusa. Son las 15:45. «Está demasiado oscuro para escribir, pero voy a intentar hacerlo a ciegas. Parece que no nos queda ninguna posibilidad. Como mucho un 10 o un 20 por ciento. Solo me queda esperar que alguien lea esto. Es una lista del personal. Vamos a intentar salir de aquí». Luego el oficial de la Marina añade abajo las tres palabras «Saludos a todos» y «No perder la esperanza». Es una exhortación a sí mismo.[1]

Semanas más tarde, submarinistas encontrarán esa nota y los cadáveres de los 118 marineros en el casco de la nave, uno de los mayores y más modernos submarinos nucleares de la flota rusa. La causa oficial de la catástrofe, según los resultados de la investigación, fue un fallo de un torpedo. El hundimiento del *Kursk* después de dos explosiones a bordo tiene efectos desastrosos para la imagen del presidente. Putin, que acaba de llegar a Sochi, en el Mar Negro, para pasar las vacaciones, subestima de manera imperdonable la magnitud de la tragedia. Por la tarde, el ministro de Defensa Ígor Serguéiev le telefonea para informarle de que el *Kursk* «no responde a las llamadas», pero que, por lo demás, todo está bajo control.[2] En realidad, nada está bajo control, y el Estado Mayor de la Marina está totalmente desbordado.

Durante días, los almirantes intentan ocultar las verdaderas dimensiones del accidente, se cierran en banda a las demandas de los familiares y rechazan la ayuda extranjera por temor al espionaje. Putin sigue practicando esquí acuático y tostándose al sol. Finalmente, una llamada del presidente estadounidense Bill Clinton, que le exige en tono perentorio información sobre el accidente, consigue sacarlo del letargo vacacional. Más de una semana después del accidente, cuando ya la tragedia nacional ha adquirido el carácter de escándalo internacional, se pone por fin en camino hacia la base naval a orillas de Mar de Barents. Allí le esperan, furiosos y desesperados, los familiares, que llevan días sin información. Le hacen duros reproches a voz en grito, le preguntan por qué ha tardado tanto en presentarse. Nadie les ha dicho que no hay esperanza de encontrar con vida a los marineros.

Para Vladímir Putin, es la peor situación imaginable. Las imágenes muestran a un presidente impotente, en traje oscuro, dominado por una mezcla de vergüenza, pasmo y rabia. Rabia, en buena parte, contra sí mismo y contra aquellos que lo han puesto en aquel brete. No es que no sea capaz de dar la cara ante las cámaras. Sabe adoptar siempre el papel conveniente en cada caso. Pero aquí su papel es el de presidente, y el presidente aparece públicamente como un inútil, no solo a ojos de los familiares de los marineros.

Lo sabe, y lo único que consigue es expresar su propio desconcierto. «No podía imaginarme que nos encontrásemos en una situación así», afirma pálido y desorientado ante un pequeño atril en el auditorio de la base, «que el país, el Ejército, la Marina se encontrasen en semejante Estado».[3]

Es en ese momento consciente por primera vez, de manera concreta, de la gravedad de la situación en que se encuentra Rusia. «Todo está destrozado. No queda nada en pie», sigue hablando, más para sí mismo que para los afectados, y lo interrumpen. Han venido a hablar, no a escuchar. Él los escucha, reitera su impotencia con otras palabras y les dice que no queda esperanza. «Nadie puede entrar en la nave», repite. «Nadie, ni siquiera yo». Han pasado once días desde el siniestro. La tripulación ya estaba muerta unas pocas horas después del hundimiento.

Y entonces llega el gran momento de Borís Beresovski como manipulador político. El canal de televisión público ORT, que tiene a sus órdenes, mezcla las imágenes emotivas del encuentro con los familiares y del desconcierto de Putin, intercala entre ellas secuencias de las relajadas vacaciones en Sochi y muestra al presidente como un vividor carente de talento que no solo es incapaz de solidarizarse con los que sufren, sino que además ha perdido los papeles. Es la situación que Putin siempre ha temido y contra la que había advertido a los propietarios de los medios de comunicación.

Los dos encuentros a los que Beresovski acude al Kremlin después del hundimiento del *Kursk* resultan insatisfactorios. A Vladímir Putin le indigna que Beresovski esté utilizando precisamente la televisión pública para sus propios intereses. Más tarde, durante una gira promocional personal por Londres y Washington en defensa de la democracia y la libertad en Rusia, Beresovski explica que el presidente le conminó con insistencia a deshacerse de sus acciones, y se autopresenta como paladín de la libertad de prensa. El patriarca político afirma estar preparando un nuevo movimiento de oposición constructiva. «En Rusia todavía hay demasiados comunistas, y ahora también ex agentes del KGB, que odian la democracia. El único contrapeso frente a ellos es la nueva clase de los capitalistas, que no solo creen conveniente, sino necesario, inmiscuirse en la política», declara al *Washington Post*, anunciando la misión a la que va a consagrarse a partir de ahora.[4] Se exhibe a sí mismo como único garante de los derechos fundamentales en Rusia, ya que Putin ha anulado el sistema de equilibrio democrático .

Aún hoy, Vladímir Putin responde en tono malhumorado cuando se le pregunta por los sucesos de entonces. Pero no por la tragedia del submarino. «Nuestros críticos añoran los años noventa y suspiran por la verdadera libertad de prensa y la democracia. ¿Qué libertad de prensa? ¿Para quién? Para un puñado de bandas de delincuentes. Para mí, lo que hicieron fue desacreditar conceptos básicos como la libertad de prensa y la democracia».

Delirio y realidad

Diez años más tarde, en la tercera planta de la High Court of Justice de Londres, la jueza Elizabeth Gloster reconstruye trabajosamente pieza a pieza la historia rusa mientras analiza el caso Beresovski contra Abramóvich. Es la historia de cómo, tras el cambio de Gobierno en Moscú, se revirtió la era Yeltsin, se repartieron de nuevo las cartas del juego del poder y se hizo entrar en razón a los aventureros de la economía. También al hundimiento del *Kursk* le corresponde un papel. Según hace constar Roman Abramóvich ante el tribunal, en aquel año 2000 existía ya un profundo abismo entre la percepción de Beresovski y la realidad en lo que se refiere a la relación entre ambos. «Mi relación con el señor Beresovski cambió poco después de la tragedia del *Kursk*», declara en la sala de vistas. «Hoy en día me sigue pareciendo un error su manera de utilizar aquella tragedia para alimentar su enfrentamiento con el Gobierno».

Al multimillonario le irritan cada vez más los constantes ataques de Beresovski en las semanas que siguieron al desastre. Le parecen contraproducentes para el negocio y teme que puedan ahuyentar a inversores y potenciales socios. En Rusia, todo potencial agente económico serio asocia automáticamente el nombre del triunfador Abramóvich con el del intermediario Beresovski. Decide distanciarse de su mentor. «La ostensible pérdida de ascendiente del señor Beresovski sobre el sucesor de Putin demuestra que la influencia política está sujeta a cambios muy bruscos», explica secamente Abramóvich a la jueza. El Rasputin de la nueva política rusa era un producto anticuado y con la fecha de caducidad superada, pero incapaz de darse cuenta de ello.

Cuando la fiscalía rusa empieza a desentrañar sus embrollados negocios, el «señor Beresovski» decide poner tierra de por medio con destino a Inglaterra y, para empezar, exige a Abramóvich un «colchón de seguridad» de 300 millones de dólares en concepto de *krysha*, a pesar de que evidentemente es incapaz de ofrecer protección alguna en las nuevas circunstancias de la política rusa, y menos todavía desde el exilio. El divorcio se convierte en una partida de póker.

Abramóvich le compra por 150 millones más el paquete de acciones de la emisora de televisión ORT Euro. Para ir sobre seguro, consulta antes a Putin, quien, como expresa Abramóvich con forzada sobriedad, «no tiene nada en contra». Le consta que al presidente le «molestaba» que Beresovski, a pesar de tener una participación minoritaria, «fuera capaz de manejar a su antojo el canal y utilizar la programación para sus propios fines». También Abramóvich estaba bajo la lupa. «En el círculo más cercano a Putin había algunos que podrían haberme causado problemas graves si hubiesen conocido el volumen de mis pagos», confiesa abiertamente.

Abramóvich pagó a su protector mil millones de dólares más para liberarse de la relación de *krysha*, y muestra al tribunal los justificantes de dicho pago, que realizó en varios plazos y a través de enrevesados canales. Se trata de un acto perfectamente lógico dentro de la lógica de ese mundo, salvo por un detalle: lo abultado de la suma. Al explicar el motivo de un precio tan elevado, sus palabras suenan como extraídas directamente del clásico de Hollywood *El padrino*: «Fue una decisión personal. Tenía en mis manos la posibilidad de cerrar ese capítulo de mi vida»: así resume Roman Abramóvich, no sin cierto patetismo, el porqué de una indemnización tan voluminosa.

«Yo sentía hacia él una enorme lealtad y respeto, por lo mucho que le debía. Si necesitaba aquel dinero, era mi deber hacer lo posible para proporcionárselo. Era como alguien de la familia. Era una cuestión de honor».[5]

La sentencia que dicta Elizabeth Gloster en la High Court de Londres a finales de agosto de 2012, tras meses de deliberación, es extremadamente clara. La acusación formulada por Borís Beresovski de que su antiguo protegido Roman Abramóvich lo habría extorsionado por encargo del presidente ruso para obligarle a venderle por debajo de su precio real sus acciones del conglomerado petrolero Sibneft y otras empresas, alegando que de lo contrario el Estado ruso las habría expropiado, no se sostiene. La jueza presidenta rechaza la reclamación de cinco mil millones de dólares por daños y perjuicios. En las 500 páginas del fallo, la jurista desmonta los argumentos de la demanda. Borís Beresovski, afirma, es un «testigo poco convincente y extremadamente poco fiable, para quien la verdad es un concepto fluido y flexible que puede moldearse según las conveniencias». En algunos casos «ha mentido a sabiendas», y «a veces se inventaba pruebas cuando tenía dificultades» para responder a las preguntas planteadas por el caso.[6]

Desde que se liberó de su protector, Borís Abramóvich cuenta con la complacencia del Kremlin. Ha pagado un precio adicional por los pecados del pasado mediante una forma especial de trabajo comunitario de alto nivel para oligarcas. Además de sus negocios millonarios entre Moscú y Londres, ejerció durante años como gobernador de Chukotka, una provincia del extremo oriental de Siberia, separada de Alaska por el Estrecho de Bering. La región, dos veces mayor que Alemania y a nueve husos horarios de distancia de la capital rusa, está habitada por criadores de renos y cazadores de morsas. Durante décadas estuvo prácticamente abandonada. Abramóvich invirtió en ella y consiguió revitalizarla sin apenas coste para los contribuyentes.

Vladímir Putin solo ha vuelto a mencionar públicamente una vez más a los antiguos oligarcas en el exilio. En 2001, cuando un periodista le interpeló en una rueda de prensa acerca de los ataques de Borís Beresovski desde el extranjero, Putin hizo una pequeña pausa retórica y preguntó: «¿Borís Beresovski? ¿Y ese quién es?»[7]

Es una victoria parcial importante. Pero solo eso, una victoria parcial. El siguiente adversario tiene capacidad de resistencia y una estrategia diferente. Proviene de otra generación y ha creado otro sistema de *krysha*. Se ha buscado un «techo» en el extranjero.

16. SOMBRAS DEL PASADO

El caso Mijaíl Jodorkovski

La noticia que Vladímir Putin se ha reservado para el final de la conferencia de prensa anual de finales de 2013 en Moscú electriza a los periodistas que han acudido a centenares desde todo el mundo. Con buen humor, el presidente anuncia que, para contribuir a las celebraciones del vigésimo aniversario de la Constitución rusa, ha decidido indultar no solo a las componentes del grupo punk Pussy Riot sino también al antiguo oligarca Mijaíl Jodorkovski. «Ya lleva más de diez años en prisión, y eso es mucho tiempo». Según cuenta, más de una vez había aconsejado a Jodorkovski «redactar un escrito, tal como prevé la ley». Y ahora ha enviado ese escrito, justificando la solicitud de gracia con el mal estado de salud de su madre. Putin toca un tema delicado. Hasta ahora, el prisionero célebre se ha negado abiertamente a redactar una solicitud de gracia, porque ello equivaldría a reconocer la culpa, y a Jodorkovski el concepto de culpa le resulta ajeno. Pero hace unas semanas insinuó en el *New York Times* un cambio de actitud: «Mi madre ya tiene casi ochenta años, ha recaído de su cáncer y tiene que operarse. [...] Es muy probable que no volvamos a vernos en libertad».[1]

Según el procedimiento penal, la orden del presidente debe cumplirse en los meses siguientes. Pero las cosas van más rápido de lo previsto. Aquella misma noche los guardias despiertan a Mijaíl Jodorkovski en el penal de Segesha, cerca de la frontera finlandesa, y lo trasladan en helicóptero a San Petersburgo. Allí sube al avión privado del empresario alemán Ulrich Bettermann, que lo traslada a Alemania.

El comité de recepción que lo espera en el aeropuerto de Schönefeld en Berlín al día siguiente del anuncio de Putin está compuesto por un abogado de Jodorkovski, el antiguo ministro de Exteriores alemán Hans-Dietrich Genscher y el experto en Rusia Alexander Rahr. A petición de los abogados de Jodorkovski, Genscher viene negociando con Putin desde 2011 y se ha entrevistado dos veces con el presidente; Alexander Rahr, con sus contactos, ha actuado como intermediario. Tras los años pasados en la cárcel, el exprisionero pasa unos días en el mejor hotel de Berlín, el Adlon, y luego viaja a Suiza, donde reside desde entonces con su familia a orillas del lago Lemán, como por lo visto corresponde a alguien de su categoría.

Con este indulto, Vladímir Putin pone punto final al que probablemente sea el conflicto más encarnizado de la era post-Yeltsin, la lucha por la cuestión fundamental del inicio de su presidencia: la de quién manda en Rusia y quién no. Mijaíl Jodorkovski fue un adversario mucho más temible que Beresovski. A diferencia de este, tras el abrupto fin de su etapa de oligarca ha logrado hacer carrera en Occidente como una especie de prisionero personal del Kremlin, pese a su pasado delictivo.[2] E, incluso después de su liberación, el caso Yukos sigue abierto en los tribunales internacionales, a pesar de que la empresa en sí ya no existe. El antiguo magnate del petróleo fue puesto en prisión provisional en 2003. En 2005, un tribunal de Moscú lo condenó por evasión fiscal, blanqueo de capitales y malversación.

No quiere seguir interviniendo en política, afirma Jodorkovski a su llegada a Alemania en la rueda de prensa celebrada en el emblemático museo del Checkpoint Charlie, el antiguo paso fronterizo entre Berlín Occidental y la RDA. Y tampoco quiere luchar por recuperar su imperio perdido. De hecho, ya había vendido su participación antes de que lo detuvieran. En cuanto a su economía, no tiene por qué preocuparse. No se sabe con exactitud cuánto dinero le queda en bancos suizos y de otros países. En una entrevista, él mismo afirma disponer todavía de más de 100 millones de dólares, todos declarados en Suiza.[3] Desde entonces intenta encontrar su puesto en algún lugar entre los numerosos activistas que viven fuera de Rusia y los que luchan en el país. Aunque el antiguo millonario cobró gran popularidad entre los políticos occidentales como figura de la resistencia, en cambio en los círculos de la oposición rusa no cuenta con grandes apoyos. Tras salir del penal y perder así su condición de mártir, está teniendo dificultades para establecerse en el bando de los contrarios a Putin.

El camino que llevó a Mijaíl Jodorkovski hasta la riqueza y la fama es una de las leyendas de la era de la *glasnost* de Gorbachov. Nacido en Moscú, de orígenes modestos, el joven empieza a probar suerte en negocios de todo tipo, desde la importación de ordenadores occidentales hasta la venta de sucedáneo de coñac francés. Primero como estudiante de química y miembro de la organización juvenil comunista Komsomol, un laboratorio para los primeros balbuceos capitalistas, patrocinado por el Partido. Pronto empezará a trabajar a lo grande. Al cabo de dos años ha reunido tanto dinero que funda uno de los primeros bancos del país, denominado Menatep, y a partir de ese momento se dedica a las finanzas y a la especulación. En ese periodo surge la sospecha de que Mijaíl Jodorkovski obtuvo la licencia para desviar a cuentas extranjeras los miles de millones de los capitostes del Partido en horas bajas. Él lo niega.[4]

Con este innovador instrumento del capitalismo realmente existente (parafraseando a Bertolt Brecht: el peor delito no es atracar un banco, sino fundarlo), amasa en tiempo récord una fortuna espectacular. Cultiva contactos políticos, el presidente Yeltsin lo nombra ministro de Energía en 1993 y continúa acumulando información privilegiada, sobre todo relacionada con el sector petrolero. Su carrera como Rockefeller ruso no tiene parangón, aunque ciertamente ha acabado de modo muy distinto a la del mítico fundador norteamericano. Mijaíl Jodorkovski, hombre de talento, empieza su carrera como aventurero con buen ojo para los negocios, llega a establecerse como multimillonario y filántropo, entra en contacto con políticos occidentales y finalmente, como autoproclamado héroe político en la lucha por la libertad y contra el Estado ruso, acaba en la cárcel. Con el caso de Mijaíl Jodorkovski, Vladímir Putin impuso definitivamente su proyecto político de crear un Estado fuerte. Fue una lucha larga y tenaz, mucho más peligrosa que el conflicto con Beresovski. La adquisición de la empresa estatal petrolera Yukos en 1995 —cuando Putin todavía trabajaba en el ayuntamiento de San Petersburgo— es el gran golpe de la carrera empresarial de Mijaíl Jodorkovski, su plataforma para emprender vuelos aún más altos. En esta megaoperación, su propio banco Menatep no solo organizó la subasta por encargo del Estado, sino que de inmediato puso la apetecible Yukos directamente en manos de su propietario —es decir, él mismo— por un precio insignificante. Las ofertas de otros competidores son descartadas por «motivos técnicos». La operación funciona como una especie de autoservicio. Menatep colabora estrechamente con el Gobierno y el ministerio de Hacienda. El nuevo propietario apalancará la compra valiéndose de la futura producción de petróleo de Yukos, lo que equivale a adquirir Yukos con los propios recursos de Yukos. Anatoli Chubáis, el arquitecto de la privatización de las propiedades del Estado en su etapa al frente del ministerio de Hacienda, confesará más tarde: «Se puede decir que Jodorkovski no pagó la adquisición con dinero de verdad, sino que utilizó los fondos propios de Yukos y los depósitos que el ministerio de Hacienda tenía en su banco, y por lo tanto hizo trampas. Pero mi criterio era muy simple. Dejando aparte todas las consideraciones políticas, necesitaba dinero para el presupuesto, y eso es todo».[5]

En el momento de la toma de posesión de Putin, la prestigiosa publicación norteamericana *Foreign Affairs*, portavoz semioficial de la política exterior estadounidense, dedicó varias páginas a describir con detalle el complicado mecanismo fraudulento que Jodorkovski utilizó a partir de entonces.[6] Según este informe, Yukos obligaba a sus filiales de extracción de petróleo a vender el oro negro a precios de *dumping* a la empresa matriz, que a continuación lo comercializaba a precios del mercado internacional, mucho más elevados. Solo en 1999, Yukos habría adquirido más de 200 millones de barriles de petróleo a un dólar con setenta centavos el barril. En el mercado internacional, el precio era de 15 dólares. Lo que para Mijaíl Jodorkovski representaba un negocio redondo, para otros era la ruina.

La región de Nefteyúgansk, donde estaban asentadas las filiales, sufrió consecuencias dramáticas. La recaudación de impuestos se hundió. A los trabajadores se les despachaba con sueldos de miseria. El valor de las empresas de extracción se vino abajo a marchas forzadas. De este modo, Yukos estafó también a los accionistas minoritarios de estas productoras, cuyas acciones perdieron valor. Una parte pertenecía a inversores extranjeros, pero también a 13 000 trabajadores y pensionistas rusos de la región de Tomsk, que habían adquirido pequeños paquetes de acciones para hacer una modesta inversión y ahora se encontraban con un puñado de papeles sin valor. La mayoría, viendo desaparecer sus ahorros, vendieron sus paquetes a toda prisa para, al menos, salvar unos cuantos rublos. Yukos estaba encantada de comprárselos.[7]

Vladímir Petújov, el alcalde de Nefteyúgansk, se dirigió ya en 1998 al Kremlin en desesperada petición de ayuda. Unas semanas más tarde estaba muerto, asesinado a tiros en la calle. Había protestado contra las prácticas de Yukos en una asamblea de accionistas de la firma. El antiguo responsable de seguridad de Yukos fue condenado a cadena perpetua por este hecho. Jodorkovski negó haber tenido nada que ver con aquel asesinato por encargo. Él dedicaba su talento, entre otras cosas, a poner a buen recaudo sus acciones de las empresas de Yukos en cuentas en paraísos fiscales.[8] «Mientras Jodorkovski se enriquece sin parar, la cola de inversores occidentales estafados se hace cada día más larga», comenta el *Sunday Telegraph* en relación a sus actividades.[9] Poco a poco, la empresa que en Rusia seguía existiendo todavía con el nombre Yukos se iba convirtiendo para los inversores extranjeros en un bonito envoltorio vacío, como sucedió en Alemania con el Westdeutsche Landesbank o en Japón con el banco Daiwa. La reputación de Yukos y su principal gestor era ya más que dudosa. El *New York Times* describió con detalle el modo en que Jodorkovski desvalijaba en la práctica a los accionistas mayoritarios de las filiales, y avisó del peligro que representaba el empresario. Según el periódico, había que exigir a «todo capitalista ruso» pruebas fehacientes de que «cada dólar invertido en Rusia no será un dólar robado. El caso Yukos demuestra que Rusia todavía está muy lejos de ese objetivo».[10]

Este artículo sobre las prácticas delictivas al uso apareció en abril de 1999, tres años antes de que el oligarca fuera arrestado por estafa por orden de la justicia rusa en octubre de 2003. Antes había declarado la quiebra de Menatep. El administrador concursal designado por el juez no consiguió hacerse una idea de los enrevesados métodos de negocio de la entidad, ya que, precisamente por aquellos días, el camión que transportaba los documentos bancarios fue a parar al fondo de un río.

IMAGEN E INFLUENCIA

A pesar de que el Gobierno ruso de Yeltsin le dejaba hacer y deshacer a su antojo, Jodorkovski captó el mensaje procedente de Occidente. Y, por otro lado, las exigencias, meridianamente claras, de Vladímir Putin, le forzaron a cambiar de estrategia. Desde el relevo en el poder, debe contar con Occidente si quiere seguir aumentando y consolidando su fortuna. Pero para poder desempeñar un papel a nivel internacional tiene que empezar a someterse a determinadas reglas. Fuera de Rusia, el capital emplea métodos algo más sutiles para hacer negocios a lo grande. Además, a pesar de la advertencia del nuevo presidente, quiere seguir interviniendo en política.

Es consciente de los nuevos imperativos y lo proclama públicamente, con tono levemente compungido: «Ha habido un cambio de mentalidad. Ahora la gente entiende que la transparencia, las buenas relaciones con los inversores y la honestidad en las prácticas de negocio dan buen resultado incluso a corto plazo».[11] Va a empezar a aplicar unos mínimos estándares internacionales en el seno de su empresa. Jodorkovski contrata a la empresa de relaciones públicas estadounidense APCO, con sede y excelentes contactos en Washington D.C. APCO cuenta con asesores muy influyentes. Es el primer paso en la transformación pública de la empresa y el punto de partida de la renovación a fondo de la imagen de Jodorkovski: la chaqueta de cuero y el bigote dejarán paso al traje y las gafas sin montura, mientras que la explotación y la estafa serán sustituidas por el arsenal de trucos legales de las empresas internacionales de contabilidad, más que suficientes para sus fines ahora que ha llegado a la primera división mundial de los negocios.

Con la ayuda de esta empresa de relaciones públicas, que ofrece sus servicios fundamentalmente a multinacionales, el oligarca aprende pronto el abecé de los verdaderamente grandes y descubre el terreno en que se mueven. Por ejemplo, contar con organizaciones de beneficencia propias puede ser de gran ayuda para mejorar la imagen, y además permiten ahorrar impuestos. Haz el bien y cuéntalo: esa es la regla que ya aplicaron pioneros como los Rockefeller o los Ford, y que sigue siendo válida hoy, como muestran los multimillonarios Bill Gates o George Soros.

La invención de Jodorkovski se denomina *Open Russia* y tiene por objetivo fomentar el «contacto entre Este y Oeste». Esta criatura de Yukos es «un organismo internacional independiente, con fines benéficos, que actúa como fundación privada».[12] Se trata de una copia de la organización posiblemente más exitosa de este tipo, la *Open Society* de George Soros. Este multimillonario y especulador financiero americano nacido en Hungría cuenta con inmejorables contactos en Washington, opera desde hace décadas una especie de ministerio de Exteriores privado, consagrado a la difusión de sus ideas políticas, forma a jóvenes activistas para actuar con eficacia en nombre de los valores democráticos y coopera sin remilgos con el Departamento de Estado estadounidense. Soros ha intervenido e interviene con éxito en cambios de Gobierno en el antiguo bloque oriental. Como en Serbia, Georgia o Ucrania.

Los miembros fundadores están cuidadosamente seleccionados. La lista de personalidades que se reúnen a finales de 2001 en la Somerset House de Londres para asistir a la creación de Open Russia —el edificio pertenece a la cartera inmobiliaria de la familia de banqueros Rothschild— está llena de nombres conocidos. Por ejemplo, Henry Kissinger o el propio anfitrión Lord Rothschild. Desde Nueva Jersey acude el senador norteamericano Bill Bradley. La representación de los intereses de Yukos en Reino Unido correrá a cargo del antiguo ministro de Exteriores británico David Owen. Otro grupo igual de selecto, esta vez con más integrantes norteamericanos por razones geográficas, se congrega un año después para asistir a la fastuosa gala de inauguración de Open Russia en EE. UU. El escenario es el histórico edificio Thomas Jefferson de la Library of Congress. Jodorkovski ha donado un millón de dólares a su director James H. Billington.[13] Se trata de una sabia inversión: además de su cargo, Billington es también un reputado historiador que goza de una enorme influencia en círculos gubernamentales como decano de los expertos americanos en historia rusa, ocupación que atiende desde la época de Ronald Reagan. Él sabrá encontrar las palabras adecuadas para describir el exclusivo programa de rehabilitación: «No es frecuente», afirma acertadamente ante los invitados, «encontrar a alguien que, después de haber logrado el triunfo, se propone dedicarse a una buena causa».[14] El empresario ruso también realiza un generoso donativo para el *National Book Festival*, organizado por Billington y muy apreciado por la primera dama Laura Bush. A cambio obtiene una foto con la pareja presidencial y una dedicatoria manuscrita. Desde Moscú, la administración presidencial observa con toda atención las iniciativas de Jodorkovski. Los analistas de Putin están convencidos de que el inquieto hombre de negocios ha creado la fundación con el objetivo de poner las bases para un futuro partido.

Jodorkovski es nombrado asesor del grupo Carlyle, banco de inversión al servicio del clan Bush y su círculo más cercano. Conocerá al ex presidente Bush padre y a James Baker, ex ministro norteamericano de Exteriores, así como a Condoleezza Rice o al vicepresidente Dick Cheney, y tendrá ocasión de conversar con el ministro de energía estadounidense sobre petróleo y, especialmente, sobre posibles negocios con EE. UU. Pero también tendrá hilo directo con John Browne de British Petroleum (BP). La mejor protección para los conflictos domésticos es hacer un hueco en su negocio a inversores americanos o británicos. Rusia, como dice un antiguo adagio, tiene un pasado imprevisible, que puede causar vulnerabilidades, y los lazos con Occidente pueden actuar como mecanismo de protección. En su país, Jodorkovski sigue confiando más en los pilares tradicionales de la sociedad rusa. Una parte de su personal de seguridad está formada por ex agentes del KGB.[15] Se entrevista con los presidentes de los consejos de administración de Exxon-Mobil y Chevron, que disfrutan de estrechas conexiones con la Casa Blanca, donde la incoativa del joven empresario es vista con buenos ojos.

George W. Bush y su equipo están interesados en el petróleo. Rusia es uno de los países con mayores reservas del mundo. Para el Gobierno estadounidense es importante contar con una opción energética alternativa a los países petroleros tradicionales como Arabia Saudí, Irak e Irán. Les preocupa la evolución cada vez más imprevisible de los países islámicos. Jodorkovski se convierte en una figura clave, capaz de facilitar a EE. UU. el acceso al verdadero paraíso petrolero que es Rusia. Encarga al banco suizo UBS estudiar la venta del segundo conglomerado petrolero ruso y, pese a todos los desmentidos, deja entrever que está dispuesto a asumir misiones más elevadas en el ámbito de la política. En Rusia apoya a la oposición y ofrece apoyo financiero a diputados.[16]

De hecho, ya logró meter en cintura al Gobierno en el Parlamento una vez. En la primavera de 2003, el Gobierno, a la vista del nuevo aumento de los precios del petróleo en el mercado internacional, decide que el Estado también debe aprovechar la coyuntura. Vladímir Putin presenta en el Parlamento una ley para la subida de los impuestos sobre el crudo. La noche anterior a la votación del borrador en la Duma, el ministro de Economía Herman Gref recibe una llamada nada sutil de un ejecutivo de Yukos.

«Me dijo: Señor Gref, sabemos cuánto ha hecho usted por el desarrollo de la economía de mercado. Pero su propuesta daña nuestros intereses. Sepa usted que esa ley no se va a aprobar. Nos hemos asegurado de ello», recuerda Gref. «El ministro de Hacienda Kudrin y yo salimos del Parlamento totalmente abatidos. Los precios del petróleo estaban subiendo, pero los únicos que se beneficiaban eran las petroleras». El Gobierno se ve obligado a retirar la propuesta. El ministro de Hacienda Kudrin no tiene la menor duda: fue un caso de extorsión.[17]

«Los abogados de Yukos estaban presentes en las reuniones del comité parlamentario responsable de asuntos fiscales, e iban dictando el sentido del voto», informa el *Chicago Tribune*. «Todos los proyectos de ley eran rebajados o tumbados por el lobby de Jodorkovski».[18] Putin intentó en vano limitar mediante la ley el poder y los beneficios de las petroleras rusas. El jefe de Yukos le asegura al presidente de British Petroleum, John Browne, con el que mantiene negociaciones por entonces, que tiene controlado el Parlamento. «Empecé a ponerme bastante nervioso. Me contó cómo conseguía hacer entrar a su gente en la Duma. Y lo que haría para lograr que las petroleras apenas tuviesen que pagar impuestos, y a cuánta gente influyente tenía bajo control».[19] John Browne empieza a tener la impresión de que el ruso está empeñado en convencer a toda costa al gigante BP de adquirir un paquete de Yukos, y acaba cortando las negociaciones.

En su oído resuena la advertencia de Putin: las empresas no deben inmiscuirse en la política. Al recordar esa fase del conflicto con Jodorkovski, las palabras de Putin adquieren un tono personal: «Es increíble la cantidad de porquería que me hizo tragar este hombre».

SENTENCIA JUDICIAL Y DERECHOS HUMANOS

A Jodorkovski empieza a agotársele el tiempo. En febrero de 2003 se produce un choque público entre él y el presidente, retransmitido por televisión. Acusa de corrupción a los ejecutivos de las petroleras estatales, a lo que Vladímir Putin replica preguntándole si paga impuestos. En Moscú, la fiscalía investiga a empleados de Yukos por malversación de fondos y asesinato. La policía detiene a uno de los colaboradores más cercanos de Jodorkovski.[20] Unas semanas después, el embajador estadounidense en Moscú comunica a la secretaria de Estado americana en un informe confidencial que la acción constituye una advertencia al empresario, a fin de que renuncie a intervenir en la política y deje de apoyar a la oposición con grandes sumas de dinero para lograr la aprobación o el bloqueo de leyes. De todos modos, el embajador no cree que llegue la sangre al río. «En opinión de la mayoría de los observadores políticos, Yukos y el Kremlin acabarán bajando el tono de la confrontación y resolviendo sus diferencias discretamente».[21]

Vladímir Putin, en principio, no tiene nada en contra de estrechar la cooperación con George W. Bush en el sector energético. Es consciente de las ventajas potenciales, empezando por el know-how técnico de los americanos y la posibilidad de reducir los costes de explotación de los yacimientos rusos de petróleo y gas. Han coincidido varias veces y hay cierta sintonía entre ellos. Los atentados del 11 de septiembre de 2001 han conducido a un acercamiento entre ambos países a nivel oficial, y también han fortalecido la relación entre ambos presidentes. Un mes después, Vladímir Putin y su esposa visitan a George y Laura Bush en su rancho de Crawford, Texas, y hacen buenas migas durante la cena. Según la prudente formulación, les gustaría cooperar más estrechamente en el futuro.[22] Desde ese momento, los dos presidentes mantendrán contactos regulares.

Un viernes de septiembre de 2003, en el número 11 de Wall Street, el síndico de la Bolsa de Nueva York, rodeado de otros veinte personajes de la economía estadounidense, da la bienvenida a un visitante. Y hay alguien que espera a ese visitante con mayor impaciencia que los demás. Lee Raymond, presidente del consejo de administración de ExxonMobil y buen amigo del vicepresidente estadounidense Dick Cheney, se ha citado con Putin para hablar sobre la posible adquisición de Yukos. Ya ha hablado también con Mijaíl Jodorkovski, y en principio están de acuerdo. Ahora busca la confirmación del jefe del Kremlin.[23]

Para el presidente ruso, el encuentro de negocios en Wall Street es la segunda cita importante de ese fin de semana, y en el fondo ambas tienen que ver con su entendimiento y visión de la sociedad rusa. Como ya hemos descrito, va a reunirse en Nueva York con los representantes de la Iglesia rusa en el exilio para dar un impulso más a la reunificación de la Iglesia ortodoxa de Rusia y su versión en la diáspora. Y también la cita en el distrito financiero de Manhattan, a solo unos metros de la herida abierta de las Twin Towers, está relacionada con una decisión fundamental desde los tiempos de la desaparición de la Unión Soviética y la consiguiente privatización de la economía. ¿Qué potestad debe concederse a las empresas multinacionales sobre los recursos energéticos de Rusia, tan absolutamente cruciales para el futuro desarrollo económico del país? El desastre de los años anteriores le ha hecho comprender que Rusia no logrará regenerarse si no se constituye como una economía de mercado. Pero para proteger los intereses rusos necesita reglamentaciones que le permitan influir sobre el futuro desarrollo de Rusia.

Lee Raymond es un hombre impregnado de la férrea cultura de la negociación que forma parte del equipamiento estándar de las grandes petroleras mundiales. A la hora de comprar, Exxon-Mobil se rige por el clásico principio del sector: o todo o nada. La propuesta que presenta el presidente del consejo de administración durante la conversación cara a cara en una sala de reuniones de la Bolsa de Nueva York no es un punto de partida para la negociación, sino una condición previa: la multinacional petrolera adquirirá la mayoría en Yukos con el 51 por ciento de las acciones. «Y ustedes pueden decidir lo que hacen con el 49 por ciento restante. Por ejemplo, pueden convertirlo en participación estatal o sacarlo a bolsa», explica el ejecutivo al presidente ruso en tono conciliador, como si la oferta del 49 por ciento fuera una extraordinaria concesión por parte de su empresa. Necesita saber si Exxon-Mobil va a poder conseguir el 51 por ciento; de lo contrario, daría el asunto por concluido.[24]

Al preguntarle Putin si eso significa que tendrá que preguntarle a Lee Raymond dónde, cuándo y cómo invertirá y trabajará Yukos en Rusia, el ejecutivo responde jovialmente con un sonoro *Yes*. Esa es justamente la razón por la que su empresa quiere la mayoría, aunque en realidad la cosa no es tan terrible como pueda parecer. Exxon-Mobil trabaja con ese método en otros muchos países del mundo. Entonces no va a poder responderle hoy, replica concisamente el presidente. El empresario se muestra comprensivo; al fin y al cabo, no se trata de una decisión que pueda tomarse atropelladamente. Se hace cargo de que el presidente necesita más información, nadie puede tomarle a mal que quiera consultar antes con sus expertos. Al final de la conversación, el alto ejecutivo de Exxon-Mobil exuda optimismo, convencido de que el acuerdo va a salir bien. Pero se trata de un craso error de apreciación. Pasarán años antes de que Exxon-Mobil pueda volver a hablar de negocios con Rusia.[25]

Putin no acepta la exigencia de mayoría accionarial del gigante petrolero americano que Lee Raymond le ha planteado como si fuera lo más natural del mundo. Pero más aún le molesta la petulancia con que el ejecutivo ha pretendido dictarle cómo tienen que funcionar las cosas, y que se haya permitido la condescendencia de darle tiempo para informarse de cómo se hacen los negocios de esta categoría a nivel internacional. Tras la ampliación de la OTAN, se trata de otra experiencia clave que revela a Putin cómo Occidente ve y trata a Rusia.

Un mes más tarde, el presidente del consejo de administración de la petrolera Yukos es detenido en una acción espectacular durante una escala de su avión privado en Novosíbirsk. Oficialmente, el conflicto entre el Estado ruso y el empresario Mijaíl Jodorkovski gira en torno a la causa 18/41 del presente año 2003, que afecta a delitos comunes como la evasión fiscal, la estafa o la malversación, aunque en este caso la magnitud de las cifras resulta mareante. Extraoficialmente, lo que se dirime es quién tiene el poder en el Estado y hasta dónde puede llegar cada cuál. «Por lo que yo sabía, se trataba de un asunto de impuestos por un volumen de miles de millones. Al parecer, Yukos había aprovechado las lagunas de la ley para apoderarse del dinero. Pero Putin no me comentó los detalles del procedimiento», recuerda Aleksei Kudrin. Jodorkovski y su socio Platon Lebédev, también acusado, son condenados a largas penas de prisión.[26] Tras la acusación y el pago de impuestos, Yukos declara la quiebra. La sociedad queda disuelta y su patrimonio sale a subasta para liquidar los impuestos pendientes, según la justificación oficial. Para Vladímir Putin, se trata del desenlace lógico de una guerra de trincheras: «El dinero de la venta de los activos de Yukos fue a parar al presupuesto. [...] Era dinero robado al pueblo y tenía que volver al pueblo».[27]

En Occidente, el caso Jodorkovski es presentado como un perfecto ejemplo de la ausencia de civilidad en las formas y respeto a los derechos humanos en Rusia. Los abogados internacionales de Jodorkovski, en colaboración con su agencia de relaciones públicas, cultivan un nuevo relato. A la imagen del capitalista de éxito pero con conciencia, que además goza ahora del reconocimiento internacional que merece, se suma la de un defensor altruista de los derechos humanos que libra una batalla solitaria en condiciones durísimas contra un régimen brutal y corrupto. El antiguo empresario de altos vuelos, que supo transferir a tiempo parte de su fortuna al extranjero para venderla a sus accionistas, adquiere rasgos de *Solzhenitsyn light*. Desde la celda, Jodorkovski concede regularmente entrevistas a periódicos o redacta para los medios occidentales ensayos filosóficos sobre el estado del país. Se convierte en un oráculo que dicta cómo ha de cambiar Rusia. Igual que ha cambiado él, al fin y al cabo. Jodorkovski explica, aconseja, interpreta fenómenos políticos actuales y plantea preguntas sin respuesta. Se considera víctima de las circunstancias y de un destino inmerecido. «Aquí, en la época de transición tras el hundimiento del sistema soviético, reinaba la ley de la selva. Nadie sabía cuáles eran las reglas válidas. Y yo aproveché esa situación, igual que otros emprendedores».[28] La oposición rusa no parece compartir estos análisis.

Las discusiones de los abogados con la justicia rusa son duras y agresivas, y también lo son las reacciones de los tribunales sometidos a sus ataques. El equipo de Jodorkovski disecciona sin tregua errores reales o supuestos de la justicia e insinúa, con gran trascendencia mediática, que el proceso no es más que una reedición de los antiguos procesos amañados de la época de Stalin. Los corresponsales occidentales se suman encantados a la lucha por los derechos humanos en Rusia.

La estrategia de relaciones públicas que apela a la corrección política occidental da resultado. Pese a fuertes debates internos, Amnistía Internacional declara a Jodorkovski preso de conciencia. Conseguirlo «fue una larga lucha», recuerda Yuri Schmidt, uno de sus entusiastas abogados, durante una conversación en su gabinete, «pero al final lo conseguimos». Este abogado petersburgués está especializado en derechos humanos y conoce al jurista Putin desde la época en que este era vicealcalde de la ciudad. En aquella época ya estaba contra él. El reconocimiento de Amnistía Internacional se traduce en un mayor apoyo en todo el mundo, incluida Alemania. Por ejemplo, la diputada al Bundestag por los Verdes Marieluise Beck escoge el proceso de Moscú como uno de los ejes de su trabajo político en los años siguientes. Viaja a Moscú a menudo y habla con la prensa alemana y extranjera. La diputada viaja sin descanso en misión justiciera, junto con su marido Ralf Fücks, jefe de la Fundación Heinrich Böll, que, desde su puesto, apoya con gran eficacia sus esfuerzos.[29] También políticos como Angela Merkel o Barack

Obama critican la «falta de neutralidad» de los tribunales rusos y exhortan públicamente al presidente a liberar al antiguo oligarca.

Es una doble estrategia política. En paralelo a la campaña moral, los abogados y antiguos accionistas de Yukos acuden al Tribunal Europeo de Derechos Humanos de Estrasburgo. Afirman que el proceso contra Jodorkovski y Yukos responde únicamente a motivaciones políticas, y que las reclamaciones de miles de millones en impuestos atrasados obedecen al propósito de provocar la quiebra de la compañía y poder venderla por debajo de su precio. Los accionistas exigen al Estado ruso una indemnización de 75 000 millones de dólares.[30]

Pero los jueces de Estrasburgo no ven las cosas del mismo modo. Condenan a Rusia a pagar a Yukos una indemnización de 1500 millones de euros porque algunas de las multas carecían de justificación. Pero en la cuestión central, la de si el proceso contra Mijaíl Jodorkovski fue un juicio político, absuelven a Rusia.[31]

«El hecho de que un posible rival político o económico obtenga un beneficio directo o indirecto no puede privar a las autoridades de perseguirlo judicialmente si existen sospechas graves de delito». Los jueces encontraron en las justificaciones del tribunal ruso «indicios suficientes» para iniciar el proceso. Aunque el Tribunal censura algunos hechos sucedidos durante la prisión provisional, lo cierto es que la esperada rehabilitación del antiguo oligarca en Estrasburgo no se produjo.[32]

El Tribunal Permanente de Arbitraje de La Haya, al que acuden también los accionistas, no comparte esa opinión. Condena al Estado ruso a una indemnización de 50 000 millones de dólares al considerar, a diferencia del Tribunal Europeo, que el proceso contra Jodorkovski fue de naturaleza política.[33] El Tribunal de Arbitraje no es un tribunal clásico, sino una especie de instancia de conciliación. Ofrece a las partes una plataforma para solventar sus diferencias sin acudir a los tribunales ordinarios, una forma de regulación similar a las previstas en acuerdos como el Tratado de libre comercio TTIP entre EE. UU. y Europa, para ofrecer a los agentes económicos la posibilidad de reaccionar de modo extrajudicial contra decisiones de tribunales. El veredicto es jurídicamente vinculante. Rusia ha presentado apelación contra la resolución ante un tribunal ordinario holandés. Los accionistas han empezado a embargar propiedades rusas en el extranjero.[34] Tras las primeras congelaciones de cuentas rusas en Estados de la UE en junio de 2015, Vladímir Putin ha anunciado su intención de ofrecer resistencia: «Nuestra posición es clara: Rusia no reconoce la legitimidad de ese Tribunal».[35] Todo hace pensar que el caso Yukos seguirá coleando largo tiempo, incluso después de la liberación de Mijaíl Jodorkovski.

17. EL ENSAYO GENERAL

La OTAN y la guerra de Georgia

Semanas más tarde, el director de orquesta Valeri Guérguiev todavía se pone de mal humor cuando piensa cómo salió publicada la larga entrevista que concedió al *New York Times* a principios de 2015.[1] «Aparezco como un imbécil, porque dejaron fuera el setenta por ciento de lo que dije. Y no será porque no les avisara de que no les iba a gustar lo que diría». Guérguiev está resfriado y se pide un whisky doble para combatir los escalofríos. El Hotel Ritz-Carlton de Moscú es el lujoso alojamiento del maestro cuando reside en la capital rusa. Está preparando una serie de conciertos de pascua que tendrán lugar en varias ciudades de Rusia durante la Semana Santa. Le fastidia que en los últimos meses le pregunten más sobre política que sobre música.

«Cuando el periodista americano me preguntó por Crimea, le repliqué: ¿cuántas personas han muerto en la anexión de Crimea? Solo una, y de accidente. Esa respuesta no les gusta y no la han publicado, aunque fueron ellos los que me la pidieron expresamente».

El director general y director artístico titular del Teatro Mariinski de San Petersburgo, nacido en 1953, es uno de los principales embajadores culturales de Rusia desde hace más de veinte años. No hay orquesta de fama mundial que no lo haya contratado o desee contratarlo, ya sea la Metropolitan Opera de Nueva York, la Filarmónica de Viena, la London Symphony Orchestra o, en el futuro inmediato, la Filarmónica de Múnich. La excelencia musical de Valeri Guérguiev está fuera de toda duda. Sin embargo, a ojos de Occidente tiene un defecto. Se le considera amigo de Putin y sirve de diana para las críticas al presidente ruso cada vez que ofrece conciertos como director invitado en las grandes ciudades occidentales. La noche anterior, en París, fue una excepción, ya que pudo dirigir un concierto con la Filarmónica de Múnich sin intromisiones. «Entradas agotadas», dice lapidario. «La orquesta es excelente. Se trata de música. Los que me atacan utilizan los conciertos intencionadamente como campaña de propaganda. Utilizan la marca Guérguiev para promocionar su ideología».

También hubo un gran revuelo cuando fue nombrado director titular en Múnich. Los Verdes y los activistas del movimiento gay exigieron que se distanciara públicamente de Vladímir Putin y su política. Una idea que le parece absurda, y no solo por sus lazos de amistad con el presidente. No va a hacerlo, no está obligado a hacer nada ni a abjurar públicamente de nadie, alegó en su defensa y en defensa de su manera de ver las cosas. El ayuntamiento de Múnich quiere contar con sus servicios hasta 2020.

Valeri Guérguiev nunca ha ocultado su afinidad con el presidente ruso. Se conocen de los años difíciles de San Petersburgo, cuando el joven director llevó al arruinado Teatro Mariinski a la fama mundial. Como nuevo director general, Guérguiev tuvo que hacer frente a los problemas existenciales del teatro de ópera más antiguo de Rusia, con ballet y orquesta sinfónica incluidos: «Dependíamos del Estado. Pero Moscú ya no pagaba los sueldos. Yo hacía todo lo posible para retener a la gente. Vladímir Putin, por entonces vicealcalde, intentaba ayudarme, porque era consciente de la importancia del Teatro Mariinski».

Años más tarde, el Teatro Mariinski y su director Guérguiev serán un símbolo incluso para los rusos poco interesados por la música. El 7 de agosto de 2008, tropas georgianas atacan Osetia del Sur para someter a la autoridad del Gobierno central de Tiflis a la provincia, declarada en rebeldía desde hace años. Sin vacilar, Moscú envía el Ejército a Georgia, y en pocos días el Ejército georgiano tiene que abandonar Osetia del Sur y se restablece el estado anterior. En agosto de 2008, la guerra de los cinco días del Cáucaso entre Tiflis y Moscú —como, años más tarde, los acontecimientos de Ucrania— pone a Europa al borde de la guerra durante un breve tiempo. Dos semanas después, en la tarde del 21 de agosto de 2008, el director se encuentra en Tsjinvali, la bombardeada capital de Osetia del Sur, para dirigir con la orquesta petersburguesa la séptima sinfonía de Dmitri Shostakóvich ante las ruinas del destrozado Parlamento. Y, con la misma pasión, denunciará el ataque militar de Georgia contra Osetia del Sur, que ha costado cientos de vidas, y expresará sus condolencias a los miles de personas congregadas en la plaza en traje de domingo o en uniforme. Es uno de esos momentos donde el drama y la emoción se dan la mano. La orquesta ha llegado directamente de Londres, donde participaba en el festival Proms de la BBC. El acto se transmite en directo a Rusia. Guérguiev y su mujer son de origen osetio.

El comentarista del *Washington Post* fustiga el mensaje musical como «declaración política». Según él, el director «ha quedado ligado al nacionalismo ruso, con todas sus consecuencias antidemocráticas».[2] «Su patriotismo», se lee en el *Guardian* un día después del emotivo concierto al aire libre, «es indudablemente auténtico».[3]

La obra interpretada ha sido cuidadosamente escogida por su gran peso simbólico. Dmitri Shostakóvich compuso su séptima sinfonía, denominada «Leningrado», durante el asedio de la ciudad. El estreno tuvo lugar en 1942. Para Guérguiev, el acto de ese día no tiene nada que ver con la política, sino con la ética. «Mi concierto estaba pensado como homenaje a los muertos, no para un comentario del *Washington Post*. Si Rusia no hubiera intervenido, habrían muerto miles de osetios. La obra no habla solo de Hitler, sino del mal, y de cómo entra en nuestras vidas»: así explica la razón de su espontáneo compromiso.

Al estallar la guerra, Valeri Guérguiev estaba en plena gira por Alemania y el Reino Unido. «El ministro de Defensa británico y el alemán asistieron a los conciertos». Guérguiev recuerda muy bien cómo se sentía en aquel momento. «Solo les pregunté una cosa: ¿quién ha empezado la guerra? ¿Ha sido un mero capricho de Rusia, porque alguien se levantó con el pie izquierdo ese día? No llegamos a entablar conversación. Se limitaron a escuchar educadamente y no dijeron nada». Pero el músico Valeri Guérguiev no es el único que se indigna por los acontecimientos de Osetia del Sur, sino también Vladímir Putin. Y las consecuencias serán de calado.

Desde el final del imperio zarista en 1917, Osetia del Sur ha intentado defenderse, en enfrentamientos a veces sangrientos, contra el intento georgiano de absorber la región. Ese rincón situado en el corazón del Cáucaso gozaba de autonomía en la República Socialista Soviética de Georgia. En las décadas posteriores, el conflicto quedó amortiguado porque un georgiano llamado Yósif Visarionóvich Dzhugashvili, más conocido como Iósif Stalin, mantuvo aprisionada a la Unión Soviética bajo el puño de hierro de la dictadura y creó un sistema que le sobreviviría todavía muchos años. Difícilmente podría haberse imaginado que, décadas más tarde, la fuerza aérea rusa, durante el conflicto por Osetia del Sur, bombardearía Gori, su ciudad natal. Tras el fracaso del gigantesco proyecto de la URSS, los conflictos volvieron a brotar. El Sur de Osetia quedó en manos de Georgia y el Norte en Rusia. Pero en aquel mismo momento, Osetia del Sur se opuso al reparto y se declaró independiente. En la zona septentrional del país, denominada Abjasia, se produjeron reclamaciones de autonomía similares.

Desde entonces, la historia de Georgia es una crónica de guerras anunciadas y llevadas a cabo. La operación que el Gobierno de Tiflis vendió en 2008 a Occidente como episodio de una nueva guerra fría y lucha contra la amenaza de restauración de la Unión Soviética por Moscú, fue una desafortunada jugada de Georgia con el objetivo de anexionarse por fin, después de un siglo, la provincia rebelde, en nombre de la libertad y la democracia.

Para Vladímir Putin, el conflicto con Georgia confirmó la creencia de que los medios militares son, al parecer, el único lenguaje que entiende Occidente cuando se trata de hacer valer los intereses rusos. La guerra marcó un punto de inflexión y convirtió en certeza la sospecha, largamente albergada, de que Occidente, y en especial EE. UU., aprovechan todas las oportunidades que se les presentan de desestabilizar Rusia. Lo que reafirma a Putin en su postura no es solo el historial previo del conflicto. Es también el modo premeditado en que EE. UU. explota y atiza un viejo conflicto étnico, marcado por errores de cálculo y esquemas ideológicos, con cambios de fronteras geográficos y transgresiones políticas. Y la incapacidad de la política occidental para detectar el potencial explosivo de un proceso de esas características. Georgia es el ensayo general para Ucrania.

Lo que fracasa más concretamente es el plan del por entonces presidente Mijeíl Saakashvili, que pretendía acelerar la incorporación de Georgia a la OTAN con el apoyo efectivo de EE. UU.[5] La ocasión es favorable. En Estados Unidos ha empezado la campaña electoral, y el nombre de Vladímir Putin o la simple mención de Rusia siguen generando un runrún que puede explotarse a conveniencia. Viejos temores de la era de la Guerra Fría. En la primavera de 2008, cuando Saakashvili comparece en Washington y presenta la solicitud de ingreso en la OTAN, el presidente norteamericano le promete apoyo. Es el último año de presidencia de George W. Bush. El candidato republicano es el senador John McCain, un conservador del ala dura que promueve desde hace tiempo el ingreso de Georgia, a cuyo ambicioso presidente conoce y estima desde 1997. McCain lleva años peregrinando por las repúblicas exsoviéticas para promocionar la democracia. También aparecerá en el Maidán. Su eslogan varía en función de la crisis política de turno y las circunstancias geográficas. Un día puede ser «Todos somos georgianos» y otro «Todos somos ucranianos».[6] Una receta probada, no solo en EE. UU.

McCain es acérrimo enemigo del presidente ruso y no oculta en absoluto su rechazo hacia él. El candidato republicano exige siempre indefectiblemente la intervención de la OTAN cuando las crisis se agudizan. Su asesor en política exterior está desde hace años en nómina del Gobierno georgiano como lobbysta, según cuentan el *Washington Post* y el *New York Times*.[7] La confrontación entre Georgia y Rusia no ha hecho más que intensificarse tras la primera visita de un presidente norteamericano al país, tres años antes.

RECETA PARA UN CAMBIO DE RÉGIMEN

El viaje en coche desde el aeropuerto internacional de Tiflis al centro de la capital de Georgia dura apenas media hora. La carretera de varios carriles se llama *George W. Bush Avenue*, un nombre que evoca la visita relámpago del presidente norteamericano en mayo de 2005. En la «Plaza de la Libertad», delante del Ayuntamiento, engalanado con banderas americanas y georgianas, decenas de miles de personas celebran la primera visita de un presidente estadounidense a su país. Escuchan con arrebato, a pesar de que los altavoces fallan de vez en cuando y solo llegan fragmentos del contenido del discurso de Bush. Es el mensaje habitual que propala el líder norteamericano a lo largo de su gira por el antiguo bloque oriental: la libertad y la democracia se abren paso en todo el mundo y ahora han llegado también a Georgia, y los georgianos pueden estar orgullosos de lo que han conseguido. En una alusión poco disimulada a Vladímir Putin, George W. Bush añade que la soberanía del país debe «ser respetada por todas las naciones».[8] Los conflictos históricos en torno a Osetia del Sur y otras zonas son bien conocidos para Washington, igual que las ambiciosas promesas públicas formuladas durante la última campaña electoral por el presidente georgiano, dispuesto a reincorporar a las provincias sediciosas, incluso por la fuerza si es necesario.

La alta visita es, ante todo, una recompensa personal para Mijeíl Saakashvili. El joven político, formado en EE. UU., es presidente desde hace un año. Saakashvili está seguro de sí mismo por principio y cuenta con magníficas relaciones en América. Estudió en la Columbia University de Nueva York, y también en Washington. El exministro de Exteriores de la Unión Soviética y posterior presidente de Georgia Eduard Shevardnadze puso bajo su protección a la joven promesa política y no tardó en nombrarlo ministro. El pupilo no dejó pasar la ocasión, y poco después, en 2004, provocó la caída de Shevardnadze y del debilitado sistema, aprovechando la indignación generalizada por el fraude electoral masivo, y con el apoyo activo de Washington. Mijeíl Saakashvili es un partidario entusiasta de la estrategia de seguridad estadounidense rediseñada de manera vinculante por Bush hijo al inicio de su presidencia. «Las grandes batallas del siglo xx entre la libertad y el totalitarismo acabaron con una victoria rotunda de las fuerzas de la libertad y un modelo duradero para el éxito nacional: Libertad. Democracia y economía libre de mercado».[9]

Para llegar al poder, Saakashvili emplea con éxito una técnica que había sido perfeccionada en Europa Oriental en los años anteriores. Oficialmente se trata de un cambio de régimen desde dentro con apoyo logístico del exterior. La condición previa es un descontento generalizado con un sistema normalmente caduco. Los activistas son jóvenes e idealistas, y la mayoría han estudiado en el extranjero. Son rápidos y flexibles en el manejo de los nuevos medios, fabrican *news* a ritmo acelerado, canalizan la insatisfacción general y organizan con gran eficacia manifestaciones amparadas por movimientos con nombres poéticos como Revolución de las Rosas, Revolución Naranja o Revolución de los Cedros. Suelen poseer más ingenio y reflejos que el obtuso aparato estatal. En Europa Oriental cuentan con el apoyo de fundaciones estadounidenses mayoritariamente cercanas al Gobierno, organizaciones bien conectadas con políticos neoconservadores y también buenos contactos con los servicios secretos, encargados de facilitarles formación y equipamiento técnico. «Revolución, S. A.»: así bautizó *Der Spiegel* este circo político itinerante en un reportaje en dos partes que describe con precisión, ya en noviembre de 2005, cómo se preparan las revoluciones en los nuevos tiempos.[10] Lo que sucedió en Georgia en 2003 y en Ucrania en 2004 «con apariencia de revuelta popular espontánea contra un sistema autocrático», en realidad estuvo en buena parte «cuidadosamente planeado». En Tiflis, el nuevo movimiento pro derechos civiles, en el que participan numerosos estudiantes, lleva el sugestivo nombre de *Kmara!* (¡Basta!). De la financiación se ocupa la fundación *Open Society* del multimillonario americano George Soros, que mantiene una relación privilegiada con la administración estadounidense. Entre otras cosas, el dinero de Soros sufragó «en junio de 2003 en Zshvaritchamiya un curso de tres días sobre cómo llevar a cabo una revolución pacífica», relata *Der Spiegel*. Más de mil activistas acudieron a prepararse para la inminente confrontación con el poder estatal.

El 22 de noviembre de 2003, el tribuno del pueblo Mijeíl Saakashvili, rodeado de un grupo amigos, toma el Parlamento ante la pasividad de las desbordadas fuerzas policiales. El presidente dimite, y Richard Miles, el embajador norteamericano, presente en el lugar, gestiona la salida del Gobierno Shevardnadze. Como explica luego el nuevo líder, George Soros es un buen amigo que «ha financiado la organización de estudiantes que tan activamente ha participado en la revolución».[11]

Vladímir Putin contempla con desconfianza la situación en el país vecino y a Saakashvili. No es solo la constatación de que la vecina Georgia se está convirtiendo en una avanzadilla de EE. UU.; es también una cuestión de química entre los dos políticos. Para Putin, Saakashvili es un provocador megalómano que no entiende cómo funcionan las cosas y víctima de un complejo de inferioridad, mientras Saakashvili ve a Putin como a alguien que necesita que le enseñen de una vez a comportarse en el patio de la escuela, y al que, si es necesario, hay que amenazar con la intervención del hermano mayor. Al nuevo líder del pequeño Estado fronterizo con Rusia, con algo más de cuatro millones de habitantes, le gusta alardear de su autoadjudicado papel histórico, y no pierde ocasión de perfilarse propagandísticamente, a Este y Oeste, como nuevo David defensor del mundo libre frente al todopoderoso Goliat. «Estamos decididos a sacar adelante este programa de libertad, por nuestro pueblo, por nuestros valores y por Estados Unidos, que son importantes para nosotros porque son un modelo de valores para el resto del mundo», le explica a Bush durante una visita a Washington.[12] Esta combinación de delirio de grandeza y amenazas provoca en Putin una reacción poco menos que alérgica. El gesto de inequívoca ambigüedad de Washington aumenta su irritación. Bush se toma a la ligera sus advertencias explícitas de detener la ampliación de la OTAN en dirección a Georgia. El enfrentamiento está servido.

Por el lado americano, no abundan las advertencias como la del ministro de Exteriores Colin Powell, que, antes de retirarse en 2005, dio un buen consejo al joven político ya bastante pronto: «Usted cree que están en juego intereses vitales de su país. Nosotros no estamos muy seguros de que sea así, pero de lo que no cabe duda es de que nuestros intereses nacionales no están en juego. Así que procure no ponerse en una situación que no sea capaz de controlar. Y no crea que vamos a acudir en su defensa siempre que lo necesite».[13] La sucesora de Powell, Condoleezza Rice, no era tan estricta. Antes del estallido de la crisis, se entrevistó con Putin para hablar de las tensiones entre Rusia y Georgia y le comunicó, en nombre del presidente Bush, que la situación podía dañar las relaciones ruso-americanas. Putin le pidió que transmitiera a su jefe una lacónica respuesta: «Lo que hago es lo que tengo que hacer».[14]

El pretendido salvador de Georgia pone a disposición de Bush dos mil soldados de su pequeño país para la guerra de Irak dentro de la «coalición de la voluntad», mientras el alemán Gerhard Schröder, el presidente francés Jacques Chirac y Rusia se niegan a tomar parte en el conflicto. La guerra costará la vida a más de 100 000 iraquíes y desestabilizará toda la región hasta nuestros días. En el cuarto piso del ministerio de Defensa de Tiflis, instructores norteamericanos ponen al día al pequeño ejército georgiano, mientras el Pentágono le suministra armas. En los cuatro primeros años de su mandato, el presidente georgiano multiplicará casi por seis el presupuesto de Defensa.[15]

Hoy ya sabemos quién disparó el primer tiro del conflicto. El presidente Saakashvili inició la guerra al ordenar atacar bajo un pretexto la provincia rebelde de Osetia del Sur.[16] Ya su predecesor Eduard Shevardnadze intentó en vano conquistar Osetia del Sur en una sangrienta guerra en 1992. Desde el armisticio negociado entonces, Rusia tiene un mandato oficial de estacionamiento de soldados en el enclave, con el objetivo de vigilar el alto el fuego.[17] Saakashvili declara oficialmente que, justo antes del ataque, un nuevo contingente de tropas rusas había penetrado en Georgia, y que su orden de ataque no fue sino un acto de legítima defensa. Un año más tarde se comprobó que esta afirmación era falsa.

El informe de la investigación, de más de mil páginas, que reúne una multitud de análisis, documentos y testimonios recogidos por la diplomática suiza Heidi Tagliavini con ayuda de más de veinte expertos militares y legales y numerosos defensores de los derechos humanos, fue encargado por la Unión Europea y presentado oficialmente en 2009. Sus conclusiones dejan al desnudo la falsedad de las coartadas de los dirigentes georgianos. «No hubo ninguna agresión armada por parte de Rusia antes del inicio de la operación militar georgiana», constata el informe. La acusación de Georgia en el sentido de que «antes del ataque» existía un gran número de soldados rusos en Osetia del Sur «no se ha podido demostrar». Y lo mismo sucede con la afirmación de que «era inminente un ataque ruso».[18] Los expertos de la Unión Europea acusan a ambos bandos de crímenes de guerra durante el curso de los enfrentamientos, pero la cuestión de quién tiró la primera piedra está fuera de toda duda. Tres semanas después del conflicto, el ministro alemán de Exteriores Frank-Walter Steinmeier forzó en el consejo de ministros de la UE la creación de una comisión independiente y la justificó de este modo: «Para el futuro de nuestras relaciones con ambas partes es importante saber qué responsabilidad atañe a cada una».[19]

De acuerdo con el informe, el bombardeo de artillería sobre la capital Tsjinvali por tropas georgianas empezó en la noche de 7 al 8 de agosto, y la refriega se alargó durante cinco días más y se extendió a territorio georgiano con la entrada de tropas rusas. En Osetia del Sur murieron cientos de personas y resultaron heridas más de 1700. Por el lado ruso perdieron la vida 67 soldados, según cifras oficiales. El número de refugiados se elevó a más de 100 000. La arriesgada apuesta política que Saakashvili se empeñó en forzar, a pesar de las advertencias que le llegaron incluso desde el lado americano, costó la vida a aproximadamente 200 soldados y policías georgianos. «El conflicto tiene hondas raíces en la historia de la región», resume la comisión de investigación, y fue «la culminación de una escalada de tensiones y provocaciones». Una culminación aparentemente muy bien preparada.

La noticia del ataque alcanza a Vladímir Putin en Beijing, poco antes de la inauguración de los Juegos Olímpicos. Las declaraciones del primer ministro ruso, que ha cedido el cargo de presidente tres meses antes a Dmitri Medvédev, son de una claridad meridiana. «Georgia ha iniciado un ataque militar con armas pesadas, artillería y blindados», anuncia en una rueda de prensa convocada apresuradamente. «Es un suceso muy triste que va a provocar represalias».[20]

En las próximas horas hablará con George W. Bush, que también ha acudido a la ceremonia de los Juegos Olímpicos. «Nos encontramos en el estadio», recuerda Vladímir Putin. «Y tuve la sensación de que Washington no haría nada por frenar el conflicto. Se había equivocado de asesores». La respuesta oficial de Bush llega a través de un mensaje televisivo del presidente norteamericano. Le ha dejado muy claro a Putin que la escalada de violencia no es aceptable, y el vicepresidente añade en Washington que la violencia rusa contra Georgia «no debe quedar sin respuesta».[21]

Justo después de la ceremonia inaugural, Putin regresa sin aviso previo y aterriza esa misma noche en Vladikavkaz, junto a la frontera de Osetia del Sur. La televisión muestra a un primer ministro con gesto decidido, que visita campos de refugiados, habla con los generales rusos y tranquiliza a los heridos en el hospital. Tareas que en realidad corresponderían al presidente Medvédev. El ejército ruso realiza ataques aéreos contra las tropas enemigas e invade Georgia con blindados. En pocos días, Saakashvili firma un acuerdo de paz negociado por el presidente francés Nicolas Sarkozy en nombre de la UE.

Washington no ha intervenido militarmente. Tras su regreso a la Casa Blanca, Bush se limita a sentenciar enérgicamente que Rusia se arriesga a perder su lugar «en las estructuras políticas, económicas y de seguridad del siglo XXI»,[22] y anuncia además que dos aviones militares transportarán mantas y alimentos en conserva a Tiflis. Mientras tanto, Saakashvili proclama en el bulevar Rustaveli, entre las aclamaciones de miles de partidarios «nuestro adiós a la Unión Soviética».[23] Junto a él, se suman al coro el presidente de Polonia Lech Kaczyński y los jefes de Estado de Lituania, Letonia y Estonia, que han acudido a su llamada a la capital georgiana. Pero esto a Bush ya le resulta indiferente. Esos países apoyan a Saakashvili y todavía tienen cuentas pendientes con la antigua Unión Soviética, que esperan saldar. Pero la jugada fracasa.

«¿Qué otra cosa podíamos hacer sino responder militarmente? ¿Limitarnos a limpiar las manchas de sangre y pasearnos con cara de pena?», pregunta retóricamente Vladímir Putin más tarde. Mientras estaba en Beijing, vio la televisión occidental para saber qué reacciones había provocado el ataque georgiano. «Ninguna condena, nada, como si no hubiera pasado nada en absoluto. Era todo culpa nuestra y nada más». De nuevo se confirma que solo puede confiar en su propia fuerza. El 26 de agosto, poco después del conflicto, la embajada americana en Moscú envía a Washington un cable calificado como «confidencial», una valoración de las últimas semanas, destinado a la CIA y al Departamento de Estado.[24] En él se lee el mismo tipo de comentarios que se intercambian esos días por Moscú en las recepciones de los diplomáticos, ante una copa de vino. Como de costumbre, se habla sobre todo de personas y no tanto de las causas de la guerra ni de los intereses contrapuestos que originan el conflicto. El contenido informativo es muy escaso.

«Medvédev se quedó paralizado cuando estalló el conflicto. Ushákov, el asesor en política exterior de Putin, le contó al embajador alemán que Putin estaba enormemente preocupado por el error de Medvédev de no mostrar determinación inmediatamente el 8 de agosto. Putin intervino varias veces por teléfono desde Beijing. [...] Cuando el conflicto se enfrió y Medvédev negoció el armisticio junto con el presidente francés, [...] la situación se volvió a equilibrar, aunque los franceses nos han contado que Putin estuvo presente en el encuentro. [...] Después del conflicto con Georgia, nadie duda que Putin es el número 1 del sistema político».[25]

El comentario del político Vladímir Putin ante relatos de este tipo tampoco resulta nada sorprendente: «La decisión de invadir fue una decisión del presidente. Sin la orden del presidente Medvédev, no se habría movido ni un solo tanque». En el ámbito oficial, Putin valora la etiqueta.

El año del conflicto de Georgia determina el patrón de comportamiento de los siguientes años: compromisos públicos, desencuentros privados. Todo desemboca en 2014 en la crisis de Ucrania. Los dirigentes políticos mundiales no cesan de airear su mutua comprensión, pero al mismo tiempo denuncian sin descanso que el comportamiento del otro es intolerable. Angela Merkel no tarda en darse cuenta de que el rumbo de confrontación de Saakashvili es peligroso. Pero aun así sigue el ejemplo americano, con pequeñas correcciones cosméticas. Comparte las líneas fundamentales de la política exterior norteamericana desde el inicio de su carrera política y no está dispuesta a iniciar una discusión real sobre los intereses alemanes y estadounidenses. Una actitud que mantendrá invariable también con el sucesor de Bush. En el verano de 2015, en la cumbre del G-7 celebrada en el palacio de Elmau, repite al lado de Barack Obama su imperturbable mantra del pasado: los estadounidenses son «un socio tan importante que cooperamos estrechamente con ellos porque nos interesa a ambos, porque lo queremos así y porque compartimos valores».[26] A principios de abril de 2008, cuatro meses antes del estallido de la guerra, el tono no era muy distinto.

SOLUCIÓN Y FALSA SOLUCIÓN

Esa tarde, la tradicional cena de la cumbre de la OTAN en el monumental palacio de Ceauşescu en Bucarest dura más de lo previsto. La propuesta de George W. Bush de admitir a Ucrania y Georgia por la vía rápida en la alianza militar tropieza con la resistencia entre los Estados miembros. Francia y Alemania están en contra, Italia y los países del Benelux se suman a esa postura. Según argumentan los jefes de Gobierno, en el caso de Ucrania hay que tener en cuenta que la mayoría de la población no desea un acercamiento a la OTAN, de modo que la propuesta podría poner en peligro al Gobierno. En ambos países la situación es demasiado inestable, y además no conviene indisponerse con Rusia, aduce el ministro de Exteriores alemán Frank-Walter Steinmeier llamando la atención de los presentes sobre el punto de vista de Moscú.[27] Putin se convierte durante unas horas en el protagonista del acalorado debate. La discusión se alarga y se vuelve cada vez más áspera. «Occidente» ha crecido, y en consecuencia los intereses han cambiado. Polonia y los Estados bálticos interpelan a Angela Merkel, desean la ampliación de la OTAN, sacan a colación el pasado alemán y la obligación moral que comporta. «Los europeos del Este adoptaron un tono exaltado», recuerda la ex secretaria de Estado Condoleezza Rice. «Por desgracia llegaron casi al extremo de dar las gracias a los alemanes por sus acciones de los años treinta y cuarenta».[28]

Bush también está irritado. La proposición solo puede aprobarse por unanimidad. Quiere culminar su era con un gesto memorable, que pase a los libros de historia americanos como un hito de la lucha contra el «Imperio del mal». No va a echarse atrás por el rechazo de unos cuantos países europeos.[29] Las dudas y reservas no le son nuevas, se las ha formulado Merkel en varias conversaciones previas por videoconferencia. Ha tomado nota de ellas, pero la resistencia le parece insignificante. Cuando, después de la cena, se redobla la presión, la pragmática Angela Merkel se ve obligada una vez más a retroceder de la manera acostumbrada. La canciller quiere evitar un choque de convicciones.

Su propuesta consiste en que ambos países ingresen en la organización, pero después de un periodo de reflexión. La rutina merkeliana de prestar más atención a los titulares del día siguiente que a los contenidos, da resultado. La NATO decide también el ingreso de Croacia y Albania y da luz verde discretamente a otro proyecto predilecto del presidente saliente: un escudo antimisiles a las puertas de Rusia . «Vuelvo a casa muy satisfecha», afirma la canciller en su declaración final y sale hacia el aeropuerto.[30] La sutil diferencia entre ahora o algo más tarde, que Merkel ha planteado de modo tan convincente para el ingreso en la OTAN de Georgia y Ucrania se celebra en Alemania como una victoria local.[31] Es una formulación afortunada para el momento y para la diplomacia. Pero no se refleja en el comunicado final.[32]

La disputa en torno a la fecha exacta no altera la esencia del asunto, que se contempla con desconfianza desde Moscú. Se trata de una decisión de programática de la Alianza, y en ese sentido ha quedado claramente definida. «La OTAN celebra las aspiraciones euroatlánticas de Ucrania y Georgia, que desean incorporarse a la Alianza. Hoy hemos decidido que esos países ingresarán en la OTAN. Ambas naciones han realizado valiosas contribuciones a operaciones de la Alianza». Eso es lo que afirma el punto 23 del comunicado, y exactamente así es como lo entiende Rusia.[33] «En sus 59 años de historia, nunca la Alianza se había comprometido de este modo», comenta el *Frankfurter Allgemeine Zeitung*.[34]

Putin ha sido invitado a la clausura de la conferencia y se le ha concedido el honor de pronunciar un discurso. Cuatro semanas atrás, durante una visita a Moscú, Angela Merkel le ha hecho notar que, por supuesto, él no tiene voz ni voto en la cuestión de quién puede ingresar en la OTAN, y de paso le ha repetido por enésima vez que la expansión de la Alianza hacia el Este no constituye en absoluto una amenaza para Rusia. Putin se ha reservado la respuesta oficial para el discurso de Bucarest. El tono que emplea ante la asamblea de jefes de Gobierno es moderado, pero el mensaje no deja lugar a dudas: «No tenemos derecho a veto ni pretendemos actuar como si lo tuviéramos. Pero sí queremos que todos ustedes sean conscientes de una cosa: nosotros también tenemos intereses. En Ucrania viven actualmente cerca de 17 millones de rusos». Alude con énfasis a la presencia de la flota rusa del Mar Negro en Crimea y avisa a los estrategas presentes de que una ampliación de la OTAN significaría la desestabilización de Ucrania. Y pregunta por qué, en estas circunstancias, Rusia no habría de remitirse a sus propios intereses.

«No basta con proclamar que todo esto no representa una amenaza para nosotros», continúa. «La seguridad nacional no se construye sobre promesas. Sobre todo, porque ya hemos oído promesas parecidas antes de otras oleadas de ampliación de la OTAN». Y añade: «La creación de un potente bloque militar ante nuestras fronteras se contemplaría en Rusia como una amenaza directa a la seguridad de nuestro país».[35]

A continuación, en señal de buena voluntad, accede a un acuerdo de tránsito que permitirá a la OTAN transportar mercancías por territorio ruso hacia Afganistán en el marco de la «lucha contra el terrorismo».

La noche siguiente recibirá a George W. Bush en su residencia veraniega de Bochárov Ruchei, en Sochi. Será el último encuentro de los dos políticos en su rol presidencial. Un mes después, Vladímir Putin ocupará el sillón de primer ministro. Quiere presentarle a su sucesor Dmitri Medvédev y volver a hablar sobre el plan de despliegue de misiles en Europa del Este. A la mañana siguiente, a orillas del Mar Negro, se escenifica la nostálgica despedida de dos hombres que se han entrevistado más de veinte veces durante su mandato, que sienten una cierta simpatía mutua a nivel personal, que han debatido en torno a numerosos problemas políticos y han coincidido pocas veces, aunque Vladímir Putin se sintió más cómodo con la retórica de cowboy de Bush que con el lenguaje comedido de su sucesor Barack Obama. Las posiciones divergentes de «los dos viejos fajadores», en jovial expresión de Bush, no se mueven ni un ápice pese a la declaración oficial que anuncia un futuro «marco estratégico» común ruso-americano, aun cuando la parte estadounidense hable de avances significativos en las negociaciones sobre el escudo antimisiles.[36]

«Creo poder afirmar que se trata de un paso adelante muy significativo», afirma el presidente de EE. UU., empeñado en imprimir a este acto de despedida el brillo de un acontecimiento histórico. Vladímir Putin se muestra afable, habla de la sinceridad y franqueza de Bush y recalca que «ha valido la pena». Sin embargo, discrepa en lo que se refiere al contenido de la conversación. «No es una cuestión de lenguaje, de jerga diplomática ni de encontrar la formulación correcta. Se trata de la esencia del asunto», afirma, aludiendo a los intereses rusos. «Lo voy a decir muy claro: nuestra postura de principio respecto a los planes americanos no ha cambiado». El resto es un intercambio de cumplidos trufado de lirismo tejano. «En la política hay muchas personas que te miran a los ojos y te dicen cosas que no piensan de verdad», responde Bush como despedida ante la prensa reunida. Luego se gira hacia Vladímir Putin y continúa: «En cambio, él te mira a los ojos y te dice lo que piensa. Entre hombres, esa es la única manera de encontrar un terreno común».[37] Pero el terreno común ya se ha perdido de vista.

En respuesta a los planes de ampliación de la OTAN, Vladímir Putin reforzará su apoyo a Osetia del Sur y Abjasia. Es una de sus últimas disposiciones como presidente, al final de su segundo mandato. En julio, la secretaria de Estado norteamericana Condoleezza Rice comparecerá públicamente en Tiflis junto al presidente georgiano Saakashvili y se comprometerá a seguir promoviendo en el futuro un rápido ingreso del país en la OTAN, pese a que, como cuenta el *New York Times*, anteriormente le ha exhortado a puerta cerrada a evitar las provocaciones.[38]

Cuatro meses después de la resolución de la OTAN en Bucarest, Saakashvili da finalmente la orden de atacar Osetia del Sur y demanda a EE. UU. el retorno del contingente georgiano que lucha en Oriente Medio bajo mando estadounidense y que le ha servido como boleto de entrada para la amistad transatlántica. En la mañana del 8 de agosto, John F. Tefft, el embajador norteamericano en Tiflis, envía un mensaje urgente a Washington. «A las 4, el consejo nacional de seguridad de Georgia ha solicitado el retorno de 1000 soldados georgianos desplegados en Irak dentro de las próximas 24 horas». Saakashvili, añade, ha decretado la movilización general en el país. Acusa a Rusia de «una abierta agresión y pide auxilio a la comunidad internacional».[39]

La valoración de Vladímir Putin sobre el periodo presidencial y la política del presidente Bush respecto a Rusia es negativa. «Por lo visto tenía que hacer lo que América esperaba de él, y por desgracia no había escogido los mejores asesores».

Ese mismo año, Rusia iniciará una profunda reforma militar. Dos años después, el presidente georgiano Saakashvili perderá las elecciones parlamentarias y se exiliará en EE. UU. en 2013. «Su pueblo acabó odiándolo tanto como había odiado al presidente Eduard Shevardnadze, al que él derrocó»: así resume Der Spiegel la marcha al exilio autoimpuesto del antiguo portador de esperanza.[40] Las autoridades de su antiguo país han emitido una orden de detención contra él por prevaricación.

Saakashvili empezó hace tiempo a implicarse en las manifestaciones del Maidán en el país vecino. En el verano de 2015 renunció a la nacionalidad georgiana. Petró Poroshenko, el presidente en ejercicio de Ucrania desde junio de 2014, concede a su amigo Saakashvili la nacionalidad ucraniana y lo nombra gobernador regional de Odessa, la ciudad portuaria del Mar Negro. Desde ese momento, el nuevo mandatario compara la guerra en el Este de Ucrania con la antigua guerra de Georgia. Volverá a ser objeto de críticas en su antiguo país al haber alentado a los soldados georgianos a ponerse al servicio del ejército ucraniano para luchar en el Donbass contra los separatistas prorrusos.[41]

Ahora, por expreso deseo del Gobierno central ucraniano, va a volver a convertirse en azote de separatistas, como ya hizo en Georgia. No solo en la zona de Odessa, donde vive un gran número de rusófonos, sino también en la vecindad. Esta vez se trata de Transnistria, una estrecha franja encajada entre Moldavia y Ucrania, no muy lejos de Odessa. Transnistria es leal a Moscú. Los aproximadamente 500 000 habitantes de la región votaron en 1992 a favor de la permanencia en Rusia, y hasta ahora han venido recibiendo suministros a través del puerto de Odessa y una ruta terrestre que atraviesa Ucrania. Un conflicto congelado, como se denomina en el lenguaje diplomático. Coincidiendo con la toma de posesión del nuevo gobernador, el presidente Poroshenko cortó por decreto el suministro terrestre, y a Saakashvili no le falta experiencia en la descongelación de conflictos congelados, como demuestran Osetia del Sur y Abjasia. Cuando Vladímir Putin se entera del asunto, reacciona espontáneamente con un gesto entre irónico y sarcástico: se santigua.

18. SOCHI Y EL PODER BLANDO

Cómo Siria y un *whistleblower* dispararon la tensión entre Moscú y Washington

El tren denominado *lastotshka*, golondrina, que esa mañana de diciembre de 2013 se pone en movimiento casi en silencio en la estación recién restaurada de Sochi, tiene cinco vagones rojos y transporta a un viajero ilustre, acompañado de su séquito. Vladímir Putin ha iniciado uno de sus periódicos viajes de inspección, poco antes de los Juegos Olímpicos de invierno. El desplazamiento desde mar a las montañas, hasta Krásnaya Poliana, desde los pabellones de hockey sobre hielo en la llanura hasta las empinadas pistas de esquí, dura cuarenta minutos. El *lastotshka* es uno de los más de treinta trenes suministrados recientemente por una multinacional alemana, y no es la única novedad en Sochi. La Olimpiada solo es una parte del plan.

Vladímir Putin aspira a transformar esta zona venida a menos —una Florida postsoviética a orillas del Mar Negro, famosa por los interminables atascos veraniegos y por los continuos cortes de electricidad y agua en invierno— en una región atractiva para el turismo. Putin pretende convertir Sochi en un escaparate de la nueva Rusia, combinando su pasión por el deporte con un proyecto de *poder blando* que, por un lado, ayude a potenciar el orgullo nacional y, por el otro, si todo sale bien, infunda respeto al resto del mundo. Rusia tiene hasta ahora el récord de medallas en la historia de los Juegos Olímpicos de Invierno.

El presidente está bajo presión, rodeado de ejecutivos responsables de la mayor obra pública del país, con todos los errores de planificación, retrasos y fallos que los proyectos de este volumen llevan consigo, incluida la corrupción. Durante las siguientes horas irá de obra en obra, y en cada una le saldrán al paso las mismas promesas algo inquietantes. Por supuesto, el calendario se está cumpliendo, todo estará listo a tiempo, sin la menor duda, aunque a primera vista no lo parezca… Es lo que tiene el *work in progress.*

Al menos ha caído medio metro de nieve, lo que hace parecer la situación más favorable de lo que posiblemente es en realidad. *Die.*

Por ejemplo, el trampolín de saltos de esquí se ha finalizado con dos años de retraso y con un gasto siete veces mayor que el presupuestado. Eso le ha costado la cabeza al vicepresidente del Comité Olímpico nacional, Ajmed Bilálov. El proyecto corrió a cargo de su empresa de construcción.

Sochi ha presentado su candidatura tres veces y ha fracasado en dos ocasiones. La tercera vez, en 2007, el propio Putin viajó a Guatemala para presentar personalmente, en inglés, la sede rusa para los Juegos Olímpicos de 2014 ante la asamblea general del COI. Y esta vez los rivales de Salzburgo y Pyeongchang (Corea del Sur) tuvieron las de perder.[1]

Este gran evento es un proyecto de prestigio no solo para Putin. Desde la decisión del COI, se ha convertido también en una plataforma ideal para los adversarios del presidente. Cuanto más se acercan los Juegos, más se intensifican los reproches, sobre todo desde el extranjero. Corre de boca en boca la posibilidad de un boicot, así como las consabidas dudas sobre si el Comité Olímpico no será más que un instrumento de promoción para dictadores como Putin (a condición de que los Juegos no se celebren justamente en EE. UU. o en el Reino Unido, claro).[2]

A las críticas justificadas contra el espectáculo multimillonario del Comité Olímpico y las reglas de marketing, al parecer inmutables, que rigen su desarrollo, se suma siempre la larga lista de exigencias a un tiempo moralizantes y utópicas que demandan al COI condicionar la construcción de estadios deportivos a la mejora de las leyes y forma de sociedad de aquellos países con cuya política no estamos de acuerdo. Se trata de los temas usuales en estos casos, como la homofobia o los derechos humanos. Como en Sochi se realizan grandes obras, en este caso se añaden acusaciones de destrucción del medio ambiente y falta de sostenibilidad. Y, finalmente, desde hace poco se ha popularizado la idea de que los Juegos no son seguros, porque terroristas caucásicos de la zona del Daguestán o Chechenia han amenazado con atentados. Washington, siempre prudente, ha emitido una alerta por terrorismo.[3]

Esta batalla ya dura meses. Es la rutina habitual que precede a los Juegos Olímpicos o los mundiales de fútbol, y que en algún momento irrita a Vladímir Putin, pero que en general le produce la misma indiferencia que los demás ejemplos de dramaturgia del gran teatro político internacional. Pero lo que sí le ha afectado ese día ha sido la negativa del presidente de la República Federal Alemana a participar en los Juegos Olímpicos. No es que le sorprenda demasiado. Es bien sabido que el presidente alemán siente una profunda aversión hacia su homólogo de Moscú.[4] Joachim Gauck, viajero infatigable, todavía no ha puesto los pies en la capital rusa. En Berlín tuvo que atender al invitado ruso, como manda el protocolo, cuando Putin visitó la capital alemana un año atrás.

El encuentro fue breve y gélido. El antiguo pastor protestante echó un sermón sobre la falta de derechos humanos en Rusia. Occidente es «una comunidad de valores», y para él Rusia queda fuera del círculo. En el pasado, Gauck nunca ha ocultado su antipatía hacia Putin. El «anticomunista por la gracia de Dios», como lo calificó una vez *Der Tagesspiegel*,[5] promueve una mayor presencia del ejército alemán en todo el mundo y es partidario entusiasta de la OTAN. «Y en este momento en que Estados Unidos ya no tiene la capacidad de aportar siempre más y más, Alemania y sus socios europeos deben asumir una responsabilidad cada vez mayor en su propia seguridad»: esa es su doctrina en política exterior, tal como la enunció públicamente en enero de 2014 en la Conferencia de Seguridad de Múnich,[6] lo cual implica que el presidente alemán tiene su propia política exterior paralela, una atribución que no corresponde a su cargo.

Una parte de su resentimiento hacia Rusia se explica por su historia familiar. El padre de Gauck, oficial de Marina durante la Segunda Guerra Mundial, fue acusado de espionaje en la RDA, condenado en 1951 por un tribunal militar y desterrado a un Gulag soviético. Logró salir de allí en 1955 gracias a los buenos oficios del canciller federal Konrad Adenauer, pero Gauck sigue marcado por el destino personal de su padre,[7] por mucho que la Unión Soviética haya dejado de existir y a Vladímir Putin se le pueda acusar de muchas cosas, pero desde luego no de ser un comunista.

El anuncio de Gauck es el disparo de salida para toda una serie de negativas procedentes de Occidente. Al cabo de unos días continuará el goteo de noticias desagradables. Angela Merkel no estará en Sochi, luego llega la negativa del presidente francés François Hollande y finalmente la de Barack Obama. El presidente norteamericano no enviará a Sochi a ningún miembro de su Gobierno, sino a la legendaria tenista lesbiana Billie Jean King. Se trata de mandar un mensaje. Dos años antes, en Londres, la delegación estadounidense la presidió su esposa Michelle en el papel de *first lady*. Pero, durante su viaje de inspección a bordo de la golondrina roja, Putin todavía no sabe nada del desplante que le están preparando.

A lo largo de 2013, la relación entre EE. UU. y Rusia no ha hecho más que empeorar constantemente. No solo por falta de química entre los presidentes, sino porque los intereses de ambos Estados son diametralmente opuestos. Y poco puede hacer al respecto la nueva secretaria de Estado Hillary Clinton, que, en el primer encuentro con su homólogo ruso, le ofrece un pequeño paquete de parte de Barack Obama, con gran efecto mediático. Pero lo que se escenifica en realidad es el clásico acto fallido freudiano. «Tengo un regalo para usted», afirma la política americana ante las cámaras, mientras entrega a Lávrov el símbolo de su propuesta de volver a empezar de cero las relaciones entre ambos países al inicio del segundo mandato del reelegido presidente norteamericano. Es un objeto de plástico amarillo provisto de un pulsador rojo con la palabra *Reset*. Al lado se lee la supuesta traducción rusa *Peregruska*. El ministro de Exteriores se echa a reír a carcajadas y promete guardar con gran estima el obsequio a pesar de un pequeño error. *Peregruska*, explica Lávrov, «es un error de traducción».[8] Esa palabra significa «sobrecarga».

Realmente profético. El conflicto de Siria mostrará pronto la anchura del abismo existente entre las ideas de Obama y las de Putin. Lo que se inició como pacífica protesta de la población contra un régimen dictatorial dentro del marco de la Primavera Árabe, se convirtió rápidamente, por culpa de la brutal reacción del Gobierno sirio, en una guerra sin cuartel. En el único Estado secular de la región estalla una sangrienta guerra por delegación entre chiitas y sunitas, con financiación a cargo de Arabia Saudí, Turquía y las monarquías del Golfo y armas *made in USA* y *made in Russia*. Finalmente, Siria se convierte en el sueño húmedo de los fundamentalistas islámicos, en el emblema y el modelo de un califato supraestatal con grandes posibilidades de acabar imponiéndose. La lucha inicial por las libertades civiles y contra un sistema dictatorial queda olvidada.

En las primeras conversaciones telefónicas en torno a la crisis, Vladímir Putin rechaza la propuesta de Obama de derrocar a Bashar Al Ásad por medios militares. No es solo a causa de la base naval que Rusia posee en la ciudad siria de Tartus, la única en el Mediterráneo. Y tampoco exclusivamente porque Siria es un socio tradicional de Rusia. Lo que teme, como buen pragmático, es aumentar la desestabilización de la región. Describe así la postura de Rusia: «Ya hemos visto las consecuencias de la guerra de Irak. El desmoronamiento de Siria solo agravará la catástrofe» y remite una vez más a la caída del dictador libio Muammar al-Gaddafi, desde la cual el caos se ha apoderado del país norteafricano.[9]

Además, el presidente ruso no ha olvidado en absoluto el apoyo de los Estados del Golfo a los fundamentalistas islámicos de Chechenia y el Cáucaso. La convicción de Obama de que tras la caída de Ásad se instaurará la democracia en el país y Arabia Saudí y Catar dejarán de apoyar a los fundamentalistas le parece ingenua. A su entender, eso no pondrá fin al enfrentamiento entre los chiitas de Teherán, que apoyan a Ásad, y los sunitas de Riad, que pretenden expulsarlo del poder.

«No me siento comprometido con Ásad», insiste, mientras rechaza por miope la obsesión por derrocar al presidente sirio. Solo le parece realista un Gobierno de transición que incluya al actual mandatario y a la oposición. Desde el punto de vista de Putin, no tiene sentido ignorar a Bashar al-Ásad, debido a su alianza con Irán y a la necesidad de contar con su apoyo militar para frenar el avance fundamentalista en la región. Durante unos meses da la impresión de que Rusia va a conseguir sacar adelante sus planes. Y, efectivamente, poco tiempo después, a finales de junio de 2012, las cinco potencias con derecho a veto de la ONU acuerdan establecer un Gobierno de transición en Damasco con Ásad como primer ministro. En ese momento, el número de víctimas causado por la guerra civil alcanza las 60 000.[10]

Pero la solución acordada solo es papel mojado. Una semana después, el negociador internacional Kofi Annan anuncia su fracaso personal y el fracaso del acuerdo de Ginebra.[11] En nombre de los «amigos de Siria», entre ellos Arabia Saudí, Catar y Turquía, todos adversarios declarados de Ásad y patrocinadores de la guerra, la secretaria de Estado americana Hillary Clinton da por sentenciado el trabajado consenso alcanzado en Ginebra y exige una solución militar encabezada por el Consejo de Seguridad de la ONU.[12]

Al anunciar su retirada como enviado especial de la ONU para Siria, el ex secretario general de la ONU Kofi Annan no deja pasar la ocasión de criticar duramente a EE. UU.: «Si se pone como condición para las negociaciones la retirada de Ásad, es imposible sentar a la gente a una misma mesa. Estaba claro que él no lo aceptaría».[13] Ásad seguirá en el poder durante años.

SNOWDEN Y LA CUESTIÓN DE LA SINGULARIDAD

El Consejo de Seguridad de la ONU se negará a extender el deseado cheque en blanco para una solución militar. China y Rusia están en contra. Y, dado que Siria posee un gran arsenal de armas químicas, Barack Obama anuncia por adelantado que, en caso de que el régimen de Ásad haga uso de ellas, considerará que «se ha cruzado una línea roja». Por el momento, afirma, no ha ordenado ninguna intervención militar.[14] En los meses siguientes, Barack Obama y Vladímir Putin no logran ponerse de acuerdo, a pesar de las continuas conversaciones telefónicas. Ya nadie habla del *reset*, el supuesto intento de volver a empezar desde cero las relaciones entre Rusia y América. El conflicto se agudiza y prosigue la escalada, al mismo tiempo que crece la antipatía mutua entre los dirigentes.

«Al menos Obama se pronunció en contra de boicotear los Juegos Olímpicos de Sochi», comenta Vladímir Putin durante nuestra conversación en el tren. «A diferencia del presidente Jimmy Carter, cuando EE. UU. boicoteó los Juegos Olímpicos de Moscú en 1980». Las tropas soviéticas habían invadido Afganistán para apuntalar al Gobierno comunista de Kabul contra los muyahidines islámicos, y EE. UU. organizó el boicot olímpico como represalia internacional. También Alemania renunció a su presencia en las competiciones. Las tropas rusas sufrieron una amarga derrota y abandonaron el país en 1989.

Tras el atentado contra el World Trade Center de Nueva York, la historia se repitió con distinto signo. Ahora fueron las tropas americanas las que invadieron Afganistán junto con sus aliados de la OTAN y declararon la guerra al régimen fundamentalista de los talibanes. Hoy EE. UU. y la OTAN, tras cuantiosas pérdidas, han retirado a la mayor parte de sus soldados y han impuesto un Gobierno pro-occidental que dispone de un reducido margen de maniobra. La guerra sigue tan viva como antes, y las posibilidades de que el Gobierno sobreviva son escasas.

Putin todavía no sabe que Merkel y Obama no acudirán a los Juegos Olímpicos de invierno. El tren especial que transporta al presidente ha dejado atrás la llanura costera y avanza en dirección a las montañas y al estadio de biatlón, en paralelo a la autovía casi finalizada, una de las inversiones más caras del proyecto olímpico 2014.

Por un lado, Vladímir Putin considera a Barack Obama demasiado ingenuo —algo que, por supuesto, jamás afirmaría en público—, y por el otro recuerda continuamente a los radicales del Consejo Nacional de Seguridad ruso que no es posible prescindir de EE. UU. Tras las experiencias de este 2013, ha vuelto a rebajar sus expectativas de que EE. UU. suavice un poco sus posiciones. En los últimos meses, los desencuentros con el presidente norteamericano han seguido menudeando, por ejemplo en la cumbre del G8 celebrada en Irlanda del Norte.

Retrato de grupo con señora en junio, medio año antes de la visita relámpago a las obras olímpicas: la congregación de líderes de las principales naciones industriales sonríe con desgana ante las cámaras de los fotógrafos. Las negociaciones en el *resort* de golf irlandés de Lough Erne, a cuarenta kilómetros de Belfast en helicóptero, no rebosan precisamente cordialidad. Barack Obama ha agravado el conflicto con Vladímir Putin y ha anunciado previamente su intención de facilitar armas oficialmente a los enemigos del presidente sirio Bashar al-Ásad. Ahora espera que los jefes de Estado y de Gobierno de las ocho principales naciones industrializadas hagan lo propio. Según Obama, Bashar al-Ásad ha utilizado gas venenoso contra las fuerzas de la oposición. Putin, por su parte, atribuye la acción a fundamentalistas islámicos empeñados en provocar una intervención militar occidental.[15]

No hay duda de que se ha usado gas venenoso. Lo único que no está demostrado es la autoría del hecho, a pesar de las numerosas crónicas periodísticas que atribuyen la acción a uno de los bandos. En su informe de investigación recién concluido, los expertos de la ONU afirman: «Las pruebas de que se dispone no permiten determinar el producto químico ni el sistema de lanzamiento utilizados, y tampoco identificar a los autores. En Siria, el Gobierno y la oposición se acusan mutuamente de utilizar gas venenoso».[16]

Europa está dividida. El primer ministro David Cameron querría sumarse a la iniciativa americana, pero el estado de opinión en el Reino Unido lo desaconseja. Angela Merkel no está interesada en intervenir militarmente en Siria. El área de combate se ha amplificado y se extiende progresivamente a Irak. Los participantes en la conferencia tienen todavía frescas en la memoria las pruebas falsas que EE. UU. se sacó de la manga unos años antes para justificar la invasión de Irak. En el comunicado final solo se alude a Siria con una formulación vaga: es necesario impulsar sin demora un Gobierno de transición provisto de capacidad de maniobra en el país, azotado por la guerra civil. Sin embargo, el modo de conseguirlo es un misterio sobre el que no es posible averiguar nada por más atentamente que se lea el documento.[17] El número de muertos asciende ya a 100 000. Al final, las dos partes hacen las afirmaciones rutinarias habituales ante la falta de acuerdo.

«Hemos hablado de Siria. Por supuesto, no estamos de acuerdo», anuncia Putin en la rueda de prensa común, «pero coincidimos en la intención de poner freno a la violencia, romper la espiral de brutalidad y explorar las posibilidades de una solución pacífica».

«En lo que respecta a Siria», anuncia el presidente norteamericano, «tenemos visiones divergentes del problema». Sin embargo, naturalmente seguiremos cooperando en distintos ámbitos por el bien de ambos Estados. Además, está deseando que empiecen los Juegos Olímpicos de Sochi. Pocas veces el lenguaje corporal ha reflejado la distancia emocional entre los dos políticos con tanta claridad como durante la retransmisión en directo de ese día.[18]

Por supuesto, si la cumbre resulta sumamente incómoda y embarazosa para Barack Obama y el anfitrión David Cameron, no es solo debido a la cuestión siria. Antes del inicio del encuentro, los medios informan de modo extenso y detallado de que, durante la reciente conferencia del G20 en Londres, los servicios secretos británico y americano captaron y leyeron sistemáticamente las conversaciones telefónicas y correos electrónicos de los políticos allí reunidos, desde el ministro de economía turco hasta el entonces presidente ruso Medvédev. 45 analistas se dedicaron día y noche en exclusiva a averiguar quién hablaba con quién y sobre qué asunto. Y no se trata de un patinazo aislado del anfitrión o de Washington, sino de una operación rutinaria de gigantescas dimensiones llevada a cabo durante décadas.[19]

Las revelaciones se suceden durante días. El descubrimiento del espionaje electrónico durante la última gran cumbre política mundial ensombrece visiblemente el ambiente durante la conferencia actual. Desde luego, lo que llama poderosamente la atención no es el hecho de que los espías se dediquen a hacer su trabajo, sino sobre todo la magnitud de la operación, que se revela ahora por primera vez.

Las pruebas proceden de la colección electrónica de datos reunida por Edward Snowden, que hace unos días ha puesto a disposición del *Washington Post* y el periódico británico *The Guardian* la documentación que ha recopilado durante años desde su puesto de técnico informático de la National Security Agency (NSA). Para esta agencia, la revelación del modo en que el servicio secreto norteamericano compila y almacena datos de políticos y empresas extranjeros es la peor de las pesadillas. Se trata del peor accidente imaginable para un servicio de inteligencia que opera a nivel mundial, y todavía genera titulares. Unos días después de la cumbre, el ex agente de la CIA Edward Snowden, un joven de aproximadamente treinta años, volvió a aparecer en público tras una odisea que lo llevó desde la delegación de la NSA en Hawái hasta Hong-Kong y, finalmente, a la zona de tránsito del aeropuerto moscovita de Sheremétyevo.

«El jefe de mi servicio secreto me llamó y me dijo que Edward Snowden estaba de camino hacia Moscú con la intención de hacer escala y seguir viaje», responde Vladímir Putin al preguntarle cuándo oyó hablar por primera vez de Snowden. «De momento preferíamos ser prudentes. Sabíamos que había trabajado para la CIA». El antiguo agente reveló su identidad tras las primeras revelaciones en Hong-Kong. Desde entonces, EE. UU. empezó a perseguir al *whistleblower* e hizo cancelar su pasaporte a partir de su salida de Hong-Kong. Snowden pidió asilo en más de veinte países, incluida Alemania, y todos se lo negaron. Nadie quería indisponerse con EE. UU.

En las semanas siguientes, Barack Obama llamará a Vladímir Putin varias veces para exigirle la entrega de Snowden. Pero Putin se niega. Alega que EE. UU. y Rusia no tienen acuerdo de extradición.[20] De vez en cuando, Putin insinúa, no sin cierta socarronería, que Edward Snowden ha prestado un valioso servicio a la humanidad. Finalmente, el ex agente americano obtiene asilo en Rusia, y desde entonces los servicios secretos occidentales difunden a intervalos regulares la versión de que Snowden es un espía y un traidor que negoció con Rusia el pacto habitual en este gremio: información a cambio de asilo y dinero. Un reproche que Edward Snowden rechaza con la misma regularidad como mera calumnia.[21]

Tras la cumbre de Irlanda, la canciller Angela Merkel se entera de que también su móvil ha sido monitorizado por el servicio secreto americano. «El espionaje entre amigos es inconcebible», proclama indignada la canciller durante un breve tiempo,[22] plantea un acuerdo de no espionaje con EE. UU. que al final queda en nada y, por lo demás, guarda silencio.

Durante una llamada telefónica, Barack Obama le garantiza una especie de inmunidad electrónica personal y le asegura que él no sabía de todo este asunto, por lo menos en lo que respecta a Merkel. El presidente estadounidense promete que estas cosas no se repetirán en el futuro. La promesa no se hace extensiva a otros políticos o empresas alemanas.

Pero hay un dato que en ese momento Angela Merkel todavía no conoce: la NSA también escuchó conversaciones de sus predecesores Gerhard Schröder y Helmut Kohl. «La lista incluye en total 56 números, una docena de los cuales siguen perteneciendo hasta ahora a personas del entorno más cercano a Merkel. Entre ellos están también los teléfonos de contacto de su secretaria y confidente Beate Baumann, del jefe de la oficina del canciller Peter Altmaier y del secretario de Estado responsable de la coordinación de los servicios secretos, Klaus-Peter Fritsche»: así describe el *Süddeutsche Zeitung* en julio de 2015 la vastísima operación, dada a conocer por la plataforma de revelación de información confidencial Wikileaks. «El presidente del grupo parlamentario de la CDU/CSU, Volker Kauder, aparece con la denominación "Parl Merkel Advisor Kauder"».[23] El servicio secreto americano también dispone de completa información sobre las conversaciones de trabajo que tienen lugar en la cancillería. «La lista también contiene varios números de los departamentos 2, 4 y 6 de la cancillería. Son los correspondientes a las áreas de política exterior y de seguridad, política económica y financiera y control del Bundesnachrichtendienst».

Desde entonces está en marcha en el edificio del Reichstag una comisión de investigación parlamentaria que analiza la estrecha cooperación entre el Bundesnachrichtendienst y la NSA. Los parlamentarios han descubierto que la NSA tenía la capacidad de realizar sin control alguno búsquedas propias o introducir números de teléfono y direcciones de correo electrónico en los ordenadores del servicio secreto alemán. Por lo que se ha averiguado hasta el momento, la cooperación se ha extendido en numerosos casos a aspectos prohibidos por las leyes alemanas. También François

Hollande, el presidente francés, conocerá más adelante que sus conversaciones telefónicas y las de sus predecesores al frente de la *Grande Nation* y el Gobierno francés eran escuchadas, y no solo durante las cumbres internacionales, sino de manera rutinaria. Lo mismo sucede con varios organismos de la Unión Europea en Bruselas.[24] Para el presidente americano, estas revelaciones representan un contratiempo evidente.

Una semana después de que Putin decida conceder asilo al *whistleblower* Edward Snowden, Barack Obama cancela un encuentro con él previsto para septiembre de 2013. Desde el fin de la Unión Soviética, ningún presidente había hecho saltar por los aires una reunión cara a cara de este tipo. Para justificar el agravio alega que en este momento no hay nada productivo de que hablar. En cambio, el presidente estadounidense asegura que sí asistirá a la próxima cumbre de los Estados del G20, que se celebrará a principios de septiembre en San Petersburgo.[25] Desde la East Room, la sala de la primera planta de la Casa Blanca reservada a solemnidades, Obama explica, bajo el retrato de George Washington, que en el fondo no tiene ningún problema con Putin. En el fondo. Sus relaciones no son tan malas, asegura, y a continuación echa leña al fuego. «He animado al señor Putin a pensar más hacia delante y menos hacia atrás. Sin grandes resultados». Con Dmitri Medvédev no tuvo esa clase de problemas; de hecho, lograron «muchos progresos». «A veces, los rusos recaen en la manera de pensar de la Guerra Fría», remacha, antes de mencionar el verdadero motivo de la cancelación. Está decepcionado de que Rusia no haya entregado a Edward Snowden a EE. UU.[26]

Vladímir Putin entiende esta alocución tal como pretende Obama: como acto de revancha y bofetada pública. Snowden ha echado por tierra la ostentosa pretensión norteamericana de superioridad moral. El presidente ruso replica por medio de unas lacónicas declaraciones de su asesor en política exterior Yuri Ushákov desde Moscú: al parecer, EE. UU. no está dispuesto a «construir una relación en pie de igualdad».[27]

Putin sabe que Barack Obama no puede resolver el conflicto de Oriente Medio sin Rusia. No es ninguna novedad que los Estados Unidos reclamen para sí una posición de privilegio basada en su ambición de dominio mundial y su supremacía militar. Pero Putin tiene la firme convicción de que América ya no es el ombligo del mundo, porque en el planeta están cristalizando lentamente varios centros de poder como China, India o Brasil. Y, en un mundo multipolar, cada uno defiende sus intereses con uñas y dientes. Él mismo y toda Rusia han vivido en su propia carne lo que significa un corrimiento de poder. Pragmático, apuesta por el largo plazo, y sabe que en la vida siempre hay ocasión de volver a encontrarse. De hecho, el próximo encuentro está fijado para dentro de cuatro semanas.

CON NOSOTROS O CONTRA NOSOTROS

Lo que en los próximos días afectará más a Putin que la escaramuza con la Casa Blanca es la muerte de Anatoli Rajlin, un referente esencial de sus primeros tiempos. Le duele profundamente la pérdida del mentor de sus años mozos, el hombre que le enseñó judo y que lo entrenó durante una década. «Para mí el deporte era fundamental: me disciplinaba, me motivaba, me forjaba. Desarrollas el instinto de lo que es importante o no en cada situación»: Así recuerda Vladímir Putin las experiencias de aquella época. «No sé lo que habría sido de mí sin el deporte». Putin practica deporte regularmente desde hace más de cincuenta años, lo tiene incluido de manera irrenunciable en su agenda diaria y no es raro que haga esperar a una visita si a esa hora tiene que entrenar. Cuando llega a la presidencia por primera vez, hace buscar a Anatoli Rajlin para que asista a la celebración de la investidura. La policía acaba encontrándolo en un hotel y lo traslada de inmediato al Kremlin. Anatoli Rajlin estaba de viaje con un grupo de jóvenes para participar en un torneo. Catorce años después, los Juegos Olímpicos de Sochi han representado para el amante del deporte Vladímir Putin también el cumplimiento de un sueño personal de su juventud.

El funeral por el entrenador en la iglesia de San Petersburgo —rodeado de los envejecidos compañeros de entrenamiento de antaño, con algunos de los cuales Putin todavía mantiene amistad— evoca el recuerdo de las otras etapas, anteriores y mucho menos publicitadas, de su vida. Del mundo de los patios interiores y de las incontables horas de entrenamiento, las esterillas de tatami empapadas de sudor en pabellones llenos de corrientes de aire, los innumerables fines de semana en los que viaja con el equipo de torneo en torneo y refuerza su autoestima juvenil. Llegará a ser campeón de San Petersburgo. Ráfagas de pasado a años luz de distancia de las futuras cumbres llenas de escenografía protocolaria y jugadas tácticas del mundo de la política. Es uno de los raros momentos que lo sobrecogen y en los que sale a la luz la otra cara de Vladímir Putin, la emocional, que normalmente mantiene a buen recaudo. Vladímir Putin se echa a llorar junto al ataúd abierto. Acabado el funeral, se escabulle de los guardaespaldas y camina solo como aturdido por calles desiertas, cerradas al tráfico como medida de seguridad rutinaria para la visita presidencial, seguido por los guardaespaldas poco menos que desconcertados y por una cámara de televisión que capta a la distancia su desolación. Una escena que se diría escrita para un psicodrama.[28]

Palacio de Constantino de Strelna, un pequeño pueblo de las afueras de San Petersburgo. El palacio, con su extenso parque, se alza a la orilla del Golfo de Finlandia. El complejo para recepciones oficiales del Gobierno ruso es un monumento arquitectónico del siglo XVIII que no fue concluido hasta finales del XIX y lleva el nombre del Gran Duque Constantino Pávlovich Románov, primer habitante del palacio y miembro de la familia de los zares. Las limusinas que esa suave tarde de fines de verano aparecen con una cadencia de dos minutos llevando a bordo a los jefes de Estado de los países más importantes con destino a la cumbre del G20, son todas de color negro oficial y llevan al volante chóferes con traje oscuro y una estrella de Mercedes sobre la parrilla delantera. Solo el coche que encara en último lugar la entrada del palacio es diferente. *The beast*, como se denomina coloquialmente al coche del presidente de EE. UU., que se traslada en avión desde la capital americana para estas ocasiones a fin de que el presidente pueda sentirse seguro en tierra extraña, recuerda más a una fortaleza sobre ruedas que a un vehículo de General Motors. El blindado Cadillac número 1 está equipado con utensilios normalmente reservados a las fantasías de James Bond. También el reparto de papeles recuerda a las películas. El presidente va sentado en la parte de atrás, y esta mañana lo conduce una atractiva mujer rubia acompañada de un guardaespaldas sentado en el asiento del pasajero.

La bienvenida de Vladímir Putin a Barack Obama, en la que no falta la sonrisa de rigor para las cámaras, no dura ni medio minuto, y a continuación los políticos desaparecen en la sala de conferencias donde el resto del mundo ya les espera. Esta vez no hay gestos de complicidad, ni una mano sujetando el brazo ni el obligatorio palmeo de hombros entre hombres importantes, como suele suceder en los encuentros de los políticos de altura. En la sala se masca la tensión a la espera del comienzo. Los dos rivales están cerca el uno del otro, separados solo por los presidentes de Australia y Sudáfrica. Vladímir Putin lee las palabras de bienvenida y la agenda de la cumbre con tono frío y rutinario. Obama levanta distraídamente la vista y contempla con gesto desganado los murales del techo y las lámparas de araña. El tema de la cumbre va a ser una vez más la guerra y la paz en Siria.

Esta vez Obama va a ponerse serio; lo ha anunciado ya antes de su llegada, cuando empezaron a circular de nuevo noticias sobre el uso de armas químicas en Damasco. Y esta vez se ha preparado mejor. La Casa Blanca lleva varios días calentando el ambiente, ha transmitido a los periodistas más importantes de la nación la versión oficial de lo sucedido en ese lejano país llamado Siria y les ha suministrado análisis confidenciales de la situación, así como documentos gubernamentales con todos los detalles sobre las masacres.

«El análisis es mucho más detallado de lo habitual»: así describe el *Washington Post* la exhaustiva información recibida. «Sin embargo, faltan fotos, grabaciones u otras pruebas concluyentes que respalden las afirmaciones». A pesar del insinuado escepticismo, la portada del diario prepara a sus lectores para lo que el presidente anunciará al día siguiente —finales de agosto— ante las cámaras. «Más de 1400 muertos en Siria en una ataque con armas químicas», titula el periódico más influyente de Washington.[29] El *New York Times* publica al mismo tiempo el análisis oficial que la Casa Blanca ha facilitado a los periodistas. El periódico, en su comentario, señala al presidente el camino a seguir: *Bomb Syria, even if it is illegal*: Bombardee Siria aunque sea ilegal.[30]

24 horas más tarde, Barack Obama explica la situación al público televisivo desde el jardín de rosas de su residencia oficial de Pennsylvania Avenue: el mundo acaba de contemplar el peor ataque con armas químicas del siglo XXI. «Más de mil personas han sido asesinadas y cientos de niños y niñas han sido gaseados por su propio Gobierno». Por eso ha decidido ordenar una acción militar contra Siria. *No boots on the ground*: sin tropas terrestres, promete el comandante supremo de EE. UU. «Si tomamos este rumbo, el país saldrá reforzado», asegura. Al fin y al cabo, él es «el presidente de la más antigua democracia parlamentaria del mundo».[31]

Esta vez, Obama no va a esperar a los resultados de las investigaciones de los inspectores de armas de la ONU ni a la bendición oficial del Consejo de Seguridad. Ya han llegado al Mediterráneo cuatro destructores norteamericanos equipados con misiles de crucero, listos para la operación militar contra Bashar al-Ásad. Estos cohetes han demostrado su eficacia. Son capaces de volar más de 1500 kilómetros hasta su destino y ya han sido utilizados varias veces en los años anteriores en Afganistán, Irak y últimamente en Libia. Los expertos del Pentágono elaboran una lista de objetivos, que el presidente solo tiene que marcar. Hasta ahora, todo está preparado. Y para cubrirse las espaldas políticamente, antes de despegar hacia San Petersburgo solicita un amplio apoyo doméstico. Ofrece al Congreso la posibilidad de someter a votación la operación, a pesar de que, como recalca, no lo necesita, debido a sus atribuciones presidenciales. Una propuesta arriesgada, como se demostrará pronto.

La acusación concreta del Gobierno es la siguiente: según información recabada por el servicio secreto estadounidense, en la noche del 21 de agosto las tropas de Ásad dispararon cohetes equipados con gas sarín contra algunas zonas de la periferia de Damasco. Más adelante, los inspectores de la ONU confirmarán el uso de esta sustancia de altísima toxicidad. Lo que no aclara el informe de la investigación es quién emitió la orden. «Los cohetes tenían un aspecto verdaderamente profesional», explica el inspector jefe sueco del equipo de Naciones Unidas a la BBC. «Pero carecemos de pruebas que demuestren quién ha sido».[32] Åke Sellström tampoco confirma la afirmación de la organización pro derechos humanos Human Rights Watch de que los proyectiles fueron lanzados desde un campamento de las tropas de Ásad situado a nueve millas, lo que zanjaría definitivamente la cuestión de la autoría.[33] Dos millas serían una estimación aceptable —«two miles could be a fair guess»—, afirma. La ONU ha enviado también expertos en balística. El número de víctimas del inhumano ataque oscila entre 300 y 1500, según el bando al que se pregunte. Pero nadie discute que los muertos se cuentan por centenares.[34]

Unos días más tarde, durante la cena en San Petersburgo, Barack Obama busca apoyo internacional para la operación entre los veinte jefes de Gobierno. Pero muchos vacilan. El anfitrión de la cumbre, Vladímir Putin, se opone frontalmente a la acción militar y exige a los americanos pruebas concretas de sus afirmaciones. Otros jefes de Estado también acogen con frialdad la petición de Obama. Por un lado, les parece perfectamente creíble que fueran tropas de Ásad quienes violaran el tabú internacional. Por el otro, tampoco puede excluirse que se haya tratado de una artimaña de los fundamentalistas islámicos para forzar la intervención de Occidente. Las conversaciones individuales tras la representación de *La Traviata* de Verdi en la clausura de la cumbre tampoco son fructíferas. Algunos quieren esperar al informe de los inspectores de armas de la ONU. Y el primer ministro británico Cameron, que desea ir a la guerra con Obama, no está autorizado. Días antes, el Parlamento de Londres ha descartado categóricamente la prevista intervención armada. Entre los europeos, solo Francia se pone del lado de EE. UU. Incluso la canciller Angela Merkel rechaza una acción militar. Y, desde Roma, el Papa Francisco ha dirigido un mensaje oficial a la cumbre en demanda de una solución pacífica para Siria. «Encuentren una manera de solucionar el conflicto y abandonen el absurdo empeño de imponer una solución militar», pide en una carta abierta.[35]

Barack Obama está atrapado. No es una cuestión moral lo que preocupa al premio Nobel de la Paz. Su especulación doméstica resulta fallida; llegan malas noticias de Washington. Su gente le comunica que la anunciada operación militar no tiene garantizado el éxito ni mucho menos. La estrategia de implicar al Congreso para cubrirse las espaldas se ha convertido en un bumerán. Aunque los congresistas todavía están de vacaciones, los primeros sondeos de la administración descartan una mayoría a favor de la campaña militar de Obama. Los republicanos del entorno de John McCain consideran insuficiente la operación anunciada y reclaman una intervención mucho más amplia para provocar la caída de Ásad. El lema de los halcones del Congreso es *regime change*, cambio de régimen.[36] Después del desastre de Irak, algunos demócratas no quieren volver a oír hablar de operaciones bélicas, en parte también por temor a verse arrastrados a un conflicto para el que no existe una estrategia de salida. Si Obama pierde el apoyo del Congreso, quedará maniatado en política exterior para el resto de su mandato, que ha de durar hasta 2016. Así que la cumbre de San Petersburgo concluye en una victoria fácil para Vladímir Putin.

Poco antes de la clausura del encuentro, al día siguiente, se dirige a Barack Obama en la sala de conferencias del palacio de Constantino e inicia una conversación. Los hombres cogen dos sillas y se retiran a un rincón de la sala. Allí, Putin hace una proposición al presidente de EE. UU. Para deshacer el embrollo, propone que Ásad entregue todo su arsenal de armas químicas a la comunidad internacional para su destrucción. La idea no es nueva; Putin ya presentó el plan hace meses, sin lograr convencer a Washington. Pero ahora esta es la única opción que permite al presidente americano salir del atolladero sin quedar aún más desautorizado y encajar una derrota por parte del Congreso. Barack Obama da su conformidad.

Tres semanas más tarde, el 28 de septiembre de 2013, el Consejo de Seguridad de la ONU aprueba una resolución sobre Siria, por primera vez de forma unánime desde el estallido de la guerra. El texto exige a Damasco la entrega y destrucción de sus armas químicas. Siria coopera, y desde entonces un grupo de expertos trabaja de acuerdo con un ingenioso plan para descubrir los arsenales y transportarlos de modo seguro fuera del país. Como era de esperar, no hay acuerdo en torno a la paternidad de la idea. Según difunden posteriormente fuentes de la Casa Blanca, sin la

amenaza americana de uso de la fuerza jamás se habría aprobado una resolución como esa.[37] Vladímir Putin escoge otra
manera de saborear la victoria. Se dirige directamente a los
estadounidenses.

Unos días después del encuentro en San Petersburgo, el
New York Times publica un artículo del presidente ruso. En el
texto, titulado «Una llamada a la moderación desde Rusia»,
critica por principio la postura estratégica de EE. UU. de
contemplar las acciones militares como continuación normal
de la política por otros medios. «Lo que se dirime en Siria no
es tanto la democracia como un conflicto sangriento entre
distintas religiones, azuzado desde el exterior», escribe. Le
preocupa que en EE. UU. se haya convertido en un hábito
resolver los conflictos internos de otros países por medio
de intervenciones militares. Por esta razón, en el extranjero
los EE. UU. están perdiendo su imagen de modelo ideal
de democracia y son vistos cada vez más como un Estado
«que, conforme al lema "Con nosotros o contra nosotros",
lo apuesta todo única y exclusivamente a la violencia». Para
acabar, envía a los norteamericanos otro recado acerca de
un tema que le irrita desde siempre. Afirmar tener en muy
poca estima la aspiración del excepcionalismo estadounidense, esa creencia tradicional de que América y los americanos, gracias a su historia están llamados a destinos más
altos, por más que no sea Obama el primer presidente que se
ha remitido a esta idea. «Es peligroso hacer creer a las personas que son algo especial», escribe. «Todos somos diversos,
pero cuando reclamemos la bendición de Dios, no debemos
olvidar que Él creó a todos los hombres iguales».[38]

La Casa Blanca está desconcertada. No tanto por el contenido del artículo como por el hecho de que Putin haya
logrado de algún modo colarlo en el *New York Times*. Poco
tiempo después, en un discurso ante las Naciones Unidas,
Barack Obama responde directamente al texto para no dejar
sin réplica la interpretación de Putin, por lo menos de cara a
sus propios compatriotas.

«Yo sí creo que América es algo especial. Entre otras
cosas, porque estamos dispuestos a entregar nuestra sangre
y fortunas no solo por nuestros propios intereses sino por los
intereses de todos».[39]

Vladímir Putin no está solo con su visión de que ciertos estados tampoco encuentran atractiva la tenaz idea de esa exclusividad específicamente americana, y la razón principal es que los americanos, además, reclaman para sí el privilegio de poder determinar también los intereses de todos de acuerdo con el principio «Lo que es bueno para América también lo es para el resto del mundo».

Eso se produjo tres meses antes de nuestro viaje en la Lastotshka, el rojo tren golondrina, y los problemas no se han reducido desde entonces. «Este año han pasado muchas cosas, y nada hace pensar que eso vaya a cambiar», comenta Putin secamente en el camino de vuelta de la ronda de control en Sochi. La inspección de las obras olímpicas en este día de diciembre ha aportado pocas novedades, como estaba previsto, a excepción de nuevas promesas de jefes de obra optimistas que aseguran que todo va por buen camino, y las habituales imágenes televisivas para los boletines de noticias, destinadas a mostrar que el presidente es de fiar y está atento a todo. Muchas cosas no estarán listas hasta el último minuto, pero Putin está seguro de que lo estarán. No habrá catástrofe, como mucho unas cuantas sorpresas desagradables, de las que no pueden evitarse. De regreso a la residencia oficial, sus colaboradores le traen información reciente acerca de otra crisis muy distinta: la situación en Ucrania se complica.

«¿Puede explicarme», me pregunta, poco antes de despedirse, «qué se le ha perdido al ministro alemán de Exteriores en el Maidán?»

Es una pregunta retórica. Vladímir Putin no espera respuesta y se apresura a acudir a la siguiente reunión. Desde la crisis en Kiev, el Consejo Nacional de Seguridad se reúne cada vez más a menudo con los jefes del servicio secreto y el ministro de defensa Shoigu.

19. FRUSTRACIÓN Y LIBERTAD

La dura pugna por Ucrania

Esta tarde, miles de personas se reúnen en el Maidán, la céntrica Plaza de la Independencia de Kiev, para protestar contra el Gobierno, y se agrupan alrededor de hogueras en bidones metálicos para calentarse contra el intenso frío y la frustración. Desde que el presidente Yanukóvich aplazó *sine die* la firma del acuerdo de asociación con la UE después de años de inacabables rondas de negociación, las protestas se han vuelto otras vez masivas. En lugar de un acuerdo solo con la Unión Europea, el Gobierno ucraniano propone crear una comisión común entre la UE, Ucrania y Rusia para gestionar asuntos de intercambio comercial, en lugar de optar de una vez por todas por un solo bando. Bruselas conmina a Kiev a decidirse por Europa o por Rusia. Y Vladímir Putin sigue trabajando para convencer a Ucrania de ingresar en la unión aduanera entre Rusia, Bielorrusia y Kazajistán. Hasta ahora, Rusia es el principal socio comercial de Ucrania. «Las llamadas a acudir al Maidán para exigir la firma del acuerdo van de boca en boca. Se anima a la población a traer ropa caliente, colchonetas, termos con té caliente y víveres para pasar la noche», anota el escritor Andrei Kúrkov en ese día de la negativa gubernamental, el 21 de noviembre de 2013, en su *Diario ucraniano*.[1] Vive a 500 metros del Maidán. La disputa se prolongará durante semanas e irá agudizándose día tras día.

Es la rabia contra «los de arriba» y contra la propia impotencia, contra la pobreza, el paro y la corrupción, y ahora se dirige contra esa negativa del Gobierno, contra el plantón que este le ha dado a la Unión Europea, por más que la firma del acuerdo no hubiera significado que el ingreso en la UE dejase de estar a años luz de distancia. En la Plaza de la Independencia, Europa es un sueño persistente de bienestar y orden, la promesa de un futuro diferente en lugar de las penalidades y estrecheces del día a día. Y hay facturas políticas cuya fecha de pago ya ha vencido hace tiempo. El Estado se encuentra al borde de la bancarrota. Pero lo que mueve a esa gran masa de personas en estos días de otoño avanzado a acudir al Maidán para hacerse oír no es solo la esperanza de un futuro mejor, sino también la indignación por la brutalidad policial de los días anteriores.

Desde los últimos enfrentamientos, la plaza está blindada, vigilada por centinelas de la revolución. Una estricta y detallada organización y una compleja logística garantizan que cada día lleguen a Kiev en autobús más y más manifestantes procedentes de las provincias. Fundamentalmente desde Ucrania occidental, y no tanto desde la zona oriental del país, por ejemplo de lugares como Donetsk, Járkov o Crimea.[2]

El cuartel general, la cantina y el dormitorio están alojados en el cercano edificio de los sindicatos y en el ayuntamiento. La resistencia ya está organizada al estilo paramilitar. Hay hileras de tiendas militares, algunas con el rótulo «Punto de reclutamiento de voluntarios», y un comandante llamado Andriy Parubiy, venido de Lvóv. Este político nunca ha ocultado sus convicciones ultraderechistas. Exsoldados forman «unidades de autodefensa» con mandos propios, que se dividen en dos grupos: la unidad «Policía» y la unidad «Ejército». Los primeros velan por el orden en la plaza y los segundos plantan cara a las *berkut*, las unidades especiales de la *militsiya* ucraniana, dependiente del ministerio del Interior y famosa por su dureza. Una «Junta nacional de resistencia» se encarga de coordinar qué edificios gubernamentales deben bloquearse o no en cada momento. La dirección política incluye, entre otros, a los líderes de partidos opositores Vitali Klichkó, Arseni Yatseniuk y Oleg Tiagnibok, jefe del partido nacionalista *Svóboda*.[3]

La disputa sobre el contenido del acuerdo de asociación con la UE se arrastra ya desde hace tiempo. Alemania y la UE no solo ofrecen a las repúblicas exsoviéticas la libertad de decidirse por los derechos humanos de Occidente, sino que además favorecen la geopolítica norteamericana. Este objetivo lo describió ya hace más de una década y media Zbigniew Brzezinski en su famoso libro, ya mencionado, *El gran tablero mundial*, llamativamente subtitulado *La supremacía estadounidense y sus imperativos geoestratégicos*, con una claridad tan meridiana que deja en ridículo todas las alusiones a teorías conspirativas que circulan en 2015. «Una geoestrategia americana duradera para Europa deberá afrontar con toda determinación las cuestiones de la unidad europea y de una auténtica cooperación con Europa», recomienda Brzezinski para la futura política exterior estadounidense después de la caída de la Unión Soviética. «Ucrania, un nuevo e importante espacio en el tablero euroasiático, constituye un eje geopolítico decisivo, dado que su simple existencia como Estado independiente contribuye a la transformación de Rusia. Sin Ucrania, Rusia ya no es un imperio euroasiático».[4]

Para el entonces asesor de la Casa Blanca, la consecuencia lógica está a la vista: «Dado que la UE y la OTAN se ampliarán hacia el Este, Ucrania deberá finalmente decidir si quiere formar parte de una de estas organizaciones».[5] Tras la lectura de estas líneas, cabe preguntarse, como máximo, si la bibliografía especializada de este calibre resulta desconocida en la cancillería alemana o acaso se percibe allí como ciencia ficción, o si la política ya ha descontado el precio de una confrontación, con la esperanza de que los daños sean limitados.

Para impulsar la ampliación de la UE en dirección al Este, Bruselas presentó en una cumbre celebrada en Praga el 7 de mayo de 2009 un proyecto cargado de buenas intenciones, con el prometedor nombre «Asociación Oriental». La Unión Europea se propone ayudar a las repúblicas exsoviéticas como Moldavia, Bielorrusia, Azerbaiyán, Georgia y Ucrania a alcanzar la libertad, la democracia y la estabilidad y, con ellas, un mayor grado de bienestar, sin excluir el posterior ingreso en la UE. El requisito es que los candidatos se comporten como es debido y se ajusten a las rigurosas condiciones de Bruselas. Esa es una parte de la oferta.

La otra parte, la geopolítica, la describe así *Der Spiegel*: «Y, por supuesto, también se trataría, aunque de modo no tan ostensible, de limitar la influencia rusa y de definir hasta dónde llega Europa por el Este. Rusia contempla a Ucrania no solo como una pieza imprescindible para mantener su peso geopolítico, sino como la región que albergaba hace un milenio el núcleo del imperio ruso. Ucrania significa "tierra de frontera", y para muchos su capital, Kiev, es la madre de todas las ciudades rusas».[6]

Y de todo esto surge una disputa con Ucrania que hace tiempo que dura. El 9 de septiembre de 2008, cuatro semanas después de la guerra ruso-georgiana, la UE y Ucrania ya están negociando un tratado de libre comercio en París.[7] El comunicado conjunto expresa «profunda preocupación por los acontecimientos de Georgia».[8] Tras el conflicto armado en el Cáucaso, Bruselas, por un lado, aspira a estrechar los lazos con Ucrania, pero, por el otro, no desea el ingreso de Kiev en la Unión Europea. Ambas partes deciden ahora potenciar su cooperación con un «acuerdo de asociación». El presidente francés Nicolas Sarkozy, presidente de turno de la UE, afirma: «Es la primera vez que usamos este término al referirnos a Ucrania.»[9]

Vladímir Putin tiene sus propios planes. La competencia rusa a la «Asociación Oriental» lleva el nombre de Unión Aduanera. En octubre de 2007, en Dusambé, la capital de Tayikistán, Moscú acordó con los presidentes de Bielorrusia y Kazajistán establecer una unión aduanera en sus territorios. Desde entonces, Putin negocia con Ucrania en paralelo a la UE para ofrecer a su «socio económico clave» el ingreso en la Unión Aduanera. Casi tres millones de ucranianos trabajan en Rusia. Ucrania, con sus 46 millones de habitantes, es, con diferencia, el país más importante de los antiguos Estados comunistas desde el punto de vista geopolítico. El proyecto contempla una zona de libre comercio con una frontera aduanera común hacia el exterior y libre circulación de capitales y trabajadores. También Armenia, Uzbekistán y Tayikistán muestran interés. Putin quiere crear una zona económica euroasiática que sea capaz en el futuro de fijar las reglas de este inmenso mercado mano a mano con la UE.

La meta política de Vladímir Putin es crear un espacio económico que abarque desde Vladivostok hasta Lisboa. A finales de noviembre de 2009, escoge el Hotel Adlon de

Berlín para plantear ante destacados ejecutivos alemanes su visión de una zona de libre comercio y una política industrial común con la UE, unas ideas que ha expresado el día anterior en un artículo en el *Süddeutsche Zeitung*. Sus propuestas a la UE: una zona de libre comercio sin aduanas, una política industrial común y exención de visados.[10] Un proyecto así, explica, sería provechoso para ambas partes, por supuesto también para Rusia. «Lo cierto es que, tras el colapso de la URSS, Rusia perdió el acceso directo a sus principales mercados de exportación. Surgieron problemas con los países de tránsito, que buscaban obtener ventajas unilaterales de su posición de monopolio. De ahí derivan las desavenencias ya conocidas». Y luego vuelve a referirse con énfasis a un aspecto central de sus planteamientos: «Hay algo de capital importancia: la capacidad de aprender a respetar nuestros intereses estratégicos mutuos no con palabras, sino con hechos».

Años después, Putin sigue creyendo firmemente en aquella propuesta. «El acercamiento a Europa, en teoría, no es malo para nosotros»: así resume durante nuestra conversación en Sochi a finales de 2013 los motivos de sus reflexiones estratégicas. «Nosotros tenemos recursos naturales y Europa tecnología. A largo plazo, sería provechoso para ambas partes».

Su objetivo sigue siendo desarrollar un acuerdo común con la UE y Ucrania que, a la larga, modifique las distintas reglamentaciones técnicas de Rusia y países como Bielorrusia o Ucrania para hacerlas compatibles con las de Occidente y, por lo tanto, competitivas. Para él, la recuperación de la economía es una cuestión de tiempo, de igualdad de oportunidades y de mayores inversiones; y además es la respuesta ideal a los planes expansionistas de Occidente. Por eso lleva tantos años trabajando por el ingreso en la Organización Mundial del Comercio, cuyas reglas vinculantes definen el terreno de juego a nivel internacional. Tras dieciocho años de duras negociaciones, Rusia ha superado las barreras y es miembro de la organización desde 2012.

La postura ignorante de la UE, que rechazó las propuestas rusas sin estudiarlas a fondo, le indignó. «Durante todos estos años, en el fondo, han estado diciéndonos: Ucrania no es asunto vuestro. Nosotros no nos inmiscuimos en vuestra relación con China, ni vosotros en la nuestra con Canadá». Pero él ve la desconexión económica de Ucrania como un ataque político directo. La visión tecnocrática y la postura de la cúpula de Bruselas, que consideran negligible la relación de Rusia con Ucrania, le parecen una estrategia deliberada contra su país. Como político, le resulta inconcebible que, ante una intervención potencialmente tan grave y con consecuencias de tal calado para la buena vecindad, se limiten a ofrecer una solución burocrática en lugar de sentarse a dialogar. «La verdad, no cuesta tanto entender que nuestra relación con Ucrania es muy distinta a la que puedan tener Bruselas y Canadá», comenta lacónicamente. En la cancillería de Berlín, los expertos llevan tiempo preguntándose por qué «Putin se atrinchera cada vez más» y «Angela ya no tiene hilo directo» con él.

En 2013, Víktor Yanukóvich, todavía presidente, analiza las ofertas para el acercamiento de Ucrania a Europa. Negocia al mismo tiempo con Bruselas y Moscú, y calcula lo que le sale a cuenta y lo que no. Bruselas habla vaporosamente de una «ventana de oportunidad» en ese año decisivo, de «hojas de ruta» y de un «momento irrepetible».[11] Pero las florituras verbales contrastan de manera manifiesta con los resultados de las negociaciones. Ucrania está al borde de la bancarrota. La oferta de Bruselas es modesta: la Unión Europea ha ofrecido una ayuda de 600 millones en caso de firma del acuerdo. Pero los créditos que el país debe devolver en los próximos meses ascienden a 15 000 millones de euros, y las reservas de divisas se han reducido a la mitad. El Fondo Monetario Internacional está dispuesto a prestarles unos cuantos miles de millones, pero con las rigurosas condiciones habituales, a la griega: eliminación de subvenciones, subida de impuestos, devaluación de la moneda. El aumento del 40 por ciento en los precios del gas es solo una de las numerosas exigencias.[12] Para Yanukóvich, acceder a esas peticiones equivaldría a un suicidio político. Sabe que con ello echaría por tierra todas sus posibilidades se ser reelegido presidente dentro de aproximadamente un año.

Doce meses antes, cuando la situación todavía no era tan desesperada, el presidente ucraniano no habría tenido inconveniente en suscribir el acuerdo de asociación. Pero entonces, en 2012, la UE puso de repente una condición adicional en nombre de los derechos humanos. Yanukóvich debía excarcelar a Yulia Timoshenko, la anterior primera ministra de Ucrania. La enemiga íntima del presidente había sido condenada a siete años de prisión por malversación de fondos públicos. La UE hizo suya la afirmación de la política opositora de que el proceso había tenido una motivación exclusivamente política. También Angela Merkel llama a Yanukóvich para exigirle la liberación de Timoshenko. «Yo quiero ayudarle», afirma la canciller con evidente cálculo político, «pero usted debe liberar a Yulia Timoshenko».[13]

El icono de la oposición, que acababa de perder las elecciones presidenciales en Ucrania, se convierte en palanca política. La Comisión Europea y el presidente alemán Joachim Gauck forman la punta de lanza moral en defensa de la controvertida opositora encarcelada, y ese mismo año se niegan a asistir a la Eurocopa de fútbol, que ha de celebrarse en Ucrania y Polonia. El Gobierno alemán analiza la posibilidad de declarar el boicot total, una propuesta que provoca el rechazo público del antiguo presidente del Tribunal Constitucional alemán Hans-Jürgen Papier, que la califica de «extravagante» y de «medida de cara a la galería». Si el Gobierno alemán alberga dudas sobre la sentencia, nadie le impide denunciar a Ucrania «ante el Tribunal Europeo». Pero seguramente esa vía «no les parece suficientemente mediática».[14]

Los boletines de Timoshenko sobre su situación en la prisión de mujeres de Kachanovka, en el Este de Ucrania, contribuyen a recrudecer el tono de las declaraciones emitidas por Berlín. La opositora, que ha sufrido una hernia discal en la cárcel, insiste, con gran resonancia mediática, en ser tratada como paciente privada por médicos extranjeros, ante lo cual la cancillería alemana reúne un equipo de especialistas y lo envía al centro penitenciario de Járkov bajo la dirección del jefe médico del hospital berlinés de Charité. Los facultativos alemanes confirman el diagnóstico. Berlín, por su parte, reclama el permiso para tratar a la prisionera en Alemania en nombre de los derechos humanos.[15]

El comando especial médico para Yulia Timoshenko es un caso único en la historia de la diplomacia alemana. A nadie se le oculta que en Ucrania la justicia y el sistema judicial no van precisamente de la mano. Lo realmente extraordinario es que la política exterior alemana se dejase utilizar sin necesidad para la lucha por el poder entre las élites ucranianas. La política alemana toma partido en otro país, y con esa actitud declara enemigo político al presidente en ejercicio, vencedor en las elecciones de 2010 frente a Timoshenko, y apuesta por la indignación moral como sucedáneo de la política.

EL RESPLANDOR DEL PASADO

Después de la Eurocopa de fútbol celebrada en el verano de 2012, se nota una ligera disminución de la estridencia. En lugar de un encarcelamiento por motivos políticos, es decir, un acto de revancha por parte del candidato ganador, Bruselas prefiere hablar ahora de «justicia selectiva». Al fin y al cabo, otros muchos políticos habrían cometido delitos de la naturaleza que se atribuye a la opositora, sin por eso ser arrastrados a toda prisa a los tribunales y mucho menos condenados a varios años de prisión. Por eso siguen reclamando igual que antes la liberación de Timoshenko.[16] En cambio, para el Gobierno ucraniano la demanda sigue siendo también, igual que antes, un ultimátum político que no puede cumplir sin quedar desautorizado.

La idea de convertir precisamente a Yulia Timoshenko en indicador de la calidad democrática de Ucrania resulta candorosa incluso desde criterios occidentales. Su fama de luchadora indómita es un rescoldo de los tiempos de la «Revolución naranja» de 2004, cuando se produjeron las primeras protestas masivas en el país. Ya entonces muchos soñaban con más democracia y Estado de derecho, y se manifestaban en contra de las élites de poder corruptas. Miles de personas con bufandas, gorras y banderas de color naranja salieron a la calle durante semanas bajo el frío invernal para protestar contra el fraude electoral. Sus héroes eran Víktor Yúshchenko y Yulia Timoshenko, ambos relativamente nuevos en el ámbito político. El resultado fue un terremoto político.

Por decisión del Tribunal Supremo del país, hubo que repetir las elecciones presidenciales celebradas recientemente, debido a la existencia de irregularidades.

Se trata de la clásica dicotomía política ucraniana. Víktor Yúshchenko es el hombre de Occidente y de Ucrania occidental. Su adversario se llama Víktor Yanukóvich, procede de la zona oriental rusófona del país y es un representante del antiguo sistema, a quien se ha encomendado la sucesión del presidente saliente Leonid Kuchma. Ambos candidatos han arrasado en sus respectivos distritos con sospechosas cifras de hasta el 96 por ciento del electorado. En la repetición se impone Yúshchenko. Él será presidente y Yulia Timoshenko primera ministra. El mayor fabricante de chocolate del país, el oligarca Petró Poroshenko, se ha puesto del lado de los vencedores ya desde el inicio de las protestas con su emisora de televisión Canal 5, y apoya sin reservas al nuevo dúo. Después de la revolución será durante un breve tiempo jefe del Consejo Nacional de Seguridad y Defensa de Ucrania.

El cambio de Gobierno en Kiev, igual que antes en Georgia, sigue un esquema bien conocido: descontento popular, canalizado hacia la acción política con apoyo de organizaciones no gubernamentales occidentales. El combativo movimiento de protesta que se crea e instruye de cara a las elecciones presidenciales lleva el sugestivo nombre de *Pora!* («¡Es la hora!»). Los financiadores son los mismos que en el caso de Georgia, como cuenta *Der Spiegel* a finales de 2005. «Desde 2002, solo el Departamento de Estado de EE. UU. ha gastado 65 millones de dólares de los contribuyentes americanos en las elecciones ucranianas».[17] Y, en el Congreso, el parlamentario republicano Ron Paul se queja de que el Gobierno estadounidense ha gastado millones para apoyar al candidato Yúshchenko en Ucrania.

Incluso el *Frankfurter Allgemeine Zeitung* reconoce que «nadie niega que la ayuda extranjera ha sido decisiva para el éxito de la Revolución Naranja», y menciona la larga lista de mecenas americanos. «Muchas organizaciones que han actuado en Ucrania, desde el organismo estatal USAID hasta los fundaciones de los partidos Republicano y Demócrata NDI e IRI, el National Endowment for Democracy y la Eurasia Foundation o la Freedom House, son financiados directamente con dinero público estadounidense facilitado por la Casa Blanca o por el Congreso».[18] El periódico proporciona también los nombres de los implicados. Entre ellos se cuentan el antiguo coordinador de los servicios de inteligencia R. James Woolsey, como presidente de Freedom House, y el ex comandante supremo de la OTAN, el general Wesley Clark, así como la ministra de Exteriores Madeleine Albright y, por supuesto, el multimillonario George Soros a través de sus fundaciones.

Pero, en el caso de Ucrania, el cambio de Gobierno no tendrá un gran éxito. En el país más pobre de Europa, la eterna batalla por el poder dentro del nuevo equipo de Gobierno frena cualquier intento de avance. Aparte de la intención declarada de integrar a Ucrania en la Unión Europea y en la OTAN, hay pocas novedades. En el dúo de la esperanza de Timoshenko y Yúshchenko reina la discordia; a lo largo de los años siguientes, los compañeros de Gobierno se enfrentan una y otra vez sin piedad. Los antiguos socios se acusan mutuamente de corrupción. La libertad, la democracia y la justicia, que sacaron a la calle a cientos de miles de personas durante semanas, han pasado a segundo plano. La revolución se olvida de sus hijos. En 2010, el antiguo perdedor Víktor Yanukóvich vuelve a presentarse y gana las elecciones frente a Yulia Timoshenko, esta vez sin fraude, como confirman los observadores de la OSCE, por más que la candidata derrotada rechace infructuosamente el resultado.[19]

«Yulia Timoshenko no es ni un icono de la libertad ni un símbolo de honestidad política [sino] exactamente lo contrario», anuncia Günter Verheugen en diciembre de 2013 criticando la pretensión moralizante del Gobierno alemán, que se cree con derecho a crear hechos consumados. Largos años comisario europeo responsable de economía e industria, Verheugen tuvo ocasión de cosechar experiencias imborrables con la antigua primera ministra. Para él, la mujer de la trenza rubia ha destrozado las esperanzas depositadas en la revolución. Su veredicto no admite apelación: «Tras la llegada al poder de Timoshenko, la corrupción y el mal gobierno fueron todavía peores que antes».[20]

Vladímir Putin tampoco ha olvidado lo sucedido en Ucrania en aquella época. Calcula, se reúne varias veces con

Yanukóvich, se deja caer también por Bruselas y presiona. «Por supuesto que reaccionamos. Al fin y al cabo, Ucrania es miembro de la zona de libre comercio con Rusia y disfruta de privilegios arancelarios. Por eso decidimos eliminar las regulaciones especiales para el intercambio comercial con Ucrania. Luchamos 17 años por conseguir entrar en ese mundo a través de la Organización Mundial del Comercio. Y precisamente ahora que somos miembros, expulsan a Ucrania de ese acuerdo».

En febrero de 2013, el presidente de la Comisión Europea José Manuel Barroso anuncia con rotundidad: «Un país no puede ser al mismo tiempo miembro de una unión aduanera y de una zona de libre comercio ampliada de la UE».[21] El presidente ruso y Barroso ya han tenido más de un desencuentro en los últimos años. Para Putin, el ex primer ministro portugués vive todavía en la Guerra Fría y no deja pasar ocasión de poner trabas a Rusia desde la UE.

En un informe confidencial con fecha del 26 de febrero de 2009, la embajada estadounidense en Moscú comunica al Departamento de Estado que, durante un encuentro en Moscú en torno a la cuestión de la Asociación Oriental, los dos hombres discutieron acaloradamente a causa de la ampliación de la UE. Putin «ve en el comisario de la UE al caballo de Troya de los nuevos Estados miembros… La afirmación de Putin de que "determinadas instituciones no deberían entrometerse en el desarrollo de unas mejores relaciones entre la UE y Rusia" fue entendida por todos como un ataque directo hacia Barroso». La bronca entre Putin y Barroso «llegó a lo personal».[22] José Manuel Barroso no oculta su carácter temperamental.

«Hablé varias veces con Putin y él siempre se remitía a la importancia de la Unión Aduanera para Rusia y al papel especial de Ucrania. Pero ¿cómo podíamos renunciar nosotros [a la Asociación Oriental]?»[23] A Barroso le parece inconcebible. Es una situación de «blanco o negro». La confrontación no hace más que crecer.

En noviembre de 2013, un comentarista del popular periódico *Moskovski Komsomólets* escribe que obligar a Ucrania a elegir entre Rusia y Europa equivale a formular: «Decídase ahora mismo, amigo: ¿qué mano prefiere que le corten, la izquierda o la derecha?»[24] Ucrania no puede asociarse exclusivamente con Rusia ni con la UE. Ese mismo mes, Vladímir Putin hace una oferta al presidente ucraniano. «En ese momento ofrecimos a Ucrania 15 000 millones de dólares para el presupuesto y otros cinco mil más para infraestructuras. Y les bajamos un tercio los precios de la energía con la condición de que siguieran pagando los costes y también lo que debían. Pero no pudo ser. Alguien se empeñó en demostrar quién mandaba allí».

Putin ofrece ayuda financiera, mientras la Unión Europea plantea exigencias. Para el ex comisario europeo Günter Verheugen, esa oferta no es más que *business as usual*, el toma y daca habitual en el mundo de la política. En la entrevista ya citada de diciembre de 2013, contradice la insinuación del periodista de que, con la promesa de inyección financiera y reducción del precio del gas, Rusia solo intentaba chantajear a Ucrania. Verheugen replica simplemente: «Según usted, cuando nosotros ofrecemos bastante más de 15 000 millones a otro país en concepto de ayuda, ¿también estamos estrangulándolo económicamente?»

RECHAZO Y OFERTA

Yanukóvich decide aceptar la propuesta de Vladímir Putin y llenar las vacías arcas del Estado. El Gobierno ucraniano, por «motivos de seguridad nacional», ha decidido aparcar la firma del acuerdo de asociación, reza el comunicado del consejo de ministros. Se potenciarán las relaciones económicas con Rusia y se preparará el mercado interior para, en el futuro, establecer relaciones en pie de igualdad con la Unión Europea.[25] Por lo demás, Yanukóvich considera humillantes las condiciones exigidas por el Fondo Monetario Internacional para facilitar nuevos fondos, según asegura ante la élite política de Europa, reunida en el palacio del antiguo Gran Duque de Lituania. «… Cuando podamos negociar en condiciones normales, podremos volver a plantearnos la firma».[26] En esta afirmación se refleja claramente la frustración de las últimas semanas.

Ese 28 de noviembre, Vladímir Putin está en Roma para visitar al Papa. Desde allí se dirige en tono apremiante a la cumbre «Asociación Oriental» de la UE, reunida en Vilnius, para pedirle que vuelva a estudiar la propuesta de diálogo a tres planteada ya hace tiempo por el presidente ucraniano Yanukóvich, y no puede evitar mandar un recado personal: «Quisiera rogar a nuestros amigos de Bruselas, a mis amigos personales, a las buenas gentes de la Comisión Europea, que, por favor, se abstengan de realizar comentarios hirientes». Ucrania, asegura, debe a empresas rusas cerca de 30 000 millones de dólares. Rusia apuesta por la cooperación, «pero no en prejuicio propio».[27] El presidente ruso no es aficionado al masoquismo.

En la cumbre europea de dos días de duración que se celebra con gran boato en Vilnius a finales de noviembre de 2013, los jefes de Estado y de Gobierno de los 28 países miembros de la UE planean ofrecer, con todas las formalidades, el ingreso en la Asociación Oriental a las repúblicas ex soviéticas de Ucrania, Bielorrusia, Armenia, Azerbaiyán, Georgia y Moldavia. Pero el proyecto estrella se estrella. Tras la retirada de Ucrania, en el reconstruido palacio del Gran Duque, que el Gobierno lituano exhibe como nuevo monumento patriótico nacional, tan solo dos de los Estados vecinos de la Federación Rusa —Georgia y la República Moldava— estamparán su firma debajo del acuerdo de asociación que los vinculará más estrechamente a la UE.

La canciller Angela Merkel resume con la sobriedad habitual el resultado obtenido en la capital lituana. «Por supuesto, aquí no hemos logrado lo que pretendíamos con Ucrania». Luego, echando mano de uno de sus recursos estilísticos, recita estoicamente la situación de los últimos meses. Nada que no se sepa desde hace semanas. «El presidente [ucraniano] ha vuelto a decirme que el 50 por ciento de las exportaciones van a Rusia o a las repúblicas de la Unión Aduanera, y otro 45 por ciento a la Unión Europea, así que existen lazos hacia ambos lados. Y nuestra tarea, la de la UE, ha de ser intensificar el diálogo con Rusia, para ver cómo salimos del bucle de la asociación solo con Rusia o solo con Europa, y creo que esa tarea también corresponde a Alemania».[28]

Tras años de negociaciones, el intento de atraer a Ucrania a Europa ha naufragado. Bruselas y Berlín «se han negado durante largo tiempo a entender hasta qué punto Rusia se siente amenazada por el avance de la OTAN y la UE hacia el Este», analiza *Der Spiegel* tras la «cumbre del fracaso». «Lo que ha faltado en esta crisis ha sido perspectiva, ha sido la capacidad de detectar el conflicto que se estaba gestando. En lugar de eso, Berlín se ha empecinado en creer que las cosas que le parecen inconcebibles no pueden volverse reales».[29] Este severo juicio no es solo una tardía crítica a Angela Merkel, sino también una autocrítica. El semanario apoyó durante años la política de la canciller y defendió una actitud más firme frente a Ucrania y Yanukóvich.

Pese a todo, el Gobierno alemán insiste en exigir la pronta liberación de la encarcelada ex primera ministra ucraniana Yulia Timoshenko. El presidente Víktor Yanukóvich sigue teniendo la posibilidad de ordenar un indulto en cualquier momento, afirma imperturbable la canciller.

Una semana más tarde, el invitado especial de la noche en el Maidán de Kiev será Guido Westerwelle. El ministro de Exteriores alemán hace algo que los ministros de Exteriores raramente hacen. Tras el desastre de Lituania, se deja ver con la oposición, que pide la dimisión del presidente ucraniano antes de reunirse con el Gobierno del país. Westerwelle se solidariza con las protestas, y, arrogándose la representación de Europa, proclama que no está en Ucrania para «tomar partido por un partido» sino para defender «los valores europeos», sin partidismos, por lo visto, y que en Kiev «se encuentran europeos con europeos». Por lo demás, afirma no estar dispuesto a que le dicten «cómo debemos encontrar nuestro camino común».[30] Será una de las últimas actuaciones oficiales del ministro. Ese mismo mes, su predecesor Frank-Walter Steinmeier le sucederá, gracias a la nueva coalición de Gobierno de CDU y SPD.

A lo largo de su mandato ministerial, Westerwelle demostró un notable interés por las revoluciones. Durante la Primavera Árabe, viajó a Túnez y a Egipto, se dejó agasajar como invitado extranjero en la abarrotada Plaza Tahrir de El Cairo y pronunció frases como «Este momento es muy emocionante» o «Aquí se está haciendo historia mundial».[31] Y ahora se presenta también en el Maidán, con retraso; pero nunca es tarde. En lo alto del escenario, estrecha manos, aplaude a los rockeros que acaban de dar un concierto solidario y disfruta del baño de multitudes que no vivió nunca en su país. Se le ve emocionado.

Esa noche, el ministro alemán de Exteriores pasea por la plaza con el nuevo héroe del movimiento de protesta, el boxeador Vitali Klichkó. El antiguo campeón del mundo, que posee una agencia de representación de boxeadores en Alemania, dominó durante años la escena internacional de este deporte y dio la cara innumerables veces en el ring. En Kiev es bastante conocido; de hecho hace unos años fue candidato a alcalde, aunque sin éxito. Ahora Klichkó quiere postularse para la presidencia, y ha sellado una alianza con Oleg Tiagnibok, jefe del partido ultraderechista Svóboda, y Arseni Yatseniuk, de la Unión Patria, discípulo de Yulia Timoshenko, para destituir al presidente Yanukóvich.

Vitali Klichkó viaja por cuenta del Gobierno alemán. Angela Merkel apoya al púgil, pretende ayudarle a liderar la oposición y se deja fotografiar demostrativamente junto a él. Su asesor en política exterior Christoph Heusgen y Guido Westerwelle le han prometido apoyo; de la gestión se encarga la Fundación Konrad Adenauer.[32] Aun así, hace poco Klichkó y su alianza han fracasado con claridad en el Parlamento al presentar una moción de censura contra el Gobierno.

El ministro de Exteriores alemán no es el único político extranjero que se deja ver por el Maidán. También aparece el senador norteamericano John McCain, que anima a los manifestantes a mantenerse firmes. «Ucrania hará mejor a Europa, y Europa hará mejor a Ucrania».[33] Ante las cámaras de televisión explica que por supuesto Ucrania es importante para Putin, ya que Rusia sin Ucrania solo es una potencia oriental, mientras que con Ucrania sería también una potencia en Occidente, algo que debe evitarse a toda costa. Esto, añade, ya lo dijo Henry Kissinger, si no recuerda mal. No fue Kissinger, sino una vez más el geoestratega americano Brzezinski, quien demandaba persistir en el debilitamiento de Rusia por esa vía. «La cuestión central, que no hay que olvidar, es la siguiente: sin Ucrania, Rusia no puede formar parte de Europa, mientras que Ucrania sí puede pertenecer a Europa sin Rusia».[34]

Lo que esto significa desde el punto de vista estratégico, lo explicó sin tapujos el macho alfa de la política exterior alemana: «Para esto se necesita una presión enérgica, concentrada y decidida de Estados Unidos, especialmente sobre Alemania, a fin de encarrilar la ampliación de Europa y poner fin, sobre todo de cara a Rusia, a situaciones tan delicadas como el estatus de los Estados bálticos y de Ucrania dentro de la alianza de Estados europea».[35]

Otra colega de Westerwelle, la jefa de la sección europea del Departamento de Estado americana Victoria Nuland, se encuentra en Kiev en esos días y frecuenta el Maidán. Es la responsable de asuntos europeos en Washington. A Victoria Nuland la deja indiferente que Merkel y la EU apuesten por Vitali Klichkó. Ella ya tiene su candidato. «No creo que Klich[kó] deba entrar en el Gobierno», afirma en una conversación telefónica confidencial con el embajador estadounidense en Kiev, y le explica cuál debe ser la táctica para frenar al candidato de los europeos. EE. UU. prefiere a Arseni Yatseniuk, un tecnócrata consumado que, a pesar de su juventud, ya tiene a sus espaldas una brillante carrera. *Fuck the EU* [A la mierda la UE], espeta la curtida diplomática durante la conversación, cuya grabación circulará después por internet.[36] «Creo que Yats [Yatseniuk] es el que tiene experiencia en economía, experiencia de Gobierno».[37] Nuland no negará la autenticidad de la grabación.

El interés de EE. UU. por Ucrania es demasiado grande para dejar los destinos del país en manos de la UE sin intervenir. Arseni Yatseniuk es un hombre joven, lleno de espíritu reformista occidental y con experiencia política. Ya ha sido ministro de economía y de Exteriores con el expresidente Yúshchenko y ha trabajado desde el primer momento por conseguir el ingreso de Ucrania en la OTAN. Ya en 2007 creó la Open Ukraine Foundation. En la web de la fundación aparecen como socios el Departamento de Estado norteamericano y el NATO Information and Documentation Centre.[38]

Ya antes de su viaje a Europa, Victoria Nuland había destacado en Washington la energía y el esfuerzo que EE. UU. venía consagrando a Ucrania desde hacía años, y al mismo tiempo había subrayado de manera inconfundible la pretensión de liderazgo de los americanos: «Desde la independen-

cia de Ucrania en 1991, EE. UU. ha ayudado a los ucranianos a desarrollar hábitos e instituciones democráticas. Apoyamos la participación ciudadana y las buenas prácticas de
gobierno. Estas son las condiciones previas para que Ucrania pueda alcanzar sus sueños europeos. Hemos invertido
en estos y otros fines más de cinco mil millones de dólares
para ayudar al surgimiento de una Ucrania segura, próspera
y democrática».[39] Como dejará muy claro a sus interlocutores
durante esos días en Kiev, está firmemente decidida a apoyar
a Ucrania en la consecución de ese fin. Tanto si el país lo
quiere como si no.

El escritor Andrei Kúrkov describe en su diario la creciente tensión que se va acumulando durante las siguientes
semanas: «Anoche me desplacé con toda tranquilidad, junto
a cientos de personas, desde el Maidán a la Plaza de Europa,
desde donde la calle Hrushevsky, que está obstruida por las
barricadas de los manifestantes y las líneas de defensa de las
unidades especiales de la milicia y del ministerio del Interior, sube hasta el edificio del consejo de ministros y el Parlamento. Hace unos días, la línea de defensa del Gobierno
estaba formada por autobuses y camiones atravesados. Los
manifestantes los incendiaron, y anoche ya no estaban allí.
Pero todas las entradas de vehículos de las casas de la zona
están bloqueadas con vehículos militares».[40]

20. PACTO Y CONFIANZA

El cambio de Gobierno en Kiev y la respuesta de Putin en Crimea

Las imágenes que el 19 de febrero de 2014 inundan las pantallas de televisión en las salas de estar alemanas y rusas son parecidas. Barricadas en llamas y policías usando sus porras en el Maidán y las calles adyacentes, manifestantes aguerridos con cascos de acero y máscaras, lanzando cócteles molotov contra las unidades policiales que los cercan. Imágenes espectrales con tanquetas y cañones de agua, granadas de gases lacrimógenos explotando, heridos graves, con uniforme o sin él. Hay disparos. Al día siguiente, la lucha continúa.

Lo que sí es muy diferente según la localización geográfica son los comentarios que los enviados especiales y los moderadores de los programas de estudio pronuncian ante los micrófonos. Los periodistas rusos interpretan los disturbios como el intento violento de un grupo de ultraderechistas de derrocar al Gobierno y al presidente electo Yanukóvich. La versión alemana ve en la batalla el levantamiento de unos ucranianos demócratas que quieren hacer caer un sistema totalitario. Por la fuerza, si es necesario. Al fin y al cabo, como es sabido, cada revolución desarrolla su propia dinámica.

El desencadenante directo de la confrontación es el intento de los adversarios del Gobierno de trasladarse hasta el edificio del Parlamento el día anterior, informa el noticiario televisivo. La marcha se convierte en una sangrienta batalla campal, que al amanecer deja un balance de once manifestantes y siete policías muertos. La posterior escalada la provoca luego la orden del Gobierno de despejar el Maidán. El número de muertos sigue creciendo.

François Hollande y Angela Merkel, que se han reunido esa mañana en el palacio del Elíseo para una ronda de consultas franco-germanas, optan por intentar una mediación y llaman por teléfono a Vladímir Putin. El jefe de Gobierno propone que los ministros de Exteriores de Alemania y Francia viajen juntos a Kiev con sus colegas polaco y ruso para mediar entre la oposición y Yanukóvich.

Putin duda. Por lo que se desprende de las últimas noticias, no parece quedar mucho margen para la mediación. La iniciativa partió de Merkel y Hollande, me confirma cuando le pregunto por los sucesos de aquellos días en una de nuestras entrevistas. «Me pidieron que enviara al ministro de Exteriores Lávrov. Pero yo desconfiaba y no quería que nuestro ministro de Exteriores firmara un papel que luego no se iba a cumplir», añade para explicar sus reservas. Para él, el intento de derrocamiento de Kiev no era un movimiento espontáneo, sino una acción planificada. Al final accede a que Rusia se implique. En lugar del ministro de Exteriores, envía a un hombre de su máxima confianza, «para que no se dijera que no lo habíamos intentado todo».

Vladímir Petróvich Lukin, nacido en 1937, fue embajador ruso en Washington a principios de los años noventa y luego diputado a la Duma por el partido de oposición liberal Yábloko, hasta que Putin lo nombró en 2004 comisionado de derechos humanos de la Federación Rusa. Además dispone de buenas relaciones en Ucrania. Durante nuestro encuentro en su despacho moscovita, recuerda de manera muy precisa los detalles de su intervención en la crisis.

La tarde del 20 de febrero, cuando Putin le pregunta si se puede desplazar a Kiev, Lukin acepta, hace las maletas y se presenta en el Kremlin para recabar instrucciones concretas. «Mi misión consistía en trabajar con los ministros de Exteriores y la oposición para encontrar una salida aceptable a la explosiva situación, entendiendo por aceptable una solución que pudiera defenderse legalmente. Al fin y al cabo, Yanukóvich había accedido al cargo en unas elecciones libres». Esas eran las condiciones de la misión que el presidente le encomendó. «¿Necesita algo más?», le pregunta Putin. Acaba de hablar por teléfono otra vez con Merkel. Lukin le pide un acompañante: un alto funcionario del ministerio de Exteriores y un miembro del Consejo Nacional de Seguridad. Quiere poder estar al corriente en todo momento de la evolución de la situación mientras modera las negociaciones.

Los días de los desórdenes de Kiev coinciden con los últimos días de los Juegos Olímpicos de invierno de Sochi. Vladímir Putin tenía otros planes para estas semanas. En lugar de animar a la selección nacional de hockey o celebrar la victoria del equipo ruso de biatlón, se consume en Moscú en inacabables sesiones del Consejo Nacional de Seguridad o mantiene conversaciones telefónicas de crisis con Merkel, Hollande, Yanukóvich u Obama. Aunque también es cierto que la selección rusa de hockey sobre hielo está en horas bajas. Aunque eran los favoritos para la medalla de oro, pierden en cuartos de final contra Finlandia y quedan eliminados en los Juegos Olímpicos de su propio país.

Es medianoche más que pasada cuando el hombre de Putin en Kiev llega a la sala de reuniones del palacio presidencial, que las *berkut*, las unidades especiales del ministerio del Interior, mantienen rodeado. En el extremo de la mesa se encuentra el presidente Yanukóvich con dos asistentes, a su lado Frank-Walter Steinmeier y el ministro de Exteriores polaco Radosław Sirkowski, y, en representación de la oposición, Arseni Yatseniuk, Vitali Klichkó y el líder del partido de ultraderecha Svóboda Oleg Tiagnibok. El ministro de Exteriores francés Laurent Fabius ha tenido que abandonar la reunión debido a un compromiso urgente en China. El borrador de pacto que las dos partes han redactado para un compromiso entre el Gobierno y la oposición prevé, entre otras cosas, que Yanukóvich abandone el cargo anticipadamente —su mandato acaba en marzo de 2015— y que se celebren nuevas elecciones presidenciales a más tardar en diciembre. En los próximos días se constituirá un Gobierno de transición y se restablecerá la antigua Constitución de 2004, que reconoce amplios poderes al Parlamento.[1]

La negociación se encuentra encallada en lo que corresponde a las concesiones de la oposición. A cambio del punto anterior, los manifestantes deben desmontar las barricadas del Maidán y despejar la plaza. Arseni Yatseniuk se niega a incluir en el pacto el término Maidán. No quiere ver juntos en la misma frase ese nombre cargado de simbolismo, sinónimo de meses de lucha, y una palabra como «desmontar». Por lo demás, Yatseniuk, según recuerda Lukin, actuó esa noche de acuerdo con el viejo principio soviético: «Lo que es mío, es mío. Lo tuyo lo podemos negociar». Finalmente, el grupo decide usar una formulación con menor carga emocional. Lukin describe la solución lingüística que se le ocurrió: «Propuse usar en lugar de Maidán la palabra *ploshchad*, una expresión neutral que significa plaza. Aunque, por supuesto, el significado no cambiaba».

Hacia las cinco de la mañana, los negociadores se despiden para obtener la aprobación de sus respectivos grupos. Acuerdan volver a encontrarse a mediodía para firmar el documento. Lukin pide instrucciones a Moscú. En ese momento, recomienda firmar. «Me llamó», recuerda Putin, «y me aconsejó dar mi autorización. El acuerdo actual era la única opción. A su entender no había ninguna otra posibilidad de resolver el problema pacíficamente, si es que se podía resolver de alguna forma».

El Consejo del Maidán, al que los líderes de la oposición presentan los resultados de la negociación en el Hotel Kiev, rechaza el acuerdo en primera instancia. Sin embargo, la asamblea acaba aprobándolo después de una discusión exaltada. En el Parlamento, los diputados empiezan a trabajar para convertir las propuestas en un borrador de ley. Entretanto, Vladímir Putin vuelve a hablar por teléfono con Víctor Yanukóvich. Merkel y Hollande le han pedido que desaconseje a su colega ucraniano movilizar al ejército contra los manifestantes en una situación tan inflamable como la existente. «Ese día hablamos varias veces», recuerda Putin. «Yo también se lo dije. Me respondió que, a aquellas alturas, una parte de la oposición ya estaba armada, pero que él no sacaría al ejército a la calle. Finalmente, cuando aceptó adelantar las elecciones, me di cuenta de que ya había renunciado *de facto* al poder. Quizá pensaba que así podría mantenerse en él. Pero era demasiado tarde. Ahora solo quedaba entregarlo de manera ordenada para evitar el caos».

La información que va llegando a Moscú a lo largo de la mañana de ese viernes 21 de febrero no presagia nada bueno. La situación se descontrola a ojos vistas. A primera hora de la mañana vuelven a morir docenas de personas. Hay centenares de heridos graves. Las imágenes que circulan por Twitter y en general por internet son escalofriantes. Francotiradores desconocidos disparan contra la multitud. No disparan para frenar a un adversario. Disparan a matar. Y no solo mueren manifestantes, sino también policías de servicio. La situación se vuelve insostenible. En un asalto a un cuartel en la zona occidental del país, grupos opositores se han apoderado de cientos de ametralladoras. El ministro ucraniano del Interior comunica a los embajadores occidentales que, al parecer, las armas ya están camino de la capital. A preguntas de los diplomáticos, Andriy Parubiy, el comandante del Maidán, confirma la noticia.

En el Kremlin, los jefes de los servicios de inteligencia y los expertos en temas militares del Consejo Nacional de Seguridad analizan la información de las agencias y mantienen informado al presidente. Por entonces, o quizá antes, Putin ya ve como inevitable la caída del Gobierno de Kiev. Su temor de que el acuerdo no fuera más que papel mojado se convierte en certeza. El enviado especial Vladímir Petróvich Lukin recibe órdenes de no firmarlo. Putin quiere evitar que le exijan cumplir algo que, en las actuales circunstancias, ya no puede garantizar. «El ministro de Exteriores Lávrov me llamó poco antes de las once y me dijo: No firmamos. La situación degenera por momentos. No creo que se cumpla el acuerdo».

El mediador de Moscú informa al ministro de Exteriores alemán. «Steinmeier se sintió muy decepcionado cuando se lo dije. Le expliqué por qué no íbamos a firmar. Y no me creyó».

Finalmente, los ministros de Exteriores occidentales, el presidente Yanukóvich y los representantes de la oposición firmaron el acuerdo. «Hemos llegado a un acuerdo que, naturalmente, no satisface todas las aspiraciones», afirma el ministro de Exteriores alemán en Kiev visiblemente agotado, pero esperanzado, ante las cámaras. «Pero era posiblemente la última oportunidad de encontrar una salida a la espiral de violencia». Durante las negociaciones no le han informado con detalle de los dramáticos acontecimientos en el Maidán.

Solo unas horas más tarde, ya de regreso en Alemania, comprenderá que el acuerdo no es más que un pedazo de papel sin valor.

Después de la firma, Yanukóvich vuelve a llamar a Putin una vez más. A Vladímir Putin, la intención del presidente ucraniano de retirar las tropas especiales del ministerio del Interior ahora, después del pacto, le parece arriesgada. Le advierte de que eso significaría acelerar todavía más la pérdida de autoridad del Gobierno. Se lo desaconseja y le propone esperar hasta que la situación se tranquilice. Y tampoco le parece buena idea el propósito de Yanukóvich de abandonar Kiev y retirarse a Járkov, en la parte oriental del país. El presidente ucraniano escucha las recomendaciones pero decide no seguirlas. «Me dijo que, sí, claro, que entendía mis argumentos, pero luego hizo justo lo contrario. Ordenó el repliegue de la policía y se marchó a Járkov. Fue su decisión. El resto es historia, por desgracia»: así describe Putin el resultado de su conversación con Yanukóvich.

Ese viernes por la noche, el ambiente en el Maidán tiene muy poco de eufórico, a pesar de que empieza a circular el contenido del compromiso. Delante del escenario están alineados los ataúdes abiertos de los caídos en las 48 últimas horas. La mayoría han muerto por disparos. Cuando Vitali Klichkó y Arseni Yatseniuk anuncian desde el escenario el resultado de las negociaciones, reciben una abrumadora salva de pitos y abucheos por el mero hecho de haberse sentado a una misma mesa con Yanukóvich. Volodimir Parásiuk, un nacionalista radical procedente de Lviv, esa ciudad en otros tiempos también llamada Lvóv o incluso Leópolis, se encarama al escenario y agarra un micrófono. Es comandante de una de las centurias radicales que el Consejo del Maidán ha formado durante las últimas semanas con antiguos soldados para hacer frente a las fuerzas del Gobierno. *Der Spiegel* describe así sus orígenes: ha pasado por «al menos cuatro campamentos militares» y ha aprendido a disparar y a combatir cuerpo a cuerpo.[2] «Hablo en nombre de mi centuria», anuncia a voz en grito, entre grandes aclamaciones. «Si mañana, antes de las diez, no anunciáis la dimisión de Yanukóvich, pasaremos al ataque con nuestras armas. Os lo juro».[3] El ultimátum de Parásiuk representa el fin del intento de evitar el derramamiento de sangre mediante negociaciones.

Esa noche, Vladímir Putin mantiene nuevas conversaciones telefónicas, y habla una hora con Barack Obama. Le exhorta a hacer valer su influencia sobre la oposición ucraniana para que cumpla el pacto. También Obama ve en el acuerdo una oportunidad, anuncia la Casa Blanca tras la conversación.[4] «El presidente de EE. UU. me aseguró que compartía mi opinión», relata el presidente ruso, «y que iba a presionar para que se pusiera en práctica el acuerdo, a fin de evitar la escalada. Pero ya vimos cómo acabó la cosa». Las promesas de Obama y los sucesos concretos de las horas y días siguientes tienen poco en común.

La huida de Yanukóvich abre las puertas a la caída del Gobierno. El poder del régimen se desintegra en cuestión de horas. Al día siguiente, 22 de febrero, las unidades de autodefensa del comandante del Maidán Andriy Parubiy ocupan estratégicamente el centro de Kiev, el Parlamento y la sede del Gobierno y exigen la dimisión del presidente. Horas después, 328 de los 450 diputados votan a favor de la destitución de Yanukóvich. El ejército ucraniano declara su intención de no intervenir en el conflicto político. Yulia Timoshenko ha sido liberada la noche anterior (con lo que se cumplía la condición de Occidente para el acuerdo con Ucrania) y declara su propósito de presentarse a las próximas elecciones presidenciales.[5] En Ucrania oriental, el antiguo centro de poder del presidente destituido, empieza a formarse la resistencia contra los nuevos mandatarios de Kiev. Ucrania está a las puertas de la guerra civil.

Al salir del palacio presidencial de Kiev, el enviado especial Lukin tiene ocasión de presenciar la retirada de las *berkut*, las unidades de policía del ministerio del Interior. La situación adquiere rasgos caóticos. Su servicio de seguridad insiste en que se ponga en camino hacia el aeropuerto.

A la mañana siguiente, Vladímir Lukin, ya de regreso en Moscú, se encuentra en la Plaza Roja para asistir a otra cita importante del fin de semana. El 23 de febrero es festivo, el «día del defensor de la Patria». Como cada año, Vladímir Putin deposita una corona ante la tumba del soldado desconocido en los Jardines de Alejandro. Tras la ceremonia, llama al emisario Lukin a su oficina del segundo piso del Kremlin para que le comunique sus impresiones de los sucesos de Kiev.

Putin no está solo en la sala, también está presente la mitad del Consejo Nacional de Seguridad, los jefes de los servicios de inteligencia, el ministro de Defensa. Se nota que han pasado la noche en vela, pero todos quieren saber más sobre el curso de las negociaciones. Los puntos de conflicto, el ambiente, un análisis de la situación. «Es difícil decir cuándo empezó exactamente la situación revolucionaria», resume Lukin sus observaciones personales. En cualquier caso, Yanukóvich ya no estaba en disposición de detener el movimiento ni de llegar a un acuerdo. «Al final ya solo oscilaba entre la euforia y el miedo».

También la guardia personal del presidente ucraniano se presenta ese mismo día en el Kremlin. El convoy de Yanukóvich anda perdido por Ucrania oriental y ha recibido disparos. Una unidad especial rusa está en camino para escoltarlo a Rusia.

Para Vladímir Putin, el derrocamiento del presidente ucraniano significa que se ha cruzado definitivamente una línea roja. Año tras año ha advertido del peligro de ignorar los intereses de Rusia. Desde el inicio de su mandato en 2000, ha recordado una y otra vez a las naciones occidentales la promesa que formularon tras el hundimiento de la Unión Soviética, en el sentido de que la OTAN no persistiría en su ampliación hacia el Este. Lo hizo en 2001 en su discurso ante el Bundestag, y también en 2007 en la Conferencia de Seguridad de Múnich, o en 2008 en la cumbre de la OTAN en Bucarest. Fue una de las condiciones bajo las que la Unión Soviética accedió a la reunificación alemana.

Putin lleva años enfrentado con Barack Obama, igual que lo había estado antes con George W. Bush, porque EE. UU. no está dispuesto a retirar su plan de instalar un escudo antimisiles en Europa, un sistema pensado supuestamente para hacer frente a Irán, pero que, a sus ojos, constituye ante todo una amenaza para la Federación Rusa, ya que los cohetes, equipados con cabezales nucleares, están estacionados en lugares como Rumanía o Polonia, a pocos minutos de sus hipotéticos objetivos en Rusia. A pesar de las reservas que ha expresado numerosas veces, la OTAN se ha hecho fuerte desde hace tiempo ante las fronteras de Rusia.

En una de nuestras conversaciones trae a colación un paralelismo histórico: «¿Se acuerda de la crisis de Cuba y del discurso del presidente Kennedy, cuando nos amenazó con la guerra porque, durante la guerra fría, quisimos instalar misiles en la vecindad inmediata de EE. UU.?» El 22 de octubre de 1962, el presidente norteamericano, en una dramática alocución televisiva, advirtió al jefe del Kremlin Nikita Jrushchov contra el plan de instalar cohetes en el país del por entonces aliado Castro, en la vecindad de EE. UU.: «Ni los Estados Unidos de América ni la comunidad internacional pueden tolerar engaños deliberados ni amenazas ofensivas por parte de ninguna nación, sea grande o pequeña. Las armas nucleares poseen una capacidad de destrucción tan enorme, y los misiles balísticos son tan rápidos, que cualquier aumento sustancial de la probabilidad de su uso o cualquier cambio repentino de su localización geográfica puede considerarse plenamente como una amenaza definitiva contra la paz».[6] Por entonces, los ejércitos del Este y el Oeste se encontraban en el máximo nivel de alarma, y una Tercera Guerra Mundial parecía inevitable.

El hecho de que ahora la situación se haya invertido y que sea Rusia quien se encuentra en la diana de los misiles norteamericanos no resta ni un ápice de validez al razonamiento de Kennedy. Sigue siendo aplicable, y por supuesto en ambas direcciones.

De sus experiencias en el mundo de la política internacional ha extraído la conclusión de que los Estados Unidos intentan sistemáticamente privar a Rusia de su esfera de influencia histórica. A sus ojos, la cruzada mundial de Washington por la democracia y la libertad no sería tanto una misión ética sino más bien un arma eficaz de combate que EE. UU. utiliza para consolidar y ampliar de manera continua su ámbito geopolítico. No faltan ejemplos que respalden esta visión. Recuerda cuando la administración estadounidense y las organizaciones no gubernamentales occidentales se dedicaron a atizar el comprensible descontento de la población en repúblicas exsoviéticas como Georgia o Ucrania con eslóganes de revoluciones rosa o naranja para lograr un cambio de régimen. No ha olvidado cómo, tras el cambio de Gobierno en Georgia, George Bush hijo apoyó la agresiva política de confrontación con Rusia del nuevo presidente Saakashvili que condujo en agosto de 2008 a la guerra entre ambos países. Y mientras sucedía todo esto, ha visto también cómo Europa marcaba el paso, con pocas excepciones. Los acontecimientos recientes de Ucrania han mostrado que la Unión Europea intenta también ensancharse hacia el Este sin tener en cuenta los intereses económicos de Moscú. Ahora considera definitivamente traspasada la línea roja a la que siempre se había referido.

Tras los sucesos del Maidán, Vladímir Putin está decidido a defender unilateralmente los intereses de Rusia, y va a crear hechos consumados. Piensa en sus compatriotas rusos de Crimea y de Ucrania oriental y en el futuro de la flota del Mar Negro, que tiene su base permanente en la península desde tiempos inmemoriales. Y piensa también que ha llegado el momento de plantar cara.

Tras la ofrenda floral y el informe de Lukin en el Kremlin, viaja a Sochi la tarde del 23 de febrero de 2014 para asistir a la ceremonia de clausura de los Juegos Olímpicos. Los Juegos han acabado siendo el éxito que tanto soñaba. No se han producido grandes fallos, ha habido suficiente nieve y el anfitrión ha ganado más medallas que nadie. Pese al lamentable resultado de la selección nacional de hockey sobre hielo, Rusia encabeza el medallero por delante de Noruega, Canadá y EE. UU.

«¿Por qué cuesta tanto reconocer que estos Juegos han sido unos buenos Juegos?», comenta el New York Times con ocasión de la clausura, e insinúa que muchos de los críticos de Sochi de los meses anteriores no estaban interesados en el deporte sino en hacer campaña política. «Quizá porque su éxito es también un símbolo del poder y la influencia del presidente Vladímir Putin», continúa el periódico. «Pero si los Juegos no se hubieran celebrado allí, la protesta contra la ley antihomosexualidad y otras leyes represivas rusas no habrían llegado a oídos de tanta gente. Putin consiguió los Juegos y su país floreció. Pero al mismo tiempo quedó a la vista una cara menos favorable de Rusia, y ese podría ser el mayor éxito de estos Juegos».[7]

Esa noche, el presidente ruso, desde la tribuna de honor, sonríe, saluda, celebra y no deja entrever la decisión que ha tomado unas horas antes. Va a recuperar Crimea para Rusia. La operación ya está en marcha.[8]

A finales de febrero de 2014, la bandera rusa ondea en el tejado del Parlamento regional de Crimea. Los diputados han aprobado por gran mayoría la anexión de la península a Rusia. Contando la flota del Mar Negro, en Crimea hay un total 20 000 soldados rusos. El tratado de estacionamiento es válido hasta 2042. Tropas rusas sin distintivos nacionales ocupan el aeropuerto de Simferopol y cercan los cuarteles del ejército ucraniano. Se ofrece a las unidades ucranianas la elección entre cambiar de bando o retirarse hacia Kiev. Algunas se quedan y otras deciden renunciar a sus sedes del Mar Negro.[9]

Al cabo de unos días, una abrumadora mayoría de la población se pronuncia a favor de la incorporación a Rusia en un referéndum organizado por Moscú. El 93 por ciento de los cerca de dos millones de habitantes con derecho a voto[10] votan sí. La participación es del 80 por ciento.[11]

Un estudio del prestigioso instituto demoscópico Pew Research Center de Washington confirma que la mayoría de la población de Crimea votó a favor de Rusia y en contra de Kiev. Putin permanece impertérrito ante la airada acusación telefónica de Merkel de que «ha atropellado el derecho internacional con la inaceptable intervención rusa en Crimea»,[12] y también ante el reproche de no haber anunciado a tiempo su intención de apoderarse de Crimea. Le explica fríamente a la canciller que las medidas adoptadas por Rusia son «totalmente adecuadas» después del golpe de estado de Kiev. Merkel está fuera de sí, según relatan sus colaboradores.

El anuncio de Obama de que Rusia lo pagará caro también le deja frío.[13] En 18 de marzo de 2014, Vladímir Putin suscribe en un acto solemne en el Kremlin la anexión de Crimea a Rusia. Las amenazas de Washington de excluirlo del club de países industrializados G8 le resultan tan indiferentes como las amenazas de sanciones de Merkel. Las reacciones negativas ya las daba por descontadas. Como respuesta al envío de buques de guerra americanos al Mar Negro por

Obama, ordena colocar el recién estrenado sistema de misiles *Bastion* en la costa de Crimea, de manera que se distinga claramente en las fotos de los satélites espía de EE. UU.[14]

«Siempre nos han engañado, han tomado decisiones a nuestras espaldas, nos han obligado a aceptar hechos consumados», afirma en defensa de la acción de recuperación, entre el aplauso atronador de la élite política reunida.[15] La anexión se ha realizado sin derramamiento de sangre. En Crimea no se ha disparado ni un solo tiro. La valoración de Putin por los rusos se dispara en las encuestas hasta valores nunca vistos, por encima del 70 por ciento.[16]

Meses después, sigue aferrado a su convicción de que Occidente impulsó y forzó deliberadamente el *regime change* en Kiev, en lugar de respetar el acuerdo negociado entre la oposición y Yanukóvich, que habían firmado incluso los ministros de Exteriores alemán, francés y polaco. Siempre fue escéptico al respecto y no creyó en él. Al hablar del tema, se enardece cada vez más. «Los motivos que me dieron más tarde Merkel, Hollande y Obama para explicar por qué las cosas fueron así y no de otro modo, son siempre los mismos. La situación se había desbordado y no había quedado otra alternativa. No habían podido hacer nada». Para Vladímir Putin, esto no son más que pretextos. Para él, los europeos fueron, si no cómplices, al menos comparsas de un golpe de estado escenificado por América. E incluso aunque no fuera así, Merkel y Hollande habrían tenido posteriormente la opción de intervenir políticamente y decir que no apoyaban el golpe.

«Pero no lo hicieron», continúa casi sin tomar aliento durante nuestra conversación a principios del verano de 2014, «y cuando los americanos me vienen con los mismos argumentos, les pregunto: ¿Y entonces por qué no reaccionásteis conjuntamente? A los embajadores occidentales no les habría costado nada ponerse de acuerdo con su colega norteamericano y reunir a la oposición en Kiev para decirles: no reconocemos este cambio de Gobierno. Traed de vuelta al presidente y organizad las elecciones de manera legítima, tal y como habíais acordado. Si lo hubieran hecho, ahora no tendríamos los conflictos que tenemos, ni habría habido miles de muertos en Ucrania».

La lucha por esclarecer si se trató de una liberación democrática o de una vulgar asonada, por saber exactamente el qué y el cuándo de lo sucedido, y por establecer la responsabilidad de cada acto, tampoco ha finalizado en Occidente. Hasta hoy sigue sin estar claro quiénes eran los francotiradores del Maidán, que abatieron tanto a manifestantes como a policías. Lo que es indudable es que esa masacre fue un detonante decisivo para el violento cambio de régimen. Se sabe que la *berkut*, la unidad especial del ministerio del interior, cooperaba con un grupo denominado Omega que contaba con francotiradores entre sus filas. El antiguo ministro del Interior ucraniano Vitali Sajarchenko lo reconoce en una entrevista con *Der Spiegel*.[17] Pero todavía no se ha aclarado si los francotiradores apostados en los tejados de los alrededores del Maidán obedecían órdenes de Yanukóvich o actuaban en nombre de la oposición con el fin de caldear el ambiente. O si hubo intervención de terceros.

Según la grabación de una conversación telefónica que mantuvieron el ministro estonio de Exteriores Urmas Paet y la antigua alta representante de asuntos exteriores de la UE Catherine Ashton justo después del cambio de Gobierno ha vuelto a agitar el debate. Paet le relata a Ashton su visita al Maidán. Según él, una médica de servicio le habría enseñado unas fotos que mostraban que tanto los manifestantes como los policías habían sido asesinados con armas del mismo tipo. La doctora habría afirmado que «de acuerdo con todos los indicios, personas de ambos bandos habían sido atacadas por el mismo francotirador», añade el ministro de Exteriores Paet. Además, resultaba lamentable que la coalición del Maidán se negara a investigar el origen de los disparos, según puede oírse en la conversación grabada y publicada en internet, que llegó a todas las portadas. El ministro de Exteriores estonio continúa relatando sus conversaciones con activistas del Maidán y afirma que se refuerza la sospecha de que «detrás de los francotiradores quizá no estaría Yanukóvich, sino alguien de la coalición».[18] El ministerio de Exteriores confirma que la conversación se produjo, pero no desea comentarla.

Las dudas sobre la versión de los nuevos líderes, para quienes todos los muertos fueron sin excepción víctimas del Gobierno derrocado, siguen sin aclarar. Hay vídeos que demuestran que algunos combatientes del Maidán estaban armados. El líder del sector derechista Dmitri Yárosh, que trabajó con sus hombres al lado del comandante del Maidán Andriy Parubiy, «venía ordenando a sus camaradas disparar a la policía desde enero y contribuyó así decididamente a la sangrienta escalada», relata *Der Spiegel*.[19] Y el Consejo de Europa, que creó una comisión para investigar los disparos del Maidán, critica duramente las pesquisas de la justicia ucraniana y habla de «obstrucción» y «falta de independencia».[20]

21. GUERRA Y PAZ

Cómo miles de muertos forzaron las negociaciones de Minsk

Una invitación a pasear bajo una ligera lluvia y suaves temperaturas de final de verano a la orilla del Amur, en septiembre de 2014, cerca de Blagovéshchensk. La ciudad rusa junto a la frontera fluvial con China se encuentra a ocho horas de vuelo de Moscú. En la finca de la casa de huéspedes estatal, los guardaespaldas mantienen una discreta distancia detrás de nosotros. Vladímir Putin necesita movimiento, esta semana está realizando un *tour d"horizon* rutinario por el inmenso país, con una breve visita a Ulan Bator, la capital de Mongolia.

Para empezar, asistimos al campeonato mundial de judo en Cheliabinsk, en los Urales, una cita ineludible para el presidente ruso. Es presidente de honor de la federación mundial de judo, aparte de ser cinturón negro. En el reformado pabellón de deportes de invierno denominado Traktor, las cosas van bastante bien para los anfitriones. La selección rusa masculina pasa a la final tras una victoria clara contra Alemania, aunque acaba perdiendo contra el eterno campeón, Japón. Los alemanes se llevan el bronce. El interés de Putin se centra en la promesa rusa, el campeón olímpico Taguir Jaibuláyev. Es fan del famoso judoca y ha compartido con él, sin formalidades, más de un *randori*, como llaman los amantes de las artes marciales japonesas a las sesiones de entrenamiento. En los Juegos Olímpicos de Londres de 2012, se encontraba con el primer ministro Cameron al borde del tatami cuando su compatriota ganó la medalla de oro. Pero ahora, en Cheliabinsk, Jaibuláyev pierde en la semifinal individual contra un alemán. La esperanza de ganar el campeonato mundial en Rusia se esfuma. Horas más tarde, el avión presidencial despega rumbo a Siberia. Lo que iba a ser un acto rutinario adquiere inesperadamente simbolismo político. En los alrededores de Irkutsk, Putin inaugura el tramo local del Sila Sibiri, un nuevo gaseoducto con dirección a China. Desde el inicio de la crisis ucraniana, la cooperación con China ha ganado peso. Rusia y el Imperio del Centro han suscrito un contrato de suministro de gas para las próximas décadas por un valor de 400 000 millones de dólares, y este no es el único aspecto en que se intensifica la relación con China.

Y ahora la comitiva del Kremlin ha aterrizado a orillas del Amur. El presidente quiere comprobar personalmente si las autoridades han logrado arreglar los daños causados hace un año por el tifón que provocó grandes inundaciones, o se han limitado a sacar brillo a unas cuantas fachadas. Impulsado por una mezcla de interés personal y propaganda política, recorre regularmente con su avión el gigantesco país para hacer saber a la población, incluso a miles de kilómetros de distancia, que, aunque el Kremlin esté tan lejos, el presidente se preocupa por ellos.

Estos días, tras los bastidores de la rutina política diaria, tienen lugar intensas negociaciones sobre un posible acuerdo de paz entre Kiev y Ucrania oriental. El ministro de Defensa Shoigu y el jefe del estado mayor Valeri Guerásimov lo mantienen al corriente sobre el curso de los enfrentamientos en la región. Tras el cambio de régimen en Kiev en febrero, las regiones orientales de Donetsk y Lugansk se han declarado independientes, y desde entonces el ejército ucraniano intenta reconquistar las repúblicas populares mediante «acciones antiterroristas»[1]. El ejército ucraniano, que esperaba una victoria rápida, ha subestimado tanto a los adversarios como el empeño de Rusia por apoyar a los separatistas.

En los últimos días, los rebeldes han cercado a las unidades del ejército ucraniano en la ciudad de Ilovaisk, cercana a Donetsk. La situación es desesperada, y por ello el presidente ucraniano Petró Poroshenko ha telefoneado varias veces a Vladímir Putin. Poroshenko quiere negociar, definir unas condiciones para la retirada de sus soldados. «Intenté disuadir a Petró Poroshenko de reanudar los combates en el Este de Ucrania cuando llegó al poder», cuenta Putin tras los primeros metros bajo la llovizna, «pero no lo conseguí. Seguramente no le habrían dejado».

El oligarca ucraniano Poroshenko, cuya popular emisora de televisión Canal 5 informó en directo durante semanas sobre los acontecimientos del Maidán desde la perspectiva de los manifestantes, es el vencedor provisional tras el cambio de régimen en Kiev. Después de la huida de Víktor Yanukóvich al exilio ruso, Poroshenko ha ganado la partida de póker interna gracias a sus miles de millones y a su poder mediático. En las elecciones celebradas en mayo de 2014, Poroshenko se impuso con gran ventaja a Yulia Timoshenko,[2] la mujer a cuya liberación condicionaron la UE y Angela Merkel el destino de Ucrania. La figura simbólica de Occidente no superó el 12 por ciento de los votos. Arseni Yatseniuk, el favorito de EE. UU., será primer ministro, y Vitali Klichkó, el candidato del Gobierno alemán, llegará por fin a la alcaldía de Kiev.

Antes de su iniciar su periplo por Rusia, Putin se reunió con Poroshenko y habló largamente a solas con él por primera vez. Al margen de la cumbre de la Unión Euroasiática en Minsk, Vladímir Putin deja claro a su nuevo colega que Rusia no va a abandonar a los separatistas del Este del país. Exige autonomía para la región, en la que se habla predominantemente ruso. Rechaza categóricamente la petición de Poroshenko de cerrar la frontera rusa para cortar la ayuda a los rebeldes. Mientras estiramos las piernas, me cuenta que su prioridad era hacer entender a Poroshenko algo que anteriormente había señalado como innegociable a Merkel y Hollande: Rusia no permitirá que Kiev liquide militarmente a los rebeldes antes de que haya negociaciones directas en torno a su exigencia de mayor autonomía. Poroshenko discrepa. Solo hablará sobre concesiones políticas cuando los separatistas estén completamente desarmados, y anuncia nuevas acciones militares, a lo que Putin replica que eso dará lugar a un inútil derramamiento de sangre. La respuesta de Poroshenko es escueta: no tiene otra opción que luchar. Los dos contrincantes solo están de acuerdo en que no están de acuerdo. Así estaban las cosas hasta hace pocos días. Ahora, la realidad sobre el campo de batalla ha acelerado la disposición a negociar.

Petró Poroshenko lucha en muchos frentes. También se ve sometido a presiones en su propio país. El primer ministro Arseni Yatseniuk ha rechazado las negociaciones de alto el fuego antes incluso de la cumbre de Minsk, alegando que no se puede traicionar a la revolución. Oleksandr Turchínov, por entonces presidente de la Verjovna Rada, el Parlamento de Kiev, descarta resueltamente cualquier solución diplomática: «Esta guerra solo puede acabarla el ejército ucraniano».[3] Los nuevos líderes son conscientes de que se enfrentan a un tremendo problema. Las ilusiones generadas por la revolución de febrero se parecen muy poco a la realidad. El país se encuentra en una situación límite tanto política como militar. Las expectativas que debe satisfacer Poroshenko para sobrevivir políticamente, sea cual sea su opinión personal, son descomunales. Si no hay una solución militar rápida y el ejército, que se encuentra en un estado lastimoso, acaba por perder la partida, pronto muchos se preguntarán para qué han servido tantas víctimas. El electoralismo no descansa ni en tiempos de guerra. Las elecciones parlamentarias están próximas.

Durante nuestra pequeña excursión a pie, con gotas de lluvia corriéndole por la cara, Vladímir Putin me resume las conversaciones telefónicas de los últimos días: «Le dije a Poroshenko que no podía ganar el conflicto militarmente. La solución solo puede ser negociada». Pronto el tema de las conversaciones derivará hacia las condiciones necesarias para que las tropas ucranianas atrapadas en Ilovaisk puedan salir del cerco. A pesar de los avances iniciales, los asesores militares de Poroshenko han acabado aceptando la estimación de la OTAN de que «Kiev ya ha perdido la guerra», como describe *Der Spiegel* el análisis de la Alianza. El presidente ucraniano quiere conseguir al menos que Putin negocie una «retirada honrosa» para los soldados derrotados y para sus armas pesadas. Tras consultar con la cúpula militar, Vladímir Putin formula una oferta en la siguiente llamada. Se permitirá la retirada honrosa, pero sin armas pesadas, solo con las ametralladoras en el equipaje. «Poroshenko aceptó», afirma Putin describiendo su acuerdo con el presidente ucraniano, «pero las tropas no cumplieron el pacto y, contra lo acordado, iniciaron un intento de evasión violento con sus armas pesadas. Han sufrido graves pérdidas. No hacía ninguna falta». Vladímir Putin no puede entender por qué los comandantes enemigos, a pesar de lo desesperado de la situación, decidieron utilizar a sus hombres como carne de cañón. «Existe una lógica militar», afirma, y no oculta que la escalada le pareció cínica y poco profesional. «Occidente no va a intervenir hagan lo que hagan, eso lo sabe todo el mundo». Una parte de las tropas ucranianas está formada por batallones de voluntarios. Se denominan Donbass, Dniepr o Azov, están oficialmente a las órdenes del ministerio del Interior, actúan por su cuenta como guardia nacional ucraniana y se les considera ultranacionalistas; de hecho, no es raro que utilicen la esvástica como enseña de combate.[4]

Durante el paseo, la lluvia ha ido arreciando. Los guardaespaldas nos traen paraguas. Emprendemos el camino de vuelta y Putin me narra el final del episodio. Poroshenko volvió a llamarle, y entonces sí que se cumplió el pacto. La mayoría de las armas pesadas las destruyeron los propios soldados antes de retirarse. «En los últimos días hemos hablado un montón de veces sobre la manera de acabar con este absurdo baño de sangre, y de cómo encontrar una salida pacífica».

Cuando esa noche le pregunto si es cierto que, como cuentan los periódicos digitales, en una conversación con el presidente de la Comisión Europea Barroso amenazó con que las tropas rusas podrían estar en Kiev en dos semanas, Vladímir Putin reacciona de manera emocional. «Menudo imbécil», estalla, pero de inmediato recobra la calma y pregunta incrédulo: «¿De verdad ha dicho eso?» La noticia procede del periódico italiano *La Repubblica* y en las últimas horas ha corrido como un reguero de pólvora por los diarios de referencia alemanes.[5] El presidente saliente de la comisión y adversario declarado de Putin habría declarado ante los jefes de Gobierno en la cumbre de la UE de finales de agosto que el presidente ruso le había amenazado telefónicamente con la frase: «Si quiero, puedo tomar Kiev en dos semanas».

Para Putin, la afirmación de Barroso entra en la categoría de la guerra psicológica. «Si le dije eso a Barroso fue precisamente para darle a entender que no tenemos, ni teníamos, ninguna intención de entrar en Kiev», replica rechazando de plano la acusación. «Es justo lo contrario». Y, después de reflexionar un momento, afirma que no está dispuesto a dejar las cosas así. «Si es necesario, publicaremos la conversación completa para aclarar cualquier malentendido, si es que lo ha habido. Está grabada». Dos horas después del pasero, Yuri Ushákov, el asesor del presidente en política exterior, envía a las agencias de prensa un breve comunicado sobre la afirmación de Barroso. «La cita ha sido sacada de contexto y el significado real es completamente distinto».[6] Y el embajador ruso en la UE, Vladímir Chíshov, entrega una carta anunciando que el Kremlin publicará la carta en 48 horas si Barroso no rectifica sus afirmaciones.[7]

24 horas más tarde, Pia Ahrenkilde Hansen, portavoz del presidente Barroso, declarará al *Wall Street Journal* en Bruselas que la frase, pronunciada en el curso de una conversación confidencial, había sido lamentablemente «sacada de contexto». Bruselas, añade, tendría interés en resolver el asunto por la vía diplomática.[8] Dos semanas más tarde, el *Süddeutsche Zeitung* publica nuevamente una supuesta cita de Putin según la cual el presidente ruso alardea de poder presentarse en Kiev con sus tropas no en dos semanas, sino en dos días, y no solo en Kiev, sino también en Riga, Vilnius, Tallin, Varsovia y Bucarest. El corresponsal del *Süddeutsche Zeitung* en Bruselas menciona como fuente a Poroshenko, quien a su vez se la habría escuchado a Barroso.[9] Petró Poroshenko afronta dentro de unos días unas elecciones parlamentarias adelantadas; su competidor, el primer ministro Arseni Yatseniuk, ha creado una lista propia y se dedica a caldear aún más el ambiente con lemas marciales de resistencia. En los medios alemanes no se hace mención alguna del anterior desmentido del presidente de la UE Barroso. Continúa la guerra mediática de trincheras.

La derrota de Ilovaisk obliga a Poroshenko a actuar. En Kiev arrecian las críticas, los familiares de los fallecidos protestan públicamente contra los militares y políticos que han dejado a su suerte a soldados y voluntarios en un callejón sin salida. Cuando el ministro de Defensa ucraniano Valeri Geletei, después de la debacle, denuncia públicamente que el aeropuerto de Lugansk ha sido atacado desde Rusia con proyectiles nucleares, Poroshenko lo cesa.[10] Geletei es el tercer ministro de Defensa ucraniano que se va a la calle en los pocos meses del nuevo Gobierno. Consumada la derrota militar, Poroshenko se declara dispuesto a un posible acuerdo de paz.

Un día después del paseo a orillas del Amur, Vladímir Putin presenta a los periodistas apresuradamente reunidos en la sala VIP del aeropuerto de Ulan Bator (Mongolia) un plan de siete puntos que servirá como base para las conversaciones de Minsk. El primer paso consiste en una tregua en las zonas en disputa de Donetsk y Lugansk y la solicitud de un control internacional que vele por el mantenimiento del alto el fuego. Barack Obama ha llegado a Estonia el día anterior y garantiza a los tres Estados bálticos Lituania, Estonia y Letonia la solidaridad de EE. UU. «La actuación de Rusia y los separatistas pro-rusos de Ucrania recuerda a oscuras maquinaciones del pasado europeo que deberían ser historia desde hace mucho tiempo».[11] Y vuelve a asegurar a los tres Estados algo que en teoría está fuera de duda desde hace años: que, en caso de ataque ruso, la OTAN acudiría en su ayuda.

De Kiev llega una primera respuesta negativa del primer ministro Yatseniuk a la intención de los presidentes Putin y Poroshenko de negociar una tregua. Según él, la propuesta sería un plan «para la destrucción de Ucrania y el restablecimiento de la Unión Soviética».[12] Yatseniuk ya anunció años atrás su plan para construir un muro de 2000 kilómetros de longitud con alambradas y minas en la frontera entre su país y Rusia. Eso sí, no explica cómo ni con qué medios. El presidente Poroshenko más moderado, toma nota de la propuesta de Putin. Siete años después de que el largo conflicto ucraniano desembocase en febrero en el Maidán en una espiral trágica de violencia militar con miles de muertos, la primera tarea concreta ha de ser estudiar la manera de evitar un nuevo baño de sangre y los costes políticos que deben pagarse para lograrlo.

Un grupo de contacto, formado por representantes rusos y ucranianos, separatistas y representantes de la Organización para la Seguridad y la Cooperación en Europa (OSCE), se reúne en terreno neutral en la capital bielorrusa Minsk y empieza a explorar las posibilidades. A pesar de la intención declarada de Poroshenko y Putin, el encuentro no será más que un reflejo de la rabia y la frustración mutuas. Un primer paso, ya que, de algún modo, no hay otra posibilidad, pero nada más. El protocolo que los participantes y la OSCE suscriben el 5 de septiembre de 2014 es ambicioso: contiene trece resoluciones para resolver la crisis. Entre ellas, un alto el fuego con intercambio de prisioneros, la concesión a las repúblicas populares de Lugansk y Donetsk del derecho a tener una administración propia, y el acuerdo de que solo podrán posicionarse armas pesadas fuera de un amplio corredor de seguridad.[13]

Es un primer globo sonda. Los firmantes son personajes de segunda fila, como la enviada de la OSCE Heidi Tagliavini, al antiguo presidente ucraniano Leonid Kuchma, el embajador ruso en Ucrania, Mijaíl Surábov, y los líderes separatistas Aleksandr Sajarchenko e Ígor Plotnitski. Ningún político de primera fila ha querido arriesgarse a quedar en mal lugar. Las heridas que abrió el violento cambio de régimen hace medio año todavía están frescas.

En las semanas siguientes, las noticias procedentes de Ucrania vuelven a empeorar. La implantación del tratado con todas las consecuencias parece inimaginable. Los separatistas conquistan nuevas zonas, Occidente impone sanciones más rigurosas, EE. UU. eleva el tono de la crítica.

El presidente Obama lamenta que los separatistas reciban «apoyo ruso, equipos rusos, dinero ruso, formación rusa y tropas rusas».[14] Los tres *think thanks* más importantes del país —el Atlantic Council, el Brookings Institute y el Chicago Council on Global Affairs— remachan estas afirmaciones con un comunicado conjunto que exige la entrega de armas pesadas a Kiev sin más dilación. La lógica de los expertos —antiguos políticos del sector de la defensa, militares y embajadores norteamericanos del entorno de la OTAN— es simple: hay que obligar a Rusia por la fuerza a adoptar una postura más conciliadora hacia Occidente.

«Según este enfoque, un rearme del ejército ucraniano permitiría matar más rebeldes y soldados rusos, lo que comportaría un revés político para el presidente ruso, que se vería forzado a sentarse a la mesa de negociación», escriben en el *Washington Post* Fiona Hill y su compañero Clifford Gaddy, del Brookings Institute, criticando severamente la propuesta de sus compañeros. Lo único que se conseguiría, afirman, sería continuar la escalada. Ambos son acreditados expertos en la materia, autores de *Mr. Putin: Operative in the Kremlin*, la obra estándar sobre la política rusa de los últimos años. «Si esa propuesta se impone, no será solo Ucrania quien se verá arrastrada al torbellino de un conflicto militar con Rusia». No sería posible contra con Berlín. Y tampoco con el presidente ruso. «Putin interpretaría que todo nuevo compromiso solo serviría para animar a Occidente a subir la apuesta».[15]

Ante la tensa situación, Angela Merkel y François Hollande se han puesto de acuerdo en promover una nueva ronda de negociaciones. Por eso ambos viajarán a Moscú para hablar con Vladímir Putin sobre posibles soluciones para el encallado conflicto. Tras ello se celebrará un nuevo encuentro en Minsk, esta vez con representación de alto nivel. Además del dúo europeo, participarán por primera vez los presidentes ruso y ucraniano. Pero los separatistas no, exige Poroshenko, negándose a aceptarlos como parte negociadora en igualdad de condiciones. No quiere despertar en su país la impresión de que está dispuesto a conformarse con el *status quo*.

En la Conferencia de Seguridad de Múnich de principios de febrero de 2015, las posturas divergentes de Alemania y EE. UU. chocan públicamente por primera vez. Seguramente no es casualidad que en las portadas de los medios americanos aparezca, coincidiendo con el inicio de la cumbre, una información más que dudosa, que al parecer explicaría la inflexibilidad exhibida por Putin. Según el diagnóstico, Putin sería autista y sufriría un defecto neurológico denominado síndrome de Asperger. «Una disfunción de carácter autista que afecta a todas las decisiones», según un dosier confidencial citado por el diario *USA Today*, «debido a una interrupción grave de su desarrollo neurológico durante la infancia».[16] Sin embargo, los autores del estudio, encargado ya en 2008 por el Pentágono, advierten que no les ha sido posible estudiar el cerebro de Putin. En lugar de ello han tenido que conformarse con imágenes de vídeo tomadas de apariciones televisivas del presidente ruso.

Al inicio de la conferencia celebrada en la sexta planta del Bayerischer Hof de Múnich, Victoria Nuland, secretaria del Departamento de Estado norteamericano, explica a la delegación de diplomáticos, senadores y generales norteamericanos cómo deben comportarse para presionar de verdad a los alemanes. El viaje de Merkel a Moscú no le merece excesiva consideración; lo denomina «el tema de Merkel en Moscú». El diario sensacionalista *Bild-Zeitung* formula en estilo rimbombante esta gran revelación: «Lo que los políticos americanos piensan de verdad sobre los alemanes en la crisis de Ucrania». A los dictadores como Putin «no se les hace abandonar su comportamiento brutal yendo a visitarlos a Moscú», comenta John McCain criticando la actitud por lo visto demasiado franciscana de la canciller. Para otros, la ministra de Defensa Ursula von der Leyen es una «derrotista alemana». Nuland exhorta a los políticos americanos a hacer causa común para mostrar bien a las claras su postura. «Podemos luchar contra los europeos, luchar retóricamente». Y para mostrar cómo se hace, imparte al equipo estadounidense una clase rápida de trucos e ideas para el uso de armas verbales. «Les ruego encarecidamente que hablen siempre de los *sistemas defensivos* que nosotros vamos a ofrecer, en contraste con los *sistemas ofensivos* que suministra Putin»: así cita el *Bild-Zeitung* una de sus recomendaciones de estrategia semántica.[17]

Para Angela Merkel, la ofensiva evangelizadora de Washington es una experiencia novedosa. Al día siguiente, cuando sube a la tribuna de oradores, la canciller utilizará un tono que, tratándose de ella, resulta inusualmente expresivo. Un día después de su encuentro con Putin en Moscú, dirige estas palabras a los americanos ante la repleta sala de conferencias: «El problema es que no logro imaginarme una situación en la que un rearme del ejército ucraniano pueda dejar al presidente Putin tan impresionado que tema perder militarmente».[18] Rechaza las entregas de armas a Ucrania. Al menos de momento.

Al final, en el maratón nocturno de negociaciones, las partes en conflicto logran redactar un plan común de 13 puntos para traer la paz a Ucrania oriental.[19] Muchos de los pasos acordados no son nuevos: intercambio de prisioneros, alto el fuego, zonas desmilitarizadas o retirada del ejército ucraniano. Pero los rebeldes ya han abandonado la exigencia de independizarse de Ucrania. Ahora reclaman autonomía. Y unas fronteras exactas para la región. Durante la noche, los rivales se enfrentan todavía en intensos combates en torno a Debaltseve, y de nuevo las tropas ucranianas no llevan las de ganar. Debaltseve no es más que una pequeña ciudad, pero alberga un importante nudo de comunicaciones. Allí se cruzan las dos carreteras de larga distancia más importantes de Ucrania oriental, una de las cuales es la M4, que une los dos bastiones de los separatistas, Donetsk y Lugansk. La situación es similar a la de Minsk I. Las tropas ucranianas están cercadas. Realizarán un intento de evasión que tendrá éxito, aun a costa de elevadas pérdidas.

CONOCIMIENTO E INTERÉS

Junio de 2015, una noche cálida de verano en Moscú. Cuatro meses después de Minsk II, vuelvo a encontrarme con el presidente ruso. Como de costumbre, se hace tarde. Al día siguiente se celebra el «Día de Rusia», una festividad, para muchos moscovitas la ocasión de pasar un fin de semana largo en una dacha en las afueras de la ciudad. También Vladímir Putin tiene unos cuantos compromisos oficiales menos en Novo-Ogáriovo y queda para comer con sus hijas en la residencia oficial.

Esa noche vuelve a pasar revista a los acontecimientos de los últimos meses, incluida la reacción de Occidente, que oficialmente condena los intereses geopolíticos de Rusia como política trasnochada del siglo XIX y al mismo tiempo, a ojos de Putin, hace exactamente lo mismo con su rígida pretensión de superioridad moral. Habla del recrudecimiento de las sanciones económicas contra Rusia, que sin duda son dolorosas, pero también afectan a Europa.

Las negociaciones directas entre Kiev y Ucrania oriental avanzan con lentitud. Desde su punto de vista, los eslóganes de resistencia de Kiev carecen de sentido, porque a la larga Ucrania no puede ganar el conflicto con Rusia ni militarmente ni económicamente. Aunque el Fondo Monetario Internacional, la Unión Europea y EE. UU. apoyen al Gobierno de Kiev, el descontento de la población seguirá creciendo, y con cada día de guerra aumentan también los costes.

Merkel y Hollande, continúa, siguen recordándole públicamente que los rebeldes son separatistas pro-rusos. «Utilice su influencia, haga esto, haga lo otro»: ese es el tono de sus constantes amonestaciones. Le piden que negocie él en lugar de los rebeldes, a quienes Kiev ignora como parte negociadora, pero él ve en esa demanda el intento de convertirlo en chivo expiatorio. «Yo no soy ciudadano ucraniano. Siempre replico: ¿Y ustedes qué hacen para influir en sus discípulos de Kiev? ¿Y por qué están siempre solo de su parte?»

Finalmente, a pesar de todas las diferencias, elogia a Merkel y Hollande, que esa noche, en Minsk, entendieron que, si no había resultados, el fracaso también era suyo. O, por ejemplo, que participaron activamente en la discusión sobre el concepto de autonomía que Poroshenko rechazaba, o que apostaron por una reforma de la Constitución que hiciera posible un autogobierno efectivo de los territorios de Ucrania oriental. Kiev insistía en el concepto de descentralización en oposición al de autonomía. Era una cuestión de principio, la del derecho de la población rusa de Ucrania a hablar su lengua materna y cultivar su identidad nacional. Y también al intercambio comercial con la Federación Rusa y a las elecciones municipales. Nada que fuera más allá de los derechos normales de las minorías nacionales de Europa. «Fueron Merkel y Hollande quienes, durante la discusión sobre la palabra adecuada en el curso de la negociación, descifraron el significado verdadero y explicaron lo que entendían por descentralización, y al final nosotros acabamos aceptándolo». Fueron los últimos obstáculos de las negociaciones nocturnas. «Y convencimos a los representantes del Donbass de que lo aceptasen también. No estaban en la sala porque Kiev no quiere hablar directamente con ellos, pero el texto se consensuó con ellos también».

Para Putin, el peligro del fracaso de las negociaciones seguirá presente mientras Kiev no reconozca que los representantes de Ucrania oriental son interlocutores legítimos. Y no piensa desistir de esa exigencia. El recurso a mediadores solo es válido durante un tiempo. Para que un compromiso sea sostenible, deben negociarlo directamente las partes, ya que al fin y al cabo son ellos quienes tendrán que vivir con el resultado, argumenta.

La decisión de Poroshenko de cortar las relaciones económicas con la zona, dejar de pagar las pensiones y reducir al mínimo las prestaciones sociales y el sistema bancario, le parece un castigo a su propia población que solo puede tener un efecto contraproducente para Ucrania. «Queda mucho camino por hacer», afirma finalmente. También ha aceptado que, en algún momento, la frontera entre el Donbass y Rusia deberá ser controlada por soldados ucranianos para preservar la soberanía nacional en Ucrania oriental. «Pero también he hecho notar que esa condición no puede estar al principio del proceso de paz, sino que en todo caso será el último paso en ese camino. No vamos a permitir que se cerque a los habitantes de Ucrania oriental para aniquilarlos».

Vladímir Putin dice lo que piensa. Esa noche, lo deja fuera de toda duda.

EPÍLOGO

La paz fría

San Petersburgo, 21 de junio de 2015. Frente al Palacio de Invierno, un grupo de trabajadores monta el escenario para el concierto de esta noche. La noche más corta del año es el punto culminante de las Noches Blancas, y también este año atrae a innumerables turistas a la ciudad del Neva. Y, como cada año, la administración municipal ha invitado a los estudiantes que acaban de terminar el bachillerato a celebrar el acontecimiento como huéspedes de honor en la plaza del Palacio. Más tarde, a medianoche, un barco con velas de un brillante rojo escarlata se deslizará por el río. Miles de personas contemplarán el espectáculo a orillas del Neva. Este barco de tres palos es un símbolo de esperanza que se remonta al relato de 1923 *El velero rojo* del escritor ruso Aleksandr Grin. Es la historia de una muchacha pobre que sueña con que un príncipe se la lleve en un velero con velas rojas. En el cuento, el sueño acaba cumpliéndose. El lugar reservado especialmente para los graduados delante del Palacio de Invierno, antigua residencia de los zares, tiene una larga tradición. En 1905, más de 100 000 obreros marcharon hacia aquí tras una huelga general, conducidos por el sacerdote ortodoxo Gueorgui Gapon, para entregar al zar Nicolás II una petición que le recordara lo miserable de su estado. Pero el zar no los recibió, sino que mandó abrir fuego contra ellos. La sangrienta procesión fue, en cierto modo, el ensayo general para la revolución de octubre de 1917, el asalto al Palacio de Invierno y el principio del fin de la dinastía de los zares.

Esta semana, Vladímir Putin se encuentra en su ciudad natal por motivos de trabajo. A diferencia del año pasado, cientos de ejecutivos de empresas internacionales vuelven a afluir ahora al Foro Económico de San Petersburgo, el equivalente ruso al Foro Económico Mundial de Davos. Incluso varios presidentes de consejos de administración norteamericanos se ponen en camino a San Petersburgo. Las sanciones han golpeado duro a Rusia, explica Putin a la élite económica reunida, pero saldrán adelante; quiere mostrar perseverancia y confianza. En cambio, su antiguo ministro de Hacienda Aleksei Kudrin ha adoptado en la conferencia el papel de aguafiestas y previene con la misma insistencia contra el optimismo de Putin. «Estamos en una crisis con todas las de la ley», constata. «Hasta final de año, los datos económicos no harán más que empeorar».[1]

La situación económica ha reactivado un viejo debate. Putin tiene en gran estima la capacidad analítica de su amigo, aunque sus propuestas políticas no siempre le han convencido en el pasado. Pero admite que Kudrin no es el único que sugiere la necesidad de recortes sociales. La idea también es compartida por una parte del Gobierno. La discusión interna en el seno del Gobierno en torno a las prestaciones sociales es un tema permanente, que el jefe del Kremlin tiene que afrontar periódicamente. Desde hace meses se viene repitiendo que, con un grado de popularidad presidencial tan alta, la ocasión es inmejorable para llevar a cabo las reformas económicas necesarias. Pero Putin es prudente. «Si hubiéramos puesto en práctica todo lo que me ha recomendado mi amigo Kudrin, seguro que la economía iría mejor, pero tendríamos millones de personas en la calle sin trabajo».

Las notas que ha sacado Vladímir Putin en los exámenes de estos días son de estudiante modélico. «La valoración positiva de Putin alcanza un 89 por ciento, más que nunca», titula el *Washington Post*. Las esperanzas de los políticos occidentales de forzar el cambio de rumbo del presidente por medio de sanciones no se han cumplido, constata el periódico, y tampoco ve ninguna posibilidad de que las cosas cambien en un plazo razonable. «Quienes especulaban con que Putin perdería el apoyo de su población, pueden comerse esas esperanzas con patatas», recomienda el artículo a los estrategas políticos.[2] El grado de aprobación registrado por el Instituto Levada de Moscú es el más alto que se ha determinado desde el principio del milenio; los acontecimientos tras el cambio de régimen en Kiev no han hecho más que incrementarlo notablemente. El instituto, cercano a la oposición, publica también otros resultados que explican por qué el presidente ruso es tan popular. En el momento de la toma de posesión de Putin, casi un tercio de los rusos vivía por debajo del umbral de pobreza; ahora son el 11 por ciento. La esperanza de vida ha aumentado de 65 a 70 años. Hay menos homicidios, y también ha desaparecido el temor a la desaparición de los rusos. La población, que se redujo durante largos periodos, vuelve a crecer desde hace unos años.[3] También es cierto que se reprocha al jefe del Gobierno no haber sido capaz de poner coto a la corrupción que se extiende por todo el país. Y Vladímir Putin sabe también que la caída del precio del petróleo puede echar por tierra el balance positivo.

Es poco después de medianoche cuando Vladímir Putin, después de un largo día en el Foro Económico, comparece en la biblioteca presidencial Borís Yeltsin para saludar a los periodistas allí reunidos y contestar a sus preguntas a la clausura del evento. Son los temas habituales de las grandes agencias de prensa. Ucrania y el mundial de fútbol de Rusia de 2018, o la posibilidad de que la empobrecida Grecia pueda ganar algo de dinero con el tránsito de un gaseoducto ruso, siempre que la UE no frene el proyecto. Nada especial. Y, por supuesto, no puede faltar la inevitable pregunta de si Putin va a presentar en algún momento al mundo a una nueva Putina. «Estoy satisfecho con mi vida», dice con una distendida carcajada, e ignora la pregunta. Habla por teléfono regularmente con su exmujer y sus dos hijas, y por supuesto tiene planes para el futuro. Y luego se despide. Como de costumbre, no aclara cuáles son esos planes.

También deja abierta la cuestión del futuro inmediato de Ucrania. Lo que es seguro es que Putin no renunciará a su interpretación propia de la marcha de las cosas, y que Occidente continuará cultivando el mito Putin. La pregunta de los próximos meses será: ¿hay una manera de salir del aprieto sin perder la cara? El balance del conflicto es deprimente tanto para el Este como para el Oeste. El torpe intento del presidente ucraniano Poroshenko de aplastar militarmente la rebelión ha fracasado, como era de esperar, y ha reavivado los reflejos, antes embotados, de la Guerra Fría.

A la amenaza occidental de suministrar armas para aumentar el coste del apoyo ruso a los rebeldes de Ucrania oriental, Putin responderá con los mismos medios, no ha dejado ninguna duda de ello. En estos momentos abundan los gestos públicos de amenaza. La desconfianza mutua ha crecido enormemente. Cerca del 60 por ciento de los rusos ven en EE. UU. una amenaza para su país.[4] Una sensación que se reproduce al otro lado del Atlántico. «Rusia es la mayor amenaza para nuestra seguridad nacional», afirmó el jefe de Estado Mayor designado Joseph Dunford, otro partidario influyente de la entrega de armas a Ucrania, en el verano de 2015 en su comparecencia en el Congreso. Rusia es una potencia nuclear capaz de dañar la soberanía de aliados de EE. UU. y constituye una «amenaza existencial para los Estados Unidos», añadió Dunford. El comportamiento de Moscú resulta «realmente alarmante».[5] El segundo y el tercer puesto en la lista de enemigos los ocupan China y Corea del Norte. No menciona a los terroristas del ISIS.

Rapid Trident, una de las acostumbradas exhibiciones de musculatura de la OTAN, reúne a tropas de EE. UU. y otros dieciocho países en la zona de crisis, en unas maniobras en cuyo curso se estacionan armas pesadas en los Estados de la vecindad de Rusia. Moscú también muestra su fuerza, reúne soldados en la frontera y envía escuadrones de bombarderos al espacio aéreo internacional. Vladímir Putin ha redescubierto la disuasión nuclear, que para él tiene una ventaja: no depende de la buena voluntad del potencial adversario, sino únicamente del efecto disuasorio sobre el enemigo. Quien dispara primero, muere segundo. Esta lógica funcionó eficazmente durante décadas en la Guerra Fría. Ha anunciado su intención de incrementar su arsenal nuclear con otros cuarenta misiles intercontinentales.

«Los Gobiernos se parapetan. Ya sea en Moscú o en Washington, solo buscan amenazas», escribe el periodista Frank Lübberding en su blog *Wiesaussieht*. Este crítico de los medios analiza ante todo la influencia sobre la información publicada: la mentalidad de búnker «no está limitada solo a Gobiernos paranoicos. Es un virus que ataca a los propios medios. Estos crean sus propias trincheras, donde impera también el cierre de fronteras. La crítica ya no se considera algo normal, sino que se buscan adversarios políticos, igual que los Gobiernos de Moscú y Washington».[6]

Para hacer frente a esta atmósfera cargada de tensión, en diciembre de 2014 más de sesenta personalidades de la política, la economía, la cultura y la prensa publicaron un llamamiento en el que advertían del peligro de una guerra con Rusia y demandaban una nueva política de distensión para Europa. Pero tropezaron con grandes dificultades para publicar el texto en la prensa alemana. Sus redactores y firmantes no eran activistas del pacifismo, sino figuras de primer orden procedentes de los más diversos ámbitos de la política, como el expresidente alemán Roman Herzog, el excanciller Gerhard Schröder, el antiguo secretario general del SPD Hans-Jochen Vogel o Antje Vollmer, de los Verdes. «¿Otra vez guerra en Europa? No en nuestro nombre», rezaba el título del llamamiento, que finalmente fue publicado por el *Zeit online*.

«Sin el espíritu de reconciliación de los rusos, sin la amplitud de miras de Mijaíl Gorbachov, sin el apoyo de nuestros aliados occidentales y sin la prudente actuación del Gobierno alemán de la época, no habría sido posible superar la división de Europa. Hacer posible la unidad alemana en paz fue un gran gesto, lleno de sensatez, de las potencias vencedoras. [...] La demanda de seguridad de los rusos es tan legítima y tan profunda como la de los alemanes, los polacos, los bálticos y los ucranianos. No debemos expulsar a Rusia de Europa. Eso sería antihistórico, insensato y peligroso para la paz».[7]

En el verano de 2015, el instituto norteamericano de estudios de opinión Pew Research Center de Washington ha detectado que las diferencias entre alemanes y americanos han crecido, y que desde el conflicto de Ucrania la imagen de la OTAN entre los alemanes ha empeorado. Solo un cincuenta por ciento tiene un concepto positivo de la alianza militar. Aunque Rusia atacase a un país de la OTAN, más de la mitad de los ciudadanos alemanes preferirían que la OTAN no interviniese, y desde luego los alemanes no están dispuestos a luchar por Ucrania. También están mayoritariamente en contra de que Ucrania ingrese en la UE o incluso en la OTAN.[8]

Por lo tanto, una de las suposiciones que el asesor de seguridad americano Zbigniew Brzezinski planteaba en 1997 de manera tan sorprendente y exacta en su libro *El gran tablero mundial*, ya no es compartida por gran parte de los alemanes: «Actualmente los intereses de Alemania son idénticos a los de la UE y de la OTAN; es más, están completamente interiorizados. Incluso los representantes del movimiento izquierdista Alianza 90/Los Verdes están a favor de la ampliación de la OTAN y la UE», escribió Brzezinski, y encontró la explicación psicológica en el sentimiento de culpa por la guerra: «Alemania ve en el compromiso con Europa una manera de redimirse nacionalmente; además, desde el punto de vista de la política de seguridad, no puede prescindir de los lazos con América. En consecuencia, una Europa que acentúe su independencia respecto a EE. UU. no es una alternativa válida. Para Alemania, redención + seguridad = Europa + América. Esta fórmula resume su actitud y su política y la convierte al mismo tiempo en el modelo a seguir para Europa y en el socio europeo más importante de América».[9]

Ucrania está prácticamente en quiebra, los líderes de Kiev enfrentados, y la población en Kiev y en el Este del país sufre terriblemente, no solo por la catástrofe económica, sino también debido a las ilusiones rotas por la violencia. Esta presión es la causa de que, tras meses de tacticismo, engaños y acusaciones, empiece a surgir poco a poco el deseo de negociar en serio. El conflicto consume miles de millones y sale más caro de lo previsto desde el punto de vista político. Por eso Angela Merkel y François Hollande han adoptado una postura más rígida para obligar a Kiev a hacer concesiones.

También EE. UU. y Rusia han iniciado un nuevo intento de negociación directa. Después de acusarse mutuamente durante meses, Putin y Obama vuelven a hablar por teléfono. El presidente ruso llamó en junio a la Casa Blanca. Una primera toma de contacto personal. El presidente Obama envió primero a su secretario de Estado a Sochi para sondear las posibles coincidencias. No se trata solo de Ucrania, del acuerdo de Minsk y de las razones por las que no se pone en práctica más deprisa. Y es que EE. UU. se ha dado cuenta de que necesita contar con Rusia más de lo que imaginaba. Necesita el apoyo ruso para las negociaciones de cara al acuerdo nuclear con Irán, que lleva décadas intentando lograr y que no será posible sin la ayuda de Putin. Para evitar que Irán construya armas nucleares, EE. UU. consiguió imponer sanciones internacionales en 2006 en el Consejo de Seguridad de la ONU, y las cinco potencias con derecho a veto, con el apoyo de Alemania, llevan casi el mismo tiempo negociando con Irán un acuerdo que, por un lado, permita al país usar la energía nuclear y, por el otro, impida que pueda construir armas nucleares usando esa misma tecnología. Es un proyecto muy importante para Barack Obama, que desea lograrlo antes de abandonar el cargo. Si Irán se atiene a las exigencias, se levantarán las sanciones internacionales. Gracias al apoyo de Putin se logró firmar el acuerdo en el verano de 2015.

Y otro tema esencial es la lucha común contra las milicias del denominado Estado Islámico en Irak y Siria. «El secretario de Estado Kerry ha pedido venir varias veces. El presidente Obama me pidió hace algún tiempo que invitara a Kerry», relata Vladímir Putin. Es el punto de partida para nuevas conversaciones. «Al fin y al cabo, impulsamos nuestra cooperación con EE. UU. por diferentes canales. ¿Quién sino los ministros de Exteriores puede asumir esta tarea? ¿Los ministros de Defensa? Espero que no».

SIRIA: THE END

Esa esperanza no se cumplió. Pocas semanas después, en la Asamblea General anual de la ONU, Barack Obama y Vladímir Putin volvían a enzarzarse públicamente en torno a la manera de poner fin al conflicto de Siria. El presidente americano elogió la alianza anti-Ásad, formada por EE. UU., Arabia Saudí, los Estados del Golfo y Turquía, que llevaba años luchando directa e indirectamente contra el Gobierno sirio con fuerzas especiales, bombardeos y suministros de armas. EE. UU. seguía empeñado en derrocar al alauí Bashar Al Ásad, y Rusia pretendía estabilizar el régimen de Damasco para evitar que el Estado Islámico y las distintas facciones de Al-Qaeda tomasen el poder en Siria. Y luego el presidente ruso mencionó los casos de Irak y Libia y le recordó a su homólogo estadounidense que la política americana no está precisamente libre de culpa en lo que respecta al crecimiento del extremismo en Oriente Próximo. El EI no surgió de la nada.

Pero Vladímir Putin no se conforma con las palabras. El 30 de septiembre de 2015, dos días después de la disputa en la ONU, la aviación rusa actúa por primera vez en Siria y salva al Gobierno de Ásad de la derrota inminente. Desde entonces, la intervención militar de Moscú ha alterado de manera decisiva la relación de fuerzas sobre el terreno. Además, Rusia ha conseguido apartar a Turquía de la alianza anti-Ásad y convencerla de llevar a cabo acciones concertadas, si bien es cierto que las conversaciones entre los distintos grupos sirios para alcanzar una solución política serán tan difíciles como lentas.

«Sin la intervención rusa», analiza el general alemán Harald Kujat, antiguo presidente del Comité Militar de la OTAN, «no habrían existido las conversaciones de paz». (http://www.deutschlandfunk.de/ehemaliger-nato-general-kujat-zu-syrien-beide-seiten.694.de.html?dram:article_id=361923) El resultado será parecido al que ya predijo Kofi Annan en 2012 durante su mediación en nombre de la ONU, antes de que la secretaria de Estado Hillary Clinton torpedease la solución. Un Gobierno de transición, una nueva constitución y, finalmente, elecciones libres.

El último intento del secretario de Estado John Kerry por aceptar una propuesta de Vladímir Putin durante el periodo presidencial de Obama e iniciar una acción militar concertada ruso-americana contra el Estado Islámico fracasó ante la resistencia del secretario de Defensa estadounidense Carter.

«Los detalles acerca de un futuro acuerdo sobre Siria agrandan la brecha entre John Kerry y el Pentágono», titula el New York Times. (https://www.nytimes.com/2016/09/14/world/middleeast/syria-john-kerry.html) Poco después, el 17 de septiembre de 2016, EE. UU. viola el pacto de cese de las hostilidades que debía preceder a la futura colaboración. Ese día, aviones de combate americanos atacaron a tropas gubernamentales sirias en la provincia oriental de Deir al-Sour, causando la muerte de docenas de soldados sirios. Un error, como reconoció oficialmente el Pentágono dos días más tarde. Y así el conato de cooperación quedó enterrado antes de nacer. (https://www.washingtonpost.com/news/checkpoint/wp/2016/11/29/accidental-strike-on-syrian-forces-due-to-human-error-pentagon-investigation-finds/)

De cara a las nuevas conversaciones de paz para Siria, que se celebrarán en 2017 en la ciudad kazaja de Astaná, Vladímir Putin ha invitado, además de a Irán, Arabia Saudí y Turquía, al nuevo presidente estadounidense Donald Trump, que ha aceptado la invitación y ha prometido enviar una delegación en cuanto la nueva administración de Washington empiece a trabajar oficialmente.

Vladímir Putin también ha accedido a que la secretaria de Estado norteamericana para Europa, Victoria Nuland, vele directamente con su colega ruso Grigori Karasin por la aplicación del acuerdo de Minsk, junto a la canciller Merkel y el presidente Hollande. «Ya veremos cuánto tiempo dura la buena voluntad», afirma Putin estoicamente al despedirse. «En EE. UU. ya ha empezado la campaña electoral para la sucesión de Obama».

ANEXO

CRONOLOGÍA:

7 de octubre de 1952:

Nace Vladímir Vladimiróvich Putin en San Petersburgo.

5 de marzo de 1953:

Muere Iósif Stalin, secretario general del Comité Central del Partido Comunista de la Unión Soviética desde 1922.

19 de febrero de 1954:

Incorporación de Crimea a la República Socialista Soviética de Ucrania.

1975:

Vladímir Putin, con 23 años, obtiene el título de Derecho e inicia su actividad en el servicio de inteligencia KGB.

28 de julio de 1983:

Vladímir Putin contrae matrimonio con Liudmila Shkrebneva.

1984:

Vladímir Putin continúa su formación en el Instituto Bandera Roja del KGB en Moscú.

1 de agosto de 1985:

Traslado a la delegación del servicio de inteligencia exterior en Dresde.

1990:

De regreso en San Petersburgo, Putin empieza a colaborar con el alcalde Anatoli Sobchak.

19 - 21 de agosto de 1991:

Intento de golpe contra Mijaíl Gorbachov.

Diciembre de 1991:

Declaración de independencia de Ucrania. Rusia, Bielorrusia y Ucrania fundan la Comunidad de Estados Independientes (CEI).

26 de diciembre de 1991:

Disolución oficial de la Unión Soviética.

Diciembre de 1994:

Inicio de la primera guerra contra Chechenia.

Mayo de 1996:

Armisticio con Chechenia.

Junio de 1996:

Reelección del presidente Borís Yeltsin.

Julio de 1996:

Putin pierde su empleo como vicealcalde de San Petersburgo al no ser reelegido alcalde su protector Sobchak.

Agosto de 1996:

Putin se traslada a Moscú y es nombrado subjefe de patrimonio inmobiliario del Kremlin.

Julio de 1998:

Designación como jefe del servicio ruso de inteligencia interior FSB.

Marzo de 1999:

Ampliación de la OTAN con Polonia, República Checa y Hungría.

9 de agosto de 1999:

Putin es nombrado primer ministro.

31 de diciembre de 1999:

Borís Yeltsin dimite y nombra sucesor a Vladímir Putin.

26 de marzo de 2000:

Elección como presidente en la primera vuelta.

28 de julio de 2000:

Reunión con los oligarcas y anuncio de las nuevas reglas.

12 de agosto de 2000:

Hundimiento del Kursk.

20 de enero de 2001:

George W. Bush es investido presidente de EE. UU.

19 de marzo de 2003:

Guerra de EE. UU. contra Irak sin mandato de la ONU

25 de octubre de 2003:

Mijaíl Jodorkovski ingresa en prisión.

Noviembre de 2003:

Inicio de la «Revolución de las rosas» en Georgia.

Diciembre de 2003:

Inicio de la Revolución Naranja en Ucrania.

14 de marzo de 2004:

Vladímir Putin es reelegido presidente por segunda vez con el 71 por ciento de los votos.

29 marzo de 2004:

Ampliación de la OTAN con Bulgaria, Estonia, Letonia, Lituania, Rumanía, Eslovaquia y Eslovenia.

Enero de 2005:

Tras su reelección, George W. Bush inicia su segundo mandato presidencial en EE. UU.

Mayo de 2005:

Mijaíl Jodorkovski es condenado a nueve años de prisión en su primer proceso.

2 de marzo de 2008:

Dmitri Medvédev es elegido presidente como sucesor de Putin.

2-4 de abril de 2008:

Cumbre de la OTAN en Bucarest con el presidente estadounidense George W. Bush. Se toma la decisión de incorporar en principio a la OTAN a Georgia y Ucrania.

Mayo de 2008:

Putin sucede a Dmitri Medvédev como primer ministro.

7-16 agosto de 2008:

Guerra ruso-georgiana.

9 de septiembre de 2008:

Cumbre europea sobre Ucrania en París. La UE decide ofrecer a Ucrania un «acuerdo de asociación» para ligar al país más estrechamente a Occidente.

20 de enero de 2009:

Barack Obama es investido presidente de EE. UU.

1 de abril de 2009:

Ampliación de la OTAN con Albania y Croacia.

4 de diciembre de 2011:

Elecciones parlamentarias a la Duma.

Diciembre de 2011:

Protestas en Moscú y San Petersburgo contra los resultados de las elecciones a la Duma.

4 de marzo de 2012:

Vladímir Putin gana las elecciones presidenciales en la primera ronda con un 64 por ciento.

7 de mayo de 2012:

Toma de posesión como presidente en el Kremlin.

Julio de 2012:

El Parlamento aprueba una ley que obliga a las ONG políticas que reciban dinero del extranjero a registrarse como *foreign agent*.

20 de enero de 2013:

Barack Obama es investido presidente de EE. UU. por segunda vez tras su reelección.

17-18 de junio de 2013:

Cumbre del G8 en Irlanda. Disputa entre EE. UU. y Rusia en torno a las medidas sobre Siria.

23 de junio de 2013:

El whistleblower y antiguo agente de la CIA Eduard Snowden aterriza en el aeropuerto ruso de Sheremetyevo.

5-6 de septiembre de 2013:

Cumbre del G20 en San Petersburgo. Vladímir Putin propone a Barack Obama, en lugar de una intervención militar en Siria, un acuerdo para la eliminación de las armas químicas sirias por la ONU. El Consejo de Seguridad de la ONU aprueba la resolución y el mandatario sirio Bashar al-Ásad da su conformidad.

20 de diciembre de 2013

Mijaíl Jodorkovski es indultado por Putin anticipadamente y abandona Rusia.

7-23 de febrero de 2014:

Juegos Olímpicos de invierno de Sochi.

19-21 de febrero de 2014:

Cambio de régimen en Kiev; el presidente Yanukóvich huye y se exilia en Rusia.

16 de marzo de 2014:

Referéndum en Crimea sobre la separación de Ucrania y la incorporación a Rusia. La mayor parte de la población, de origen predominantemente ruso, se pronuncia a favor de la anexión a Rusia.

17 de marzo de 2014:

Primeras sanciones de EE. UU. y la UE contra Rusia. En abril y junio del mismo año se imponen nuevas sanciones.

18 de marzo de 2014:

Discurso del presidente Putin en el Kremlin sobre Crimea y su anexión a Rusia.

25 de mayo de 2014:

El multimillonario y oligarca Petró Poroshenko es elegido presidente de Ucrania. Su rival Yulia Timoshenko obtiene un resultado muy inferior.

17 de julio de 2014:

Derribo del avión de pasajeros malasio MH17 sobre Ucrania oriental. Mueren 298 personas.

5 de septiembre de 2014:

Acuerdos de Minsk I sobre la lucha entre los rebeldes de Ucrania oriental y el Gobierno de Kiev, que prácticamente no se cumplen.

12 de febrero de 2015:

Acuerdos de Minsk II. La canciller Angela Merkel, el presidente francés Hollande, el presidente ruso Putin y el presidente ucraniano Poroshenko, así como los líderes separatistas Sajarshenko y Plotnitski acuerdan una tregua, un intercambio de prisioneros y una «descentralización».

10 de mayo de 2015:

Visita de la canciller Angela Merkel a Moscú y ofrenda floral en la tumba del soldado desconocido.

NOTAS

EL IMPERIO DEL MAL Y LOS BUENOS. PRÓLOGO

1. EL TEXTO DE LA CRÍTICA (PROTOCOLO 582) PUEDE CONSULTARSE POR EJEMPLO EN: HTTP://DEUTSCHE-WIRTSCHAFTS-NACHRICHTEN. DE/2014/09/20/PROGRAMM-BEIRAT-UEBT-SCHARFE-KRITIK-AN-DER-UKRAINE-BERICHTERSTATTUNG-DER-ARD/ (ÚLTIMO ACCESO 29.8.2015); HTTP://HOMMENT.COM/ARD2222 (ÚLTIMO ACCESO 29.8.2015).
2. HTTP://WWW.AUSWAERTIGES-AMT.DE/DE/INFOSERVICE/PRESSE/ REDEN/2014/141115 _ REDE _ BM _ ANLÄSSLICH _ VERLEIHUNG _ LEAD _ AWARDS.HTML (ÚLTIMO ACCESO 1.7.2015).
3. HTTP://WWW.ZEIT.DE/2013/ 12/ALEXANDER-RAHR/SEITE-2 (ÚLTIMO ACCESO 1. 7. 2015).
4. HTTP://WWW.PETERSBURGER-DIALOG.DE/OFFENER-BRIEF-VON-MICHAIL-GROBATSCHOW-DIE-DEUTSCHEN-MEDIEN (ÚLTIMO ACCESO 1. 7. 2015).
5. HTTP://WWW.SPIEGEL.DE/SPIEGEL/PRINT/D-84061074.HTML (ÚLTIMO ACCESO 25. 7. 2015).
6. HTTPS://WWW.WASHINGTONPOST.COM/OPINIONS/ HENRY-KISSINGER-TO-SETTLE-THE-UKRAINE-CRISIS-START-AT-THE-END/2014/03/05/46DAD868-A496-11E3-8466-D34C451760B9 _ STORY.HTML (ÚLTIMO ACCESO 3. 8. 2015).

1. EL SOSPECHOSO HABITUAL

1. HTTP://WWW.WASHINGTONPOST.COM/POLITICS/TRANSCRIPT-PRESI-DENT-OBAMAS-AUGUST-9-2013-NEWS-CONFERENCE-AT-THE-WHITE-HOU-SE/2013/08/09/5A6C21E8-011C-11E3-9A3E-916DE805F65D _ STORY. HTML (ÚLTIMO ACCESO 25. 7. 2015).
2. HTTP://WWW.SPIEGEL.DE/SPIEGEL/PRINT/D-131242892.HTML (ÚLTIMO ACCESO 1. 7. 2015).

3.   HTTP://NYPOST.COM/2014/07/ 18/PUTINS-FULL-STATEMENT-ON-THE-MH17-DISASTER/(ÚLTIMO ACCESO 25. 7. 2015); HTTP:// EN.KREMLIN.RU/EVENTS/PRESIDENT/TRANSCRIPTS/STATEMENTS/46243 (ÚLTIMO ACCESO 25. 7. 2015).

4.   HTTP://AUGENGERADEAUS.NET/2014/07/INFOWAR-UKRAINE-DER-SEPARATIST-DAS-STOFFTIER-UND-DER-BLINDE-FLECK/(ÚLTIMOACCESO25. 7. 2015).

5.   HTTP://WWW.NZZ.CH/INTERNATIONAL/EUROPA/DIE-GEFAHR-EINES-RUSSISCHEN-VETOS-IST-DA-1.18581057 (ÚLTIMOACCESO25.7. 2015);HTTP://WWW.SPIEGEL.DE/PANORAMA/JUSTIZ/MH17-ERMITT-LER-WESTERBEKE-UEBER-DEN-ABSTURZ-IN-DER-UKRAINE-A-999193.HTML (ÚLTIMO ACCESO 25. 7. 2015).

6.   HTTP://WWW.SPIEGEL.DE/SPIEGEL/SPIEGEL-TITEL-ZU-PUTIN-IN-EIGENER-SACHE-A-983484.HTML (ÚLTIMO ACCESO 1. 7. 2015).

7.   HTTP://WWW.SUEDDEUTSCHE.DE/POLITIK/MH-RUSSLANDS-SCHULD-1.2056044 (ÚLTIMO ACCESO 1. 7. 2015).

8.   HTTP://WWW.FAZ.NET/AKTUELL/POLITIK/UKRAINE-KONFLIKT-STAERKE-ZEIGEN-13079628.HTML (ÚLTIMO ACCESO 1. 7. 2015).

9.   HANDELSBLATT, MORNING BRIEFING, 5. 8. 2014.

2. ORIGEN Y ACCIÓN

1.   HTTP://EN.KREMLIN.RU/EVENTS/PRESIDENT/TRANSCRIPTS/49438 (ÚLTIMO ACCESO 25. 7. 2015).

2.   HTTP://WWW.FAZ.NET/AKTUELL/POLITIK/70-JAHRE-KRIEGSENDE/ GEDENKEN-IN-MOSKAU-MERKEL-NENNT-ANNEXION-DER-KRIM-VERBRE-CHERISCH-13585275.HTML (ÚLTIMO ACCESO 25. 7. 2015).

3.   HTTP://WWW.BERLINER-ZEITUNG.DE/MEINUNG/KOLUMNE-ZUM-70--JAHRES-TAG-DER-BEFREIUNG-VON-AUSCHWITZ-AUSCHWITZ--GUTER-GAUCK---BOESER-PUTIN,10808020,29608770.HTML(ÚLTIMOACCESO 1. 7. 2015).

4.   HTTP://VALDAICLUB.COM/PUBLICATION/68280.HTML(ÚLTIMO ACCESO 27. 7. 2015).

5.   HTTP://WWW.SPIEGEL.DE/POLITIK/AUSLAND/MERKELS-LIEBE-ZUM-NACHBARLAND-POLEN-A-889013.HTML(ÚLTIMOACCESO27.7.2015).

6.   STEFANKORNELIUS,ANGELAMERKEL.DIEKANZLERINUNDIHRE WELT, HOFFMANN UND CAMPE: HAMBURG 2013, PP. 122 Y SS.

7.   HTTP://WWW.NYTIMES.COM/2014/03/03/WORLD/EUROPE/ PRESSURE-RISING-AS-OBAMA-WORKS-TO-REIN-IN-RUSSIA.HTML(ÚLTIMO ACCESO 27. 7. 2015).

8.   HTTP://WWW.SPIEGEL.DE/POLITIK/AUSLAND/MERKEL-BESUCH-RUSSLAND-LAESST-BEUTEKUNST-AUSSTELLUNG-PLATZEN-A-907079.HTML (ÚLTIMO ACCESO 1. 7. 2015).

9.   HTTP://WWW.WELT.DE/POLITIK/AUSLAND/ARTICLE117327653/MERKEL-LAESST-TERMIN-MIT-PUTIN-PLATZEN.HTML(ÚLTIMOACCESO1. 7. 2015).

3. O NUEVAS REGLAS O NINGUNA REGLA

1.   HTTP://VALDAICLUB.COM/VALDAI _ CLUB/73300.HTML(ÚLTIMO ACCESO 27. 7. 2015).

4. DEBE Y HABER: BALANCE PROVISIONAL

1.   H T T P : / / A R C H I V E . K R E M L I N . R U / E N G / S P E E-CHES/2005/04/25/2031 _ TYPE70029TYPE82912 _ 87086.SHTML (ÚLTIMO ACCESO 28. 7. 2015).

2.   HTTP://WWW.SPIEGEL.DE/SPIEGEL/PRINT/D-67871653.HTML (ÚLTIMO ACCESO 28. 7. 2015).

3.   ÍBIDEM

4.   ZBIGNIEWBRZEZINSKI.ELGRANTABLEROMUNDIAL:LASUPREMA-CÍAESTADOUNIDENSEYSUSIMPERATIVOSGEOESTRATÉGICOS(CITADO SEGÚN LA 6.ª EDICIÓN 2002).

5.   ÍBIDEM

6.   HTTP://WWW.AUSWAERTIGES-AMT.DE/DE/INFOSERVICE/PRESSE/REDEN/2013/131217-BM _ ANTRITTSREDE.HTML(ÚLTIMOACCESO1.7. 2015).

7.   HTTP://WWW.SPIEGEL.DE/SPIEGEL/PRINT/D-75376489.HTML (ÚLTIMO ACCESO 28. 7. 2015).

8.   HTTP://WWW.ZEIT.DE/POLITIK/DEUTSCHLAND/2014-05/HELMUT-SCHMIDT-UKRAINE-EU-WELTKRIEG (ÚLTIMO ACCESO 28. 7. 2015).

9.   HTTPS://WWW.WKO.AT/CONTENT.NODE/SERVICE/AUSSENWIRTS-CHAFT/FHP/HANDELSABKOMMEN/ASSOZIIERUNGSABKOMMEN _ EU-UKRAINE _ - _ ABL _ L _ 161 _ VOM _ 140529 _ NEU.PDF(ÚLTIMO ACCESO 1. 7. 2015).

10.   ÍBIDEM

11.   HTTP://EN.KREMLIN.RU/EVENTS/PRESIDENT/NEWS/20603 (ÚLTIMO ACCESO 28. 7. 2015).

12.   HTTP://WWW.SPIEGEL.DE/SPIEGEL/PRINT/D-126717922.HTML (ÚLTIMO ACCESO 28. 7. 2015).

13. HTTP://WWW.SPIEGEL.DE/SPIEGEL/PRINT/D-46173734.HTML (ÚLTIMO ACCESO 28. 7. 2015).

14. HTTPS://WWW.BUNDESTAG.DE/KULTURUNDGESCHICHTE/GESCHICHTE/GASTREDNER/PUTIN/PUTIN _ WORT/244966(ÚLTIMOACCESO28. 7. 2015).

5. DESEO Y REALIDAD

1. HTTP://WWW.BBC.COM/NEWS/WORLD-EUROPE-11971851 (ÚLTIMO ACCESO 28. 7. 2015).

2. FINANCIAL TIMES, 19. 6. 2011, HTTP://WWW.FT.COM/CMS/ S/0/4BFA1F38-9A90-11E0-BAB2-00144FEAB49A.HTML (ÚLTIMO ACCESO 28. 7. 2015).

3. ENTREVISTA CON ALEKSEI KUDRIN, MAYO DE 2015.

4. ENTREVISTA CON DMITRI MEDVÉDEV, JULIO DE 2015.

5. HTTP://WWW.SPIEGEL.DE/POLITIK/AUSLAND/RUSSLAND-WEBCAMS-ZEIGEN-ANGEBLICH-PARTY-IN-WAHLLOKAL-A-819127.HTML(ÚLTIMO ACCESO 28. 7. 2015).

6. ENTREVISTA CON VÍKTOR YEROFÉYEV, DICIEMBRE DE 2011.

7. HTTP://DIEPRESSE.COM/HOME/POLITIK/INNENPOLITIK/715983/PRINT.DO (ÚLTIMO ACCESO 28. 7. 2015).

8. HTTP://WWW.SUEDDEUTSCHE.DE/POLITIK/MASSENPROTESTE-IN-RUSSLAND-RUSSLAND-OHNE-PUTIN-RUSSLAND-OHNE-PUTIN-1.1243529 (ÚLTIMO ACCESO 28. 7. 2015).

9. MONITORSFINDRUSSIANELECTIONSFLAWED,THEWASHINGTON POST,5.12.2011.HTTPS://WWW.WASHINGTONPOST.COM/WORLD/ EUROPE/MONITORS-FIND-RUSSIAN-ELECTIONS-FLAWED/2011/12/05/ GIQAZRHQXO _ STORY.HTML (ÚLTIMO ACCESO 8. 8. 2015).

10. HTTP://DIEPRESSE.COM/HOME/POLITIK/AUSSENPOLITIK/1292099/RUSSLAND-WIRFT-USHELFER-FUR-DEMOKRATIE-AUS-DEM-LAND (ÚLTIMO ACCESO 28. 7. 2015).

11. «"ILOOKEDATTHEFIRSTREACTIONOFOURU.S.PARTNERS,"MR. PUTINSAID."THEFIRSTTHINGTHATTHESECRETARYOFSTATEDIDWASSAY THATTHEYWERENOTHONESTANDNOTFAIR,BUTSHEHADNOTEVENYET RECEIVEDTHEMATERIALFROMTHEOBSERVERS.""SHESETTHETONEFOR SOMEACTORSINOURCOUNTRYANDGAVETHEMASIGNAL,"MR.PUTIN CONTINUED."THEYHEARDTHESIGNALANDWITHTHESUPPORTOFTHE U.S.STATEDEPARTMENTBEGANACTIVEWORK."»—HTTP://WWW.NYTIMES.COM/2011/12/09/WORLD/EUROPE/PUTIN-ACCUSES-CLINTON-OF-INSTIGATING-RUSSIAN-PROTESTS.HTML(ÚLTIMOACCESO28.7.2015).

12. HTTP://WWW.REUTERS.COM/ARTICLE/2011/12/13/US-RUSSIA-FINANCING-IDUSTRE7BC0ZZ20111213 (ÚLTIMO ACCESO 28. 7. 2015).

13. GERHARDMANGOTT,KAMPFRHETORIKUND«SAUBERESIEGE». DIEAUSGESTRECKTEHANDPUTINSISTUNABDINGBAR.HTTP://WWW. LAENDER-ANALYSEN.DE/RUSSLAND/PDF/RUSSLANDANALYSEN235.PDF (ÚLTIMO ACCESO 28. 7. 2015).

14. HTTP://WWW.SPIEGEL.DE/POLITIK/AUSLAND/MASSENPROTESTE-IN-MOSKAU-PUTIN-VERWEIGERT-UEBERPRUEFUNG-DER-WAHL-A-805908. HTML (ÚLTIMO ACCESO 28. 7. 2015).

15. ENTREVISTA CON ALEKSEI KUDRIN, MAYO DE 2015.

16. ENTREVISTA CON VÍKTOR YEROFÉYEV, DICIEMBRE DE 2011.

17. HTTP://WWW.ZEIT.DE/POLITIK/AUSLAND/2012-03/WAHL-RUSSLAND-PUTIN-2 (ÚLTIMO ACCESO 28. 7. 2015).

18. HTTP://WWW.SPIEGEL.DE/POLITIK/AUSLAND/RUECKKEHR-IN-DEN-KREML-DIE-FALSCHE-MEHRHEIT-A-819192.HTML(ÚLTIMOACCESO1.7. 2015).

6. EL PODER Y SU PRECIO O IGLESIA Y ESTADO

1. HTTP://EN.KREMLIN.RU/EVENTS/PRESIDENT/NEWS/29418 (ÚLTIMOACCESO28.7.2015);HTTP://EN.KREMLIN.RU/EVENTS/PRE-SIDENT/NEWS/29436 (ÚLTIMO ACCESO 28. 7. 2015); HTTP://WWW. WSJ.COM/ARTICLES/SB118006040893914329(ÚLTIMOACCESO28.7. 2015).

2. HTTP://WWW.ROACUSA.ORG/HTDOCS/2.CHURCHNEWS/2003/ CN200312124.PDF (ÚLTIMO ACCESO 28. 7. 2015).

7. GOD'S OWN COUNTRY A LA RUSA O EN BUSCA DE LA IDENTIDAD

1. HTTP://WWW.FT.COM/INTL/CMS/S/2/F2FCBA3E-65BE-11E2-A3DB-00144FEAB49A.HTML (ÚLTIMO ACCESO 28. 7. 2015).

2. HTTP://WWW.NZZ.CH/FEUILLETON/DAS-DRITTE-IMPE-RIUM-1.18224647 (ÚLTIMO ACCESO 28. 7. 2015).

3. HTTP://WWW.FT.COM/INTL/CMS/S/2/F2FCBA3E-65BE-11E2-A3DB-00144FEAB49A.HTML (ÚLTIMO ACCESO 28. 7. 2015).

4. HTTP://WWW.FT.COM/CMS/S/0/8D8369FE-5380-11E3-B425-00144FEABDC0.HTML (ÚLTIMO ACCESO 28. 7. 2015).

5. HTTP://PAGES.UOREGON.EDU/KIMBALL/PUTIN.HTM (ÚLTIMO ACCESO 28. 7. 2015).

6.   HTTP://WWW.SPIEGEL.DE/SPIEGEL/PRINT/D-52345037.HTML (ÚLTIMO ACCESO 6. 7. 2015).

7.   ÍBIDEM

8.   «08MOSCOW932, SOLZHENITSYN AND METROPOLITANKIRILLONRUSSIA,APRIL4,2008»,HTTPS:// WIKILEAKSRU.WORDPRESS.COM/2008/04/04/(ÚLTIMOACCESO28.7. 2015);HTTP://WWW.THEGUARDIAN.COM/WORLD/US-EMBASSY-CABLES-DOCUMENTS/148516 (ÚLTIMO ACCESO 28. 7. 2015).

8. ¿ESPÍAS O AGENTES DE LA SOCIEDAD CIVIL?

1.   SIPRIFACTSHEETSANUALES,POREJEMPLO«TRENDSINWORLD MILITARY EXPENDITURE, 2013», ABRIL 2014, P. 2. — HTTPS:// WWW.SCRIBD.COM/FULLSCREEN/217412495?ACCESS _ KEY=KEY-2FIPQT4OJAH507X9IVI3&ALLOW _ SHARE=TRUE&ESCAPE=FALSE&VIEW _ MODE=SCROLL (ÚLTIMO ACCESO 8. 8. 2015)

2.   ÍBIDEMYHTTPS://WWW.TAGESSCHAU.DE/AUSLAND/MILITAERAUS-GABENSIPRI100.HTML (ÚLTIMO ACCESO 28. 7. 2015).

3.   HTTP://WWW.ZEIT.DE/POLITIK/AUSLAND/2012-07/PUTIN-NGO-GESETZ (ÚLTIMO ACCESO 28. 7. 2015).

4.   «USAID,WHICHHASBEENWORKINGINRUSSIASINCESHORTLY AFTERTHEFALLOFTHESOVIETUNION,HADBUDGETED$49.47MILLION FORRUSSIANPROGRAMSFORFISCAL2012,WITH59PERCENTOFTHAT DIRECTEDFORPROGRAMSSUPPORTINGDEMOCRACYANDCIVILSOCIETY, 37PERCENTDESIGNATEDFORHEALTHPROJECTSAND4PERCENTFOR ENVIRONMENTALPROGRAMS».HTTPS://WWW.WASHINGTONPOST.COM/ WORLD/RUSSIA-BOOTS-OUT-USAID/2012/09/ 18/C2D185A8-01BC-11E2-B260-32F4A8DB9B7E _ STORY.HTML(ÚLTIMOACCESO28.7.2015); HTTP://WWW.ZEIT.DE/POLITIK/AUSLAND/2015-01/RUSSLAND-VERFAS-SUNGSGERICHT-MENSCHENRECHTE-MEMORIAL-VERBOT(ÚLTIMOACCESO 26. 7. 2015).

5.   HTTP://WWW.SPIEGEL.DE/POLITIK/AUSLAND/NGO-IN-RUSSLAND-PUTIN-BRANDMARKT-BUERGERRECHTLER-ALS-AGENTEN-A-842259.HTML (ÚLTIMO ACCESO 28. 7. 2015).

6.   «THEFOREIGNAGENTSREGISTRATIONACT (FARA):THISACT REQUIRESANYPERSONORORGANIZATION (U.S.ORFOREIGN)THATIS AN"AGENTOFAFOREIGNPRINCIPAL"TOREGISTERWITHTHEJUSTICE DEPARTMENTANDTODISCLOSETHEFOREIGNPRINCIPALFORWHICHTHE AGENTWORKS.FOREIGNPRINCIPALSCANINCLUDEGOVERNMENTS,POLI-TICALPARTIES,APERSONORORGANIZATIONOUTSIDETHEUNITEDSTATES

(EXCEPT U.S. CITIZENS), AND ANY ENTITY ORGANIZED UNDER THE LAWS OF A FOREIGN COUNTRY OR HAVING ITS PRINCIPAL PLACE OF BUSINESS IN A FOREIGN COUNTRY. FAR A REQUIRES PEOPLE ACTING AS AGENTS OF FOREIGN PRINCIPALS UNDER CERTAIN CIRCUMSTANCES TO MAKE PERIO-DIC PUBLIC DISCLOSURE OF THEIR RELATIONSHIP WITH THE FOREIGN PRIN-CIPAL, AS WELL AS ACTIVITIES, RECEIPTS, AND DISBURSEMENTS IN SUP-PORT OF THOSE ACTIVITIES». HTTP://IIPDIGITAL.USEMBASSY.GOV/ST/ ENGLISH/TEXTTRANS/2012/01/20120130171036ROMA0.1718823. HTML (ÚLTIMO ACCESO 28. 7. 2015).

7.   HTTP://WWW.NYTIMES.COM/2012/09/19/WORLD/EUROPE/RUS-SIA-DEMANDS-US-END-PRO-DEMOCRACY-WORK.HTML (ÚLTIMO ACCESO 28. 7. 2015).

8.   ÍBIDEM

9.   ÍBIDEM

10.   ÍBIDEM

11.   ÍBIDEM

12.   RUSSIA DEMANDS U.S. AGENCY HALT WORK, THE WALL STREET JOURNAL, 18.9.2012. — HTTP://WWW.WSJ.COM/ARTICLES/SB100008 72396390444450004578004262879058282 (ÚLTIMO ACCESO 8.8. 2015).

13.   «SOME U.S.-GOVERNMENT SUPPORTED ORGANIZATIONS WILL CON-TINUE TO WORK IN RUSSIA, INCLUDING THE NATIONAL DEMOCRATIC INSTITUTE, THE INTERNATIONAL REPUBLICAN INSTITUTE AND THE NATIONAL ENDOWMENT FOR DEMOCRACY». HTTPS://WWW.WASHING-TONPOST.COM/WORLD/RUSSIA-BOOTS-OUT-USAID/2012/09/18/ C2D185A8-01BC-11E2-B260-32F4A8D-B9B7E _ STORY.HTML (ÚLTIMO ACCESO 28. 7. 2015).

14.   RONALD REAGAN, DISCURSO DE FUNDACIÓN DEL NED, 16. 12. 1983. HTTP://WWW.NED.ORG/REMARKS-AT-A-WHITE-HOUSE-CEREMONY-INAUGURATING-THE-NATIONAL-ENDOWMENT-FOR-DEMOCRACY/ (ÚLTIMO ACCESO 8. 8. 2015).

15.   HTTPS://WWW.WASHINGTONPOST.COM/ARCHIVE/OPI-NIONS/1991/09/22/INNOCENCE-ABROAD-THE-NEW-WORLD-OF-SPYLESS-COUPS/92BB989A-DE6E-4BB8-99B9-462C76B59A16/ (ÚLTIMO ACCESO 28. 7. 2015); HTTP://MONDEDIPLO.COM/2007/08/04NED (ÚLTIMO ACCESO 28. 7. 2015).

16.   HTTPS://WWW.BUNDESTAG.DE/DOKUMENTE/TEXTAR-CHIV/2012/41410731 _ KW45 _ ANGENOMMEN _ ABGELEHNT/209908 (ÚLTIMO ACCESO 28.7.2015); HTTP://DIP21.BUNDESTAG.DE/DIP21/ BTD/ 17/ 113/ 1711327.PDF (ÚLTIMO ACCESO 28. 7. 2015).

17. HTTP://WWW.FAZ.NET/AKTUELL/POLITIK/AUSLAND/MERKEL-IN-
MOSKAU-NICHT-GLEICH-EINGESCHNAPPT-SEIN-11962397.HTML(ÚLTIMO
ACCESO 28. 7. 2015).

9. LA MORAL COMO ARMA POLÍTICA

1. HTTP://WWW.AUSWAERTIGES-AMT.DE/NN _ 582140/
SID _ 31287DCD9DBDBEF4F6C3DE9BE0429252/
DE/LAENDERINFORMATIONEN/00-SIHI/
RUSSISCHEFOEDERATIONSICHERHEIT.HTML(ÚLTIMOACCESO6.7.2015).
2. HTTP://WWW.SUEDDEUTSCHE.DE/POLITIK/NACH-VERBOT-VON-
HOMOSEXUELLEN-PROPAGANDA-AUSWAERTIGES-AMT-VERSCHAERFT-REI-
SEHINWEISE-FUER-RUSSLAND-1.1695303 (ÚLTIMOACCESO28.7.2015).
3. HTTP://WWW.TAZ.DE/!5065530/(ÚLTIMO ACCESO6. 7. 2015).
4. HTTP://WWW.FAZ.NET/AKTUELL/POLITIK/AUSLAND/PUSSY-RIOT-
LADY-SUPPENHUHN-11867761.HTML (ÚLTIMO ACCESO 7. 7. 2015).
5. HTTP://WWW.WELT.DE/POLITIK/AUSLAND/ARTICLE13909513/
PUTIN-ENTSCHULDIGT-SICH-FUER-PROTEST-VON-PUSSY-RIOT.HTML
(ÚLTIMO ACCESO 28. 7. 2015).
6. «UM DIE MOSKAUER CHRIST-ERLÖSER-KATHEDRALE FINDET
EIN GOTTESDIENST "ZUM SCHUTZ DES GLAUBENS, GESCHÄNDETER
HEILIGTÜMER,DERKIRCHEUNDIHRESGUTENRUFES"STATT.PATRIARCH
KYRILLLEITETDENVIERSTÜNDIGENGOTTESDIENSTVORCA.50000
GLÄUBIGEN.DIEORTHODOXEKIRCHEREAGIERTDAMITAUF"ANGRIFFE"
IN DEN VERGANGENEN WOCHEN, DARUNTER EINER PERFORMANCE
DERPUNK-GRUPPE"PUSSYRIOT"INDERCHRIST-ERLÖSER-KIRCHE.
DREITAGEZUVORISTDIEUNTERSUCHUNGSHAFTDERDREIBETEILIGTEN
FRAUENBISZUM24.JUNI2012VERLÄNGERTWORDEN».HTTP://WWW.
LAENDER-ANALYSEN.DE/RUSSLAND/CHRONIKEN/CHRONIK _ 2012.PHP
(ÚLTIMO ACCESO 28. 7. 2015).
7. HTTP://WWW.LAENDER-ANALYSEN.DE/RUSSLAND/PDF/
RUSSLANDANALYSEN246.PDF (ÚLTIMO ACCESO 28. 7. 2015).

10. LA CARTA DE BERESOVSKI O SALUDOS DESDE EL PASADO

1. HTTP://DERSTANDARD.AT/1363705860112/PUTIN-GEGNER-
BORIS-BERESOWSKI-IST-TOT (ÚLTIMO ACCESO 28. 7. 2015).
2. HTTP://WWW.TELEGRAPH.CO.UK/NEWS/UKNEWS/LAW-AND-
ORDER/11369811/BORIS-BEREZOVSKY-DIED-WITH-TAX-DEBT-OF-46-
MILLION-HIGH-COURT-HEARS.HTML(ÚLTIMOACCESO28.7.2015).

3. Entrevista con Henning Voscherau, 2015.

4. HTTP://WWW.ZEIT.DE/2004/06/Beschaemt _ und _ sprachlos (último acceso 28. 7. 2015).

5. Vgl. Fiona Hill / Clifford G. Gaddy, Mr. Putin: Operative in the Kremlin, Brookings Institution Press: Washington 2015, p. 395-399.

11. El Kremlin o la ruleta rusa

1. La declaración completa de Borís Beresovski del 30 de mayo de 2011 ante la High Court de Londres en el proceso contra Abramóvich fue publicada por The Guardian: «Fourth Witness Statement of Boris Abramovich Berezovsky», http://www.theguardian.com/world/interactive/2011/nov/02/boris-berezovsky-witness-statement-full (último acceso 29.7.2015); aquí párrafos 42 — 43.

2. Beresowski, Witness Statement, párrafos 44 — 45.

3. Íbidem, párrafos 81 — 84.

4. Entrevista con Borís Beresovski, 2012.

5. Beresowski, Witness Statement, párrafos 50 — 55.

6. Íbidem, párrafo 124.

7. Joseph Stiglitz, Die Schatten der Globalisierung, Goldmann: Múnich 2004, pp. 195 y 216.

8. HTTP://WWW.NYTIMES.COM/2003/11/10/WORLD/RUSSIAN-TYCOON-MOVES-INTO-POLITICS-AND-THEN-JAIL.HTML (último acceso 29. 7. 2015).

9. La declaración completa de Roman Abramóvich del 30 de mayo de 2011 ante la High Court de Londres fue publicada por The Guardian: «Third Witness Statement of Roman Arkadievich Abramovich», http://www.theguardian.com/world/interactive/2011/nov/02/roman-abramovich-witness-statement-full (último acceso 29.7.2015); aquí párrafo 33; http://uk.reuters.com/article/2011/10/04/uk-russia-britain-abramovich-idUKTRE7934TB20111004 (último acceso 29. 7. 2015).

12. El fracaso como oportunidad y las circunstancias

1. HTTPS://WWW.WASHINGTONPOST.COM/ARCHIVE/POLITICS/1996/07/07/YELTSIN-CAMPAIGN-ROSE-FROM-TEARS-TO-TRIUMPH/99AEBEB5-87CA-4555-BE86-B352E8E8BCED/ (último

ACCESO29.7.2015);HTTP://CONTENT.TIME.COM/TIME/MAGAZINE/
ARTICLE/0,9171,136204,00.HTML (ÚLTIMO ACCESO 29. 7. 2015).

2.   VER DAVID E. HOFFMAN, THE OLIGARCHS. WEALTH AND POWER
IN THE NEW RUSSIA, PUBLIC AFFAIRS: NEW YORK 2011, P. 225 – 230.

3.   HTTP://CONTENT.TIME.COM/TIME/MAGAZINE/ARTI-
CLE/0,9171,136204,00.HTML (ÚLTIMO ACCESO 29. 7. 2015).

4.   HTTP://WWW.NEWYORKER.COM/MAGAZINE/2007/01/29/KRE-
MLIN-INC (ÚLTIMO ACCESO 29. 7. 2015).

5.   HTTPS://WWW.WASHINGTONPOST.COM/ARCHIVE/POLI-
TICS/1996/06/30/YELTSIN-PAYING-TOP-RUBLE-FOR-POSITIVE-NEWS-
COVERAGE/FDC11C69-66BA4385-98A6-77493AD8C211/(ÚLTIMO
ACCESO 29. 7. 2015).

6.   HTTP://BELFERCENTER.KSG.HARVARD.EDU/PUBLICATION/2362/
ASSESSING _ RUSSIAS _ DEMOCRATIC _ PRESIDENTIAL _ ELECTION.HTML
(ÚLTIMO ACCESO 29. 7. 2015).

7.   HTTP://WWW.NYTIMES.COM/1996/02/23/WORLD/RUSSIA-AND-
IMF-AGREE-ON-A-LOAN-FOR-10.2-BILLION.HTML (ÚLTIMO ACCESO 29. 7.
2015).

8.   RICHARD SAKWA, PUTIN AND THE OLIGARCHS: THE KHODORKOVSKY-
YUKOS AFFAIR, I. B. TAURIS: LONDRES 2014, P. 16.

9.   HTTP://WWW.THEMOSCOWTIMES.COM/NEWS/ARTICLE/MODERN-
DAY-R/297710.HTML (ÚLTIMO ACCESO 29. 7. 2015); HTTPS://WWW.WAS-
HINGTONPOST.COM/WP-SRV/INATL/LONGTERM/RUSSIAGOV/STORIES/
OLIGARCHS082898.HTM (ÚLTIMO ACCESO 29. 7. 2015).

13. LA LLEGADA AL KREMLIN

1.   ICH, PUTIN — EIN PORTRÄT, DOCUMENTAL DE HUBERT SEIPEL,
ARD, ALEMANIA 2012.

2.   JOSEPH STIGLITZ, DIE SCHATTEN DER GLOBALISIERUNG, GOLDMANN:
MÚNICH 2004, PP. 193-206.

3.   THE LOGIC OF VLADIMIR PUTIN, THE NEW YORK TIMES, 19. 3.
2000. —HTTP://WWW.NYTIMES.COM/2000/03/ 19/MAGAZINE/THE-
LOGIC-OF-VLADIMIR-PUTIN.HTML (ÚLTIMO ACCESO 12. 8. 2015).

14. LA AMPLIACIÓN DE LA ZONA DE COMBATE

1.   HTTPS://WWW.WASHINGTONPOST.COM/ARCHIVE/POLI-
TICS/2000/03/20/MISCALCULATIONS-PAVED-PATH-TO-CHECHEN-WAR/

E675F17A-D286-4B5E-B33A-708D819D43F0/(ÚLTIMOACCESO29.7.
2015).

2.   HTTP://WWW.NYTIMES.COM/2002/11/13/WORLD/WHY-PUTIN-
BOILS-OVER-CHECHNYA-IS-HIS-PERSONAL-WAR.HTML(ÚLTIMOACCESO29.
7.2015);HTTP://WWW.ECONOMIST.COM/BLOGS/JOHNSON/2010/08/
RUSSIAN _ POLITICAL _ SLANG (ÚLTIMO ACCESO 29. 7. 2015).

3.   HTTP://WWW.NYTIMES.COM/1999/11/14/OPINION/WHY-WE-
MUST-ACT.HTML (ÚLTIMO ACCESO 7. 7. 2015).

4.   HTTP://WWW.SPIEGEL.DE/POLITIK/AUSLAND/MOSKAUER-ANS-
CHLAGSERIE-BRISANTER-ZUCKER-FUER-PUTINS-WIEDERWAHL-A-281917.
HTML (ÚLTIMO ACCESO 7. 7. 2015).

5.   HTTP://WWW.LAENDER-ANALYSEN.DE/RUSSLAND/PDF/
RUSSLANDANALYSEN009.PDF (ÚLTIMO ACCESO 29. 7. 2015);
BERESOWSKI, WITNESS STATEMENT, PÁRRAFOS 221 — 224.

6.   BERESOWSKI, WITNESS STATEMENT, PÁRRAFO 239.

7.   HOFFMAN, THE OLIGARCHS, P. 121.

8.   HTTP://WWW.ZEIT.DE/WIRTSCHAFT/2014-03/EU-USA-RUSSLAND-
SANKTIONEN-LISTE (ÚLTIMO ACCESO 29. 7. 2015).

9.   HTTP://WWW.NYTIMES.COM/2000/10/08/MAGAZINE/THE-
AUTUMN-OF-THE-OLIGARCHS.HTML (ÚLTIMO ACCESO 29. 7. 2015).

10.   ENTREVISTA CON SEREGUEI STEPASHIN, DICIEMBRE DE 2011.

11.   HTTP://WWW.THEMOSCOWTIMES.COM/NEWS/ARTICLE/BEREZO-
VSKYS-LETTER-DOMINATES-NEWS/262597.HTML(ÚLTIMOACCESO29.7.
2015).

12.   ENTREVISTA CON ALEKSEI KUDRIN, MAYO DE 2015.

13.   HTTP://PAGES.UOREGON.EDU/KIMBALL/PUTIN.HTM (ÚLTIMO
ACCESO 28. 7. 2015).

14.   HTTP://WWW.TELEGRAPH.CO.UK/NEWS/WORLDNEWS/EUROPE/RUS-
SIA/1350892/OLIGARCHS-POWER-OVER-KREMLIN-HAS-COME-TO-AN-
END-SAYS-PUTIN.HTML (ÚLTIMO ACCESO 29. 7. 2015).

15.   HTTP://WWW.NYTIMES.COM/2000/07/29/WORLD/PUTIN-EXER-
TING-HIS-AUTHORITY-MEETS-WITH-RUSSIA-S-TYCOONS.HTML(ÚLTIMO
ACCESO 29. 7. 2015).

16.   ÍBIDEM

17.   HOFFMAN, THE OLIGARCHS, P. 168.

18.   HTTPS://WWW.WASHINGTONPOST.COM/PB/ARCHIVE/POLI-
TICS/2000/10/19/DEBT-DEAL-ALLOWS-RUSSIAN-MEDIA-TYCOON-TO-
RETAIN-INDEPENDENCE/B36C2219-2A8A-4CCF-A97D-0F76156AF248/
?RESTYPE=ACCESSIBILITY (ÚLTIMO ACCESO 29. 7. 2015).

19.   HTTP://WWW.NYTIMES.COM/2000/07/29/WORLD/

PUTIN-EXERTING-HIS-AUTHORITY-MEETS-WITH-RUSSIA-S-TYCOONS.HTML
(ÚLTIMO ACCESO 29. 7. 2015).
20. ÍBIDEM; VER TAMBIÉN ABRAMÓVICH, WITNESS STATEMENT,
PÁRRAFO 193.
21. ENTREVISTA CON ALEKSEI KUDRIN, MAYO 2015.

15. EL PODER Y LOS MEDIOS

1. HTTPS://DE.WIKIPEDIA.ORG/WIKI/K-141 _ KURSK(ÚLTIMOACCESO
29.7.2015);HTTP://WWW.SPIEGEL.DE/SPIEGEL/PRINT/D-17705018.
HTML (ÚLTIMO ACCESO 29. 7. 2015).
2. HTTP://EDITION.CNN.COM/TRANSCRIPTS/0009/08/
LKL.00.HTML(ÚLTIMOACCESO29.7.2015);HTTP://WWW.NYTIMES.
COM/2002/02/ 19/WORLD/RUSSIA-SAYS-SUB-WAS-NOT-SUNK-BY-A-
COLLISION.HTML (ÚLTIMO ACCESO 29. 7. 2015).
3. HTTP://WWW.LIVELEAK.COM/VIEW?I=517 _ 1430437349(APARTIR
DEL MINUTO 08:55, ÚLTIMO ACCESO 29. 7. 2015).
4. HTTP://WWW.WASHINGTONPOST.COM/ARCHIVE/OPINIONS/2000/
10/ 16/OUR-REVERSE-REVOLUTION/7E43EE81-A345-4DB0-9DFC-
3770D7172C79/ (ÚLTIMO ACCESO 21.8.2015).
5. ABRAMÓVICH, WITNESS STATEMENT, PÁRRAFO 204.
6. HTTPS://WWW.JUDICIARY.GOV.UK/WP-CONTENT/UPLOADS/JCO/
DOCUMENTS/JUDGMENTS/BEREZOVSKY-JUDGMENT.PDF (ÚLTIMO
ACCESO 29. 7. 2015).
7. HTTP://EN.KREMLIN.RU/EVENTS/PRESIDENT/TRANSCRIPTS/21291
(ÚLTIMO ACCESO 29. 7. 2015).

16. SOMBRAS DEL PASADO

1. HTTP://WWW.KHODORKOVSKY.COM/MIKHAIL-KHODORKOVSKY-IN-
THE-INTERNATIONAL-NEW-YORK-TIMES/(ÚLTIMOACCESO30.7.2015);
HTTP://WWW.NYTIMES.COM/2013/11/28/OPINION/OUR-COMPASS.
HTML(ÚLTIMOACCESO30.7.2015);HTTP://WWW.HANDELSBLATT.COM/
POLITIK/INTERNATIONAL/RUSSLAND-KREML-KRITIKER-CHODORKOWSKI-IST-
FREI/9247692.HTML (ÚLTIMO ACCESO 30. 7. 2015).
2. HTTP://WWW.NYTIMES.COM/2013/ 12/23/WORLD/EUROPE/
AFTER-FREEDOM-A-STRIKING-LACK-OF-RANCOR-FROM-KHODORKOVSKY.
HTML(ÚLTIMOACCESO30.7.2015);HTTP://WWW.SPIEGEL.DE/POLI-
TIK/AUSLAND/PUTIN-WILL-CHODORKOWSKI-UND-PUSSY-RIOT-BEGNADI-
GEN-A-940120.HTML (ÚLTIMO ACCESO 30. 7. 2015).

3. HTTP://WWW.NZZ.CH/INTERNATIONAL/PUTIN-HAT-SICH-SELBER-IN-EINE-SACKGASSE-GEBRACHT-1.18438893 (ÚLTIMO ACCESO 30. 7. 2015).

4. HTTP://WWW.SPIEGEL.DE/SPIEGEL/PRINT/D-23061458.HTML (ÚLTIMO ACCESO 30. 7. 2015).

5. HOFFMAN, THE OLIGARCHS, P. 316 Y SS.

6. HTTPS://WWW.FOREIGNAFF AIRS.COM/ARTICLES/RUSSIA-FSU/2000-03-01/PUTINS-PLUTOCRAT-PROBLEM (ÚLTIMO ACCESO 30. 7. 2015).

7. ÍBIDEM

8. «AOYUKOSHASQUIETLYTRANSFERREDTHEBULKOFITSTWOMOST VALUABLEPETROLEUM-PRODUCINGASSETSTOOFFSHOREENTITIES, A MOVELIKELYTODRAINMUCHOFTHEVALUEFROMALARGEYUKOSSTAKE HELDBYTHREEFOREIGNBANKS». HTTP://WWW.WSJ.COM/ARTICLES/ SB928444726776043838 (ÚLTIMO ACCESO 30. 7. 2015).

9. HTTP://WWW.TELEGRAPH.CO.UK/COMMENT/PERSONAL-VIEW/3608862/THE-TROUBLEMAKER.HTML (ÚLTIMO ACCESO 30. 7. 2015).

10. HTTP://WWW.NYTIMES.COM/1999/04/05/OPINION/EDITO-RIAL-OBSERVER-THE-RUSSIAN-WAY-OF-CORPORATE-GOVERNANCE.HTML (ÚLTIMO ACCESO 30. 7. 2015).

11. HTTP://WWW.NYTIMES.COM/2001/08/18/BUSINESS/INTERNA-TIONAL-BUSINESS-FORTUNE-IN-HAND-RUSSIAN-TRIES-TO-POLISH-IMAGE. HTML (ÚLTIMO ACCESO 30. 7. 2015).

12. HTTP://WWW.NYTIMES.COM/2003/11/05/INTERNATIONAL/ EUROPE/05YUKO.HTML (ÚLTIMO ACCESO 30. 7. 2015).

13. HOFFMAN, THE OLIGARCHS, ÍBIDEM, P. 494; HTTP://WWW. THEGUARDIAN.COM/BUSINESS/2001/DEC/15/RUSSIA.OILANDPETROL (ÚLTIMO ACCESO 30. 7. 2015).

14. ÍBIDEM

15. RICHARD SAKWA, PUTIN AND THE OLIGARCHS: THE KHODORKOWSKY-YUKOS AFFAIR, I. B. TAURIS: LONDRES 2014, P. 75.

16. STEVE COLL, PRIVATE EMPIRE: EXXONMOBIL AND AMERICAN POWER, PENGUIN PRESS: NUEVA YORK 2012, PP. 250 — 279 (HOW HIGH CAN WE FLY); HTTP://WWW.SPIEGEL.DE/POLITIK/AUSLAND/ MICHAIL-CHODORKOWSKI-WURDE-MIT-DUBIOSEN-GESCHAEFTEN-MILLIAR-DAER-A-940498.HTML (ÚLTIMO ACCESO 30. 7. 2015).

17. ENTREVISTAS CON HERMAN GREF Y ALEKSEI KUDRIN. DOCUMENTAL DE LA BBC PUTIN, RUSSIA AND THE WEST, PARTE 1, «CAMBIO DE

GOBIERNO EN EL KREMLIN», A PARTIR DEL MIN. 42. VER TAMBIÉN SAKWA, PUTIN AND THE OLIGARCHS, P. 62 Y SS.

18. HTTP://ARTICLES.CHICAGOTRIBUNE.COM/2003-11-6/NEWS/0311160141 _ 1 _ YUKOS-AND-KHODORKOVSKY-UNITED-RUSSIA-PARTY-DUMA (ÚLTIMO ACCESO 30. 7. 2015).

19. HTTP://THEMOSCOWNEWS.COM/PROETCON-TRA/20100318/55423049.HTML (ÚLTIMO ACCESO 30. 7. 2015).

20. HTTP://NEWS.BBC.CO.UK/2/HI/BUSINESS/4041551.STM (ÚLTIMO ACCESO 30. 7. 2015).

21. COLL, PRIVATE EMPIRE, ÍBIDEM, P. 271.

22. ÍBIDEM, P. 250 Y SS.

23. ÍBIDEM, P. 269 Y SS.

24. ÍBIDEM, P. 272.

25. ÍBIDEM, P. 273.

26. HTTP://WWW.SPIEGEL.DE/WIRTSCHAFT/ENDGUELTIGES-URTEIL-CHODORKOWSKI-IN-ZEHN-TAGEN-INS-LAGER-A-376291.HTML(ÚLTIMO ACCESO 30. 7. 2015).

27. HTTP://DE.SPUTNIKNEWS.COM/GERMAN.RUVR.RU/2009/12/03/2495485/ (ÚLTIMO ACCESO 30. 7. 2015).

28. HTTP://WWW.SPIEGEL.DE/SPIEGEL/PRINT/D-23061458.HTML (ÚLTIMO ACCESO 30. 7. 2015).

29. HTTP://MARIELUISEBECK.DE/ARTIKEL/21-01-2014/WARUM-SICH-EINE-GR-NE-ABGEORDNETE-F-R-MICHAIL-CHODORKOWSKI-EINSETZT (ÚLTIMO ACCESO 29. 8. 2015).

30. WEITEREMILLIARDENSTRAFEFÜRRUSSLAND,HANDELSBLATT,31. 7.2014.—HTTP://APP.HANDELSBLATT.COM/UNTERNEHMEN/INDUS-TRIE/YUKOS-ENTSCHAEDIGUNGEN-WEITERE-MILLIARDENSTRAFE-FUER-RUSSLAND/10273624. HTML (ÚLTIMO ACCESO 10. 8. 2015).

31. HTTP://WWW.WELT.DE/POLITIK/AUSLAND/ARTICLE118371728/CHODORKOWSKI-PROZESS-NICHT-POLITISCH-MOTIVIERT.HTML(ÚLTIMO ACCESO 30. 7. 2015).

32. «THEFACTTHATTHESUSPECT"SPOLITICALOPPONENTSORBUSINESS COMPETITORSMIGHTDIRECTLYORINDIRECTLYBENEFITFROMHIMBEING PUTINJAILSHOULDNOTPREVENTTHEAUTHORITIESFROMPROSECUTING SUCHAPERSONIFTHEREARESERIOUSCHARGESAGAINSTHIM.INOTHER WORDS,HIGHPOLITICALSTATUSDOESNOTGRANTIMMUNITY.THECOURT ISPERSUADEDTHATTHECHARGESAGAINSTTHEAPPLICANTAMOUNTED TOA"REASONABLESUSPICION"WITHINTHEMEANINGOFARTICLE5§1 (C)OFTHECONVENTION».ISKHODORKOWSKYAPOLITICALPRISONER? READ THE ECHR JUDGMENTS BEFORE QUACKING, US-RUSSIA.

ORG, 25.7.2012. — HTTP://US-RUSSIA.ORG/17-IS-KHODORKOVSKY-A-POLITICAL-PRISONER-READ-THE-ECHR-JUDGMENTS-BEFORE-QUACKING. HTML (ÚLTIMO ACCESO 10. 8. 2015); INFORMATION NOTE ON THE COURT"SCASE-LAWNO.141,MAY2011. — HTTP://HUDOC.ECHR.COE. INT/APP/CONVERSION/PDF/ (ÚLTIMO ACCESO 10. 8. 2015).

33. HTTP://WWW.SUEDDEUTSCHE.DE/WIRTSCHAFT/SCHIEDSGERICHT-ZUR-ZERSCHLAGUNG-VON-OEL-KONZERN-RUSSLAND-MUSS-YUKOS-AKTIO-NAEREN-MILLIARDEN-DOLLAR-ZAHLEN-1.2066188 (ÚLTIMOACCESO30. 7. 2015).

34. HTTP://WWW.ZEIT.DE/WIRTSCHAFT/2015-06/YUKOS-STREIT-ENTS-CHAEDIGUNG-KONTOSPERRUNG-WLADIMIR-PUTIN (ÚLTIMOACCESO30. 7. 2015).

35. HTTP://WWW.FAZ.NET/AKTUELL/WIRTSCHAFT/YUKOS-STREIT-PUTIN-WEHRT-SICH-GEGEN-KONTOSPERRUNGEN-13657733.HTML (ÚLTIMO ACCESO 30. 7. 2015).

17. EL ENSAYO GENERAL

1. HTTP://WWW.NYTIMES.COM/2015/01/18/MAGAZINE/VALERY-GERGIEV-ANYONE-CAN-BUY-A-TICKET.HTML (ÚLTIMOACCESO9.7.2015).

2. HTTPS://WWW.WASHINGTONPOST.COM/WP-DYN/CONTENT/ARTI-CLE/2008/08/22/AR2008082202924.HTML (ÚLTIMOACCESO31.7. 2015).

3. HTTP://WWW.THEGUARDIAN.COM/MUSIC/TOMSERVICE-BLOG/2008/AUG/22/MUSICASPOLITICSGERGIEVSSOU (ÚLTIMOACCESO 31. 7. 2015).

4. HTTP://WWW.FOCUS.DE/POLITIK/DIVERSES/GEORGIEN-WIR-STE-HEN-VOR-EINEM-NEUEN-KALTEN-KRIEG _ AID _ 324751.HTML (ÚLTIMO ACCESO 31. 7. 2015).

5. HTTP://WWW.NYTIMES.COM/2008/08/ 18/WASHINGTON/ 18DIPLO.HTML (ÚLTIMO ACCESO 31. 7. 2015).

6. HTTP://TIME.COM/10829/UKRAINE-JOHN-MCCAIN-PUTIN-CRI-MEA/(ÚLTIMO ACCESO 31. 7. 2015); HTTP://WWW.CBSNEWS.COM/ NEWS/MCCAIN-TODAY-WE-ARE-ALL-GEORGIANS/(ÚLTIMOACCESO31.7. 2015).

7. HTTP://WWW.WASHINGTONPOST.COM/WP-DYN/CONTENT/ARTI-CLE/2008/08/ 12/AR2008081202932.HTML (ÚLTIMO ACCESO 31.7. 2015); HTTP://WWW.NYTIMES.COM/2008/08/ 14/US/POLI-TICS/ 14MCCAIN.HTML (ÚLTIMO ACCESO 31. 7. 2015).

8. HTTP://NEWS.BBC.CO.UK/2/HI/EUROPE/4534267.STM (ÚLTIMO ACCESO 31. 7. 2015).

9. HTTP://WWW.STATE.GOV/DOCUMENTS/ORGANIZATION/63562.PDF (ÚLTIMO ACCESO 31. 7. 2015).

10. HTTP://WWW.SPIEGEL.DE/SPIEGEL/PRINT/D-43103188.HTML (ÚLTIMO ACCESO 9. 7. 2015).

11. HTTP://WWW.SPIEGEL.DE/SPIEGEL/PRINT/D-30833336.HTML (ÚLTIMO ACCESO 29. 7. 2015).

12. *Putin, Russia and the West*, EPISODE 3 (BBC), HTTP://WATCH-DOCUMENTARY.ORG/WATCH/PUTIN-RUSSIA-AND-THE-WEST-EPISODE-03-WAR-VIDEO _ 63E05827C.HTML (A PARTIR DEL MINUTO 20:40, ÚLTIMO ACCESO 31. 7. 2015).

13. ÍBIDEM, A PARTIR DEL MINUTO 18:30.

14. ÍBIDEM, A PARTIR DEL MINUTO 06:20.

15. HTTP://WWW.SPIEGEL.DE/SPIEGEL/PRINT/D-59099365.HTML (ÚLTIMO ACCESO 31. 7. 2015).

16. HTTPS://WWW.TAGESSCHAU.DE/AUSLAND/GEORGIEN740.HTML;HTTP://DE.REUTERS.COM/ARTICLE/WORLDNEWS/IDDEBEE-58T0KH20090930;HTTP://WWW.EURACTIV.DE/SITES/DEFAULT/FILES/DOCS/IIFFMCG _ VOLUME _ I.PDF (ÚLTIMO ACCESO 31. 7. 2015).

17. HTTP://WWW.EURACTIV.DE/SITES/DEFAULT/FILES/DOCS/IIFFMCG _ VOLUME _ I.PDF,P.23,PUNTO20 (ÚLTIMO ACCESO 31.7. 2015).

18. ÍBIDEM

19. HTTP://WWW.FAZ.NET/AKTUELL/POLITIK/AUSLAND/DIE-SCHUL-DFRAGE-IM-KAUKASUS-KRIEG-SOWJETISCHER-BEWEGUNGSKRIEG-IN-GEORGIEN-1697962.HTML (ÚLTIMO ACCESO 31. 7. 2015).

20. HTTP://WWW.TELEGRAPH.CO.UK/NEWS/WORLDNEWS/EUROPE/GEORGIA/2521987/VLADIMIR-PUTIN-VOWS-RUSSIA-WILL-RETALIATE-AGAINST-GEORGIA.HTML (ÚLTIMO ACCESO 31. 7. 2015).

21. HTTP://WWW.CBSNEWS.COM/NEWS/BUSH-CONDEMNS-RUSSIAS-ATTACK-ON-GEORGIA/(ÚLTIMO ACCESO 31. 7. 2015).

22. HTTP://WWW.NYTIMES.COM/2008/08/14/WORLD/EUROPE/14GEORGIA.HTML (ÚLTIMO ACCESO 31. 7. 2015).

23. HTTP://WWW.SPIEGEL.DE/SPIEGEL/PRINT/D-59099365.HTML (ÚLTIMO ACCESO 31. 7. 2015).

24. HTTPS://WWW.WIKILEAKS.ORG/CABLE/2008/08/08MOSCOW2563.HTML (ÚLTIMO ACCESO 31. 7. 2015).

25. ÍBIDEM

26. HTTPS://WWW.BUNDESREGIERUNG.DE/CONTENT/DE/ MITSCHRIFT/PRESSEKONFERENZEN/2015/06/2015-06-07-MERKEL-OBAMA.HTML (ÚLTIMO ACCESO 9. 7. 2015).

27. *Putin, Russia and the West*, EPISODE 3 (BBC), HTTP://WATCH-DOCUMENTARY.ORG/WATCH/PUTIN-RUSSIA-AND-THE-WEST-EPISODE-03-WAR-VIDEO _ 63E05827C.HTML (A PARTIR DEL MINUTO 22:40, ÚLTIMO ACCESO 31. 7. 2015).

28. ÍBIDEM, A PARTIR DEL MINUTO 22:55.

29. HTTP://WWW.NYTIMES.COM/2008/04/03/WORLD/ EUROPE/03NATO.HTML (ÚLTIMO ACCESO 29. 7. 2015).

30. HTTP://WWW.SPIEGEL.DE/POLITIK/AUSLAND/FIASKO-IN-BUKAREST-GIPFEL-GESCHEITERT-NATO-IN-DER-SINNKRISE-A-545456.HTML(ÚLTIMO ACCESO 31. 7. 2015).

31. HTTP://WWW.SPIEGEL.DE/POLITIK/AUSLAND/GASTKOMMEN-TAR-MERKEL-ZEIGT-SELBSTBEWUSSTSEIN-IN-BUKAREST-UND-STAERKT-DIE-NATO-A-545493.HTML (ÚLTIMO ACCESO 31. 7. 2015).

32. HTTP://WWW.NATO.INT/CPS/EN/NATOLIVE/OFFICIAL _ TEXTS _ 8443. HTM (ÚLTIMO ACCESO 31. 7. 2015).

33. HTTP://WWW.NATO.DIPLO.DE/VERTRETUNG/NATO/DE/06/ GIPFELERKLAERUNGEN/GIPFELERKLBUKAREST _ _ SEITE.HTML(ÚLTIMO ACCESO 10. 7. 2015).

34. HTTP://WWW.FAZ.NET/AKTUELL/POLITIK/AUSLAND/NATO-GIPFEL-TREFFEN-IN-BUKAREST-SIE-DUERFEN-REIN-ABER-NICHT-JETZT-1540598. HTML (ÚLTIMO ACCESO 10. 7. 2015).

35. HTTP://WWW.UNIAN.INFO/WORLD/111033-TEXT-OF-PUTINS-SPEECH-AT-NATO-SUMMIT-BUCHAREST-APRIL-2-2008.HTML(ÚLTIMO ACCESO 31. 7. 2015).

36. HTTP://WWW.NYTIMES.COM/2008/04/07/WORLD/ EUROPE/07PREXY.HTML (ÚLTIMO ACCESO 31. 7. 2015).

37. ÍBIDEM

38. HTTP://WWW.NYTIMES.COM/2008/08/ 13/WASHINGTON/ 13DIPLO.HTML (ÚLTIMO ACCESO 31. 7. 2015).

39. HTTPS://WWW.WIKILEAKS.ORG/ CABLE/2008/08/08TBILISI1341.HTML (ÚLTIMO ACCESO 31. 7. 2015).

40. HTTP://WWW.SPIEGEL.DE/POLITIK/AUSLAND/GEORGIENS-PRAESI-DENT-SAAKASCHWILI-TRITT-AB-A-930079.HTML(ÚLTIMOACCESO10.7. 2015).

41. HTTP://WWW.FAZ.NET/AKTUELL/POLITIK/AUSLAND/EUROPA/

KIEW-POROSCHENKO-BERUFT-SAAKASCHWILI-ALS-BERATER-13428357.
HTML (ÚLTIMO ACCESO 10. 7. 2015).

18. Sochi y el poder blando

1. HTTP://WWW.SPIEGEL.DE/SPORT/WINTERSPORT/IOC-
ENTSCHEIDUNG-PUTIN-HOLT-OLYMPISCHE-SPIELE-2014-NACH-
RUSSLAND-A-492472.HTML (ÚLTIMO ACCESO 2. 8. 2015).
2. HTTP://WWW.ZEIT.DE/2014/07/OLYMPISCHE-WINTERSPIELE-SOTS-
CHI-RUSSLAND-PUTIN (ÚLTIMO ACCESO 2. 8. 2015).
3. HTTP://WWW.REUTERS.COM/ARTICLE/2014/01/11/US-OLYMPICS-
USA-TRAVEL-WARNING-IDUSBREA091BN20140111 (ÚLTIMOACCESO2.
8. 2015).
4. HTTP://WWW.WELT.DE/POLITIK/DEUTSCHLAND/ARTI-
CLE122745403/JOACHIM-GAUCK-UND-DAS-EISIGE-VERHAELTNIS-ZU-
RUSSLAND.HTML (ÚLTIMO ACCESO 2. 8. 2015).
5. HTTP://WWW.TAGESSPIEGEL.DE/MEINUNG/JOACHIM-GAUCK-ANTI-
KOMMUNIST-VON-GOTTES-GNADEN/1853270.HTML(ÚLTIMOACCESO2.
8. 2015).
6. HTTP://WWW.BUNDESPRAESIDENT.DE/SharedDocs/Reden/
DE/Joachim-Gauck/Reden/2014/01/ 140131-Muenchner-
Sicherheitskonferenz.HTML (ÚLTIMO ACCESO 2. 8. 2015).
7. HTTP://WWW.STUTTGARTER-ZEITUNG.DE/INHALT.JOACHIM-GAUCK-
WIRD-75-NOCH-LANGE-NICHT-BEREIT-FUERS-ALTENTEIL.945EDD46-F00F-
4617-B14A-8FF 33CFF E4F2.HTML (ÚLTIMO ACCESO 2. 8. 2015).
8. HTTP://WWW.WELT.DE/POLITIK/AUSLAND/ARTICLE125482910/
Putin-Hitler-Vergleich-Geht-Nach-Hinten-Los.HTML(ÚLTIMO
ACCESO 2. 8. 2015).
9. HTTP://CONTENT.USATODAY.COM/COMMUNITIES/THEOVAL/
POST/2012/06/OBAMA-PUTIN-WORK-THROUGH-TENSIONS-ON-
SYRIA/1#.VBXYWQAWZNO (ÚLTIMO ACCESO 2. 8. 2015).
10. HTTP://WWW.ZEIT.DE/POLITIK/AUSLAND/2012-07/SYRIEN-OPPO-
SITION-GENF(ÚLTIMOACCESO2.8.2015);HTTP://WWW.WELT.DE/POLI-
TIK/AUSLAND/ARTICLE112356946/Vereinte-Nationen-Melden-60-
000-Tote-in-Syrien.HTML (ÚLTIMO ACCESO 2. 8. 2015).
11. HTTP://WWW.WELT.DE/POLITIK/AUSLAND/ARTICLE108125921/
Kofi-Annan-Erklaert-Syrien-Mission-Fuer-Gescheitert.HTML
(ÚLTIMO ACCESO 2. 8. 2015).
12. HTTP://WWW.SPIEGEL.DE/POLITIK/AUSLAND/

BEI-SYRIEN-KONFERENZ-IN-PARIS-DROHT-CLINTON-RUSSLAND-UND-CHINA-A-843064.HTML (ÚLTIMO ACCESO 2. 8. 2015).

13. ENTREVISTA CON KOFI ANNAN, NOVIEMBRE DE 2012.

14. «WEHAVEBEENVERYCLEARTOTHEASSADREGIME,BUTALSOTO OTHERPLAYERSONTHEGROUND,THATAREDLINEFORUSISWESTART SEEINGAWHOLEBUNCHOFCHEMICALWEAPONSMOVINGAROUNDOR BEINGUTILIZED.THATWOULDCHANGEMYCALCULUS.THATWOULD CHANGEMYEQUATION».HTTPS://WWW.WHITEHOUSE.GOV/THE-PRESS-OFFICE/2012/08/20/REMARKS-PRESIDENT-WHITE-HOUSE-PRESS-CORPS (ÚLTIMO ACCESO 2. 8. 2015).

15. HTTP://WWW.BBC.COM/NEWS/WORLD-EUROPE-22930266 (ÚLTIMO ACCESO 2. 8. 2015).

16. HTTP://ARTICLES.LATIMES.COM/2013/MAY/06/WORLD/LA-FG-WN-UN-SYRIA-REBELS-CHEMICAL-WEAPONS-20130506 (ÚLTIMOACCESO2. 8. 2015).

17. HTTP://WWW.SUEDDEUTSCHE.DE/POLITIK/REAKTION-AUF-CHE-MIEWAFFEN-EINSATZ-VON-ASSAD-CIA-KOENNTE-PANZERFAEUSTE-AN-SYRISCHE-REBELLEN-LIEFERN-1.1696250 (ÚLTIMOACCESO2.8.2015).

18. HTTP://WWW.NYTIMES.COM/2013/06/ 18/WORLD/EUROPE/ OBAMA-BELFAST.HTML (ÚLTIMOACCESO2.8.2015);HTTP://WWW.BBC. COM/NEWS/WORLD-EUROPE-22930266 (ÚLTIMOACCESO2.8.2015).

19. HTTP://WWW.FAZ.NET/AKTUELL./FEUILLETON/DEBATTEN/UEBERWA-CHUNG/BND-AFFAERE-WIE-SELEKTOREN-DATENSTROEME-FUER-DIE-NSA-FILTERN-13583940.HTML (ÚLTIMO ACCESO 2. 8. 2015).

20. HTTP://WWW.WSJ.COM/ARTICLES/SB10001424127887323683504578567080081271520 (ÚLTIMO ACCESO 2. 8. 2015).

21. HTTP://WWW.ABC.NET.AU/NEWS/2015-06-16/JOURNALIST-DENIES-CLAIM-THAT-SNOWDEN-FILES-BREACHED/6549268 (ÚLTIMO ACCESO 2. 8. 2015).

22. HTTP://WWW.SPIEGEL.DE/POLITIK/DEUTSCHLAND/HANDY-SPAE-HAFFAERE-UM-MERKEL-REGIERUNG-UEBERPRUEFT-ALLE-NSA-ERKLAERUN-GEN-A-929843.HTML (ÚLTIMO ACCESO 2. 8. 2015).

23. WWW.SUEDDEUTSCHE.DE/POLITIK/WIKILEAKS-DOKUMENTE-VON-KOHL-BIS-MERKEL-DIE-NSA-HOERTE-MIT-1.2556 (ÚLTIMOACCESO2. 8. 2015).

24. HTTPS://WWW.WASHINGTONPOST.COM/POLITICS/OBAMA-CAN-CELS-UPCOMING-MEETING-WITH-PUTIN/2013/08/07/0E04F686-FF64-11E2-9711-3708310F6F4D _ STORY.HTML (ÚLTIMOACCESO2.8. 2015).

25. H T T P S : / / W W W . W H I T E H O U S E . G O V /

THE-PRESS-OFFICE/2013/08/09/REMARKS-PRESIDENT-PRESS-CONFE-RENCE (ÚLTIMO ACCESO 2. 8. 2015).

26. ÍBIDEM

27. HTTP://WWW.SPIEGEL.DE/POLITIK/AUSLAND/ABSAGE-AN-PUTIN-OBAMA-TAKTIERT-WIE-EIN-KALTER-KRIEGER-A-915404.HTML(ÚLTIMO ACCESO 2. 8. 2015); HTTP://WWW.NYTIMES.COM/2013/08/08/WORLD/EUROPE/OBAMA-CANCELS-VISIT-TO-PUTIN-AS-SNOWDEN-ADDS-TO-TENSIONS.HTML (ÚLTIMO ACCESO 2. 8. 2015).

28. EMISIÓN TV RUSA, HTTPS://WWW.YOUTUBE.COM/WATCH?V=AKNMHFOAJMO (ÚLTIMO ACCESO 2. 8. 2015).

29. HTTPS://WWW.WASHINGTONPOST.COM/WORLD/NATIONAL-SECU-RITY/NEARLY-1500-KILLED-IN-SYRIAN-CHEMICAL-WEAPONS-ATTACK-US-SAYS/2013/08/30/B2864662-1196-11E3-85B6-D27422650FD5_STORY.HTML (ÚLTIMO ACCESO 2. 8. 2015).

30. HTTP://WWW.NYTIMES.COM/2013/08/28/OPINION/BOMB-SYRIAE-EVEN-IF-IT-IS-ILLEGAL.HTML (ÚLTIMO ACCESO 2. 8. 2015).

31. HTTPS://WWW.WASHINGTONPOST.COM/POLITICS/TRANSCRIPT-PRE-SIDENT-OBAMAS-AUG-31-STATEMENT-ON-SYRIA/2013/08/31/3019213 C-125D-11E3-B4CB-FD7CE041D814_STORY.HTML(ÚLTIMOACCESO2.8. 2015).

32. HTTP://WWW.UN.ORG/DISARMAMENT/CONTENT/SLIDESHOW/SECRETARY_GENERAL_REPORT_OF_CW_INVESTIGATION.PDF,PUNTOS 27Y28(ÚLTIMOACCESO2.8.2015);HTTP://WWW.BBC.COM/NEWS/WORLD-MIDDLE-EAST-24140475 (ÚLTIMO ACCESO 2. 8. 2015).

33. HTTP://WWW.NYTIMES.COM/2013/12/29/WORLD/MIDDLEEAST/NEW-STUDY-REFINES-VIEW-OF-SARIN-ATTACK-IN-SYRIA.HTML(ÚLTIMO ACCESO 2. 8. 2015).

34. HTTP://WWW.THEGUARDIAN.COM/WORLD/2013/AUG/21/SYRIA-CRISIS-REBELS-CLAIM-HUNDREDS-KILLED-GOVERNMENT-CHEMICAL-WEAPONS-ATTACK-LIVE (ÚLTIMOACCESO2.8.2015);HTTP://WWW.NYDAILYNEWS.COM/NEWS/WORLD/213-FEARED-DEAD-SYRIAN-NERVE-GAS-ATTACK-ARTICLE-1.1432526 (ÚLTIMO ACCESO 2. 8. 2015).

35. HTTP://WWW.KATHNEWS.DE/FINDET-EINE-FRIEDLICHE-LOESUNG-FUER-SYRIEN (ÚLTIMO ACCESO 2. 8. 2015).

36. HTTP://WWW.MSNBC.COM/MORNING-JOE/SEN-MCCAIN-IF-IT-ISNT-REGIME-CHANGE-WHAT (ÚLTIMO ACCESO 2. 8. 2015).

37. HTTP://WWW.NYTIMES.COM/2013/09/10/WORLD/MIDDLEEAST/KERRY-SAYS-SYRIA-SHOULD-HAND-OVER-ALL-CHEMICAL-ARMS.HTML (ÚLTIMO ACCESO 2. 8. 2015).

38. HTTP://WWW.NYTIMES.COM/2013/09/   12/OPINION/

PUTIN-PLEA-FOR-CAUTION-FROM-RUSSIA-ON-SYRIA.HTML(ÚLTIMOACCESO
2. 8. 2015).

39. HTTPS://WWW.WHITEHOUSE.GOV/THE-PRESS-OFFI
CE/2014/09/24/REMARKSPRESIDENT-OBAMA-ADDRESS-UNITED-
NATIONS-GENERAL-ASSEMBLY (ÚLTIMO ACCESO 2. 8. 2015).

19. FRUSTRACIÓN Y LIBERTAD

1.   ANDREIKÚRKOV,UKRAINISCHESTAGEBUCH.AUFZEICHNUNGEN
AUS DEM

2.   HERZENDESPROTESTS,HAYMON:INNSBRUCK/VIENA2014,P.9
(ANOTACIÓN DEL 21 DE NOVIEMBRE 2013).

3.   HTTP://WWW.FAZ.NET/AKTUELL/POLITIK/AUSLAND/EUROPA/
UKRAINE-DAS-ERWACHEN-DER-PARTISANEN-12701001.HTML(ÚLTIMO
ACCESO 2. 8. 2015).

4.   HTTP://WWW.FAZ.NET/AKTUELL/POLITIK/AUSLAND/DEMONSTRA-
TIONEN-IN-DER-UKRAINE-DAS-ZIEL-HEISST-REVOLUTION-12699810.HTML
(ÚLTIMO ACCESO 2. 8. 2015).

5.   ZBIGNIEWBRZEZINSKI.ELGRANTABLEROMUNDIAL:LASUPREMA-
CÍAESTADOUNIDENSEYSUSIMPERATIVOSGEOESTRATÉGICOS,P.80.

6.   ÍBIDEM, P. 177.

7.   HTTP://WWW.SPIEGEL.DE/SPIEGEL/PRINT/D-122579512.HTML
(ÚLTIMO ACCESO 2. 8. 2015).

8.   HTTP://WWW.FAZ.NET/AKTUELL/FINANZEN/2.3017/OESTLICHE-
PARTNERSCHAFT-DER-EU-GEGRUENDET-1797003.HTML(ÚLTIMOACCESO
2.8.2015);HTTPS://DGAP.ORG/DE/ARTICLE/GETFULLPDF/ 17916
(ÚLTIMO ACCESO 2. 8. 2015).

9.   HTTPS://WWW.CONSILIUM.EUROPA.EU/UEDOCS/CMS _ DATA/
DOCS/PRESSDATA/EN/ER/102633.PDF(ÚLTIMOACCESO2.8.2015).

10.   HTTP://WWW.TAGESSPIEGEL.DE/POLITIK/INTERNATIONAL/
NACHBARSCHAFTSABKOMMEN-DER-EU-EU-WILL-MEHR-NAEHE-MIT-DER-
UKRAINE-ABER-KEINEN-BEITRITT/1321200.HTML(ÚLTIMOACCESO2.
8.2015);HTTPS://WWW.TAGESSCHAU.DE/AUSLAND/UKRAINE114.HTML
(ÚLTIMO ACCESO 2. 8. 2015).

11.   HTTP://WWW.SUEDDEUTSCHE.DE/WIRTSCHAFT/PUTIN-PLAEDO-
YER-FUER-WIRTSCHAFTSGEMEINSCHAFT-VON-LISSABON-BIS-WLADIWOS-
TOK-1.1027908-3 (ÚLTIMO ACCESO 2. 8. 2015).

12.   HTTP://EUROPA.EU/RAPID/PRESS-RELEASE _ SPEECH-13-106 _
EN.HTM (ÚLTIMO ACCESO 2. 8. 2015).

13. HTTP://UKRAINE-NACHRICHTEN.DE/

DROHT-UKRAINE-ZAHLUNGSUNFÄHIGKEIT _ 3749 _ WIRTSCHAFT(ÚLTIMO ACCESO2.8.2015);HTTPS://WWW.KYIVPOST.COM/CONTENT/UKRAINE/ UKRAINE-CAN-GET-EU-CASH-IF-IT-SECURES-IMF-LOAN330031.HTML (ÚLTIMO ACCESO 2. 8. 2015).

14. HTTP://WWW.ZEIT.DE/POLITIK/AUSLAND/2013-11/UKRAINE-TIMOSCHENKO-EU(ÚLTIMOACCESO2.8.2015);HTTP://WWW.SPIEGEL. DE/SPIEGEL/PRINT/D-130458613.HTML(ÚLTIMOACCESO2.8.2015).

15. HTTP://WWW.WELT.DE/POLITIK/DEUTSCHLAND/ARTI-CLE106262636/Ex-VERFASSUNGSRICHTER-HAELT-EM-BOYKOTT-FUER-ABWEGIG.HTML (ÚLTIMO ACCESO 2. 8. 2015).

16. HTTP://WWW.FOCUS.DE/POLITIK/WEITERE-MELDUNGEN/BESUCH-IN-DER-UKRAINE-CHARITE-CHEF-REIST-ZU-TIMOSCHENKO-INS-GEFAENG-NIS _ AID _ 747473.HTML (ÚLTIMO ACCESO 2. 8. 2015).

17. HTTP://WWW.SUEDDEUTSCHE.DE/POLITIK/FALL-TIMOSCHENKO-WESTERWELLE-DROHT-UKRAINE-MIT-KONSEQUENZEN-FUER-EU-BEI-TRITT-1.1346039 (ÚLTIMO ACCESO 2. 8. 2015).

18. HTTP://WWW.SPIEGEL.DE/SPIEGEL/PRINT/D-43103188.HTML (ÚLTIMO ACCESO 2. 8. 2015).

19. KONRADSCHULLER,DERWESTENUNDDIEREVOLUTIONIMOSTEN, FRANKFURTER ALLGEMEINE ZEITUNG, 21. 9. 2005, P. 8.

20. HTTP://WWW.SPIEGEL.DE/POLITIK/AUSLAND/UKRAINE-DIE-ORAN-GEN-REVOLUTION-VERROTTET-A-385712.HTML(ÚLTIMOACCESO2.8. 2015);HTTP://WWW.ZEIT.DE/POLITIK/AUSLAND/2010-02/UKRAINE-WAHL-TIMOSCHENKO-JANUKOWITSCH (ÚLTIMOACCESO2.8.2015).

21. HTTP://WWW.DEUTSCHLANDRADIOKULTUR.DE/UKRAINE-DIPLO-MATIE-VERHEUGEN-SCHOCKIERT-UEBER-WESTERWELLES.990.DE.HTML (ÚLTIMO ACCESO 2. 8. 2015).

22. HTTP://WWW.DAS-PARLAMENT.DE/2015/-/367218 (ÚLTIMO ACCESO2.8.2015);HTTP://WWW.REUTERS.COM/ARTICLE/2013/02/25/ US-EU-UKRAINE-IDUSBRE91O0U420130225 (ÚLTIMOACCESO2.8. 2015).

23. HTTPS://WWW.WIKILEAKS.ORG/PLUSD/ CABLES/09MOSCOW474 _ A.HTML (ÚLTIMO ACCESO 2. 8. 2015).

24. ÍBIDEM

25. HTTP://WWW.BPB.DE/INTERNATIONALES/EUROPA/ UKRAINE/175254/PRESSESTIMMEN (ÚLTIMO ACCESO 2. 8. 2015).

26. HTTP://WWW.DTODAY.DE/STARTSEITE/NACHRICHTEN _ ARTIKEL,-UKRAINE-WENDET-SICH-VON-DER-EU-AB- _ ARID,301192.HTML.(ÚLTIMO ACCESO 2. 8. 2015).

27. HTTP://WWW.ZEIT.DE/NEWS/2013-11/27/

PARLAMENT-JANUKOWYTSCH-UKRAINE-NOCH-NICHT-REIF-FUER-ABKOM-MEN-MIT-EU-27103604 (ÚLTIMO ACCESO 2. 8. 2015).

28. HTTP://WWW.TAGESSPIEGEL.DE/POLITIK/PRAESIDENT-VIKTOR-JANUKOWYTSCH-UKRAINE-NICHT-REIF-FUER-EU-VERTRAG/9133192.HTML (ÚLTIMO ACCESO 2. 8. 2015).

29. HTTP://WWW.DEUTSCHLANDFUNK.DE/EU-OSTGIPFEL-MIT-DER-UKRAINE-NICHT-ERREICHT-WAS-WIR.1766.DE.HTML(ÚLTIMOACCESO2.8. 2015).

30. HTTP://WWW.SPIEGEL.DE/SPIEGEL/PRINT/D-130458613.HTML (ÚLTIMO ACCESO 2. 8. 2015).

31. HTTP://WWW.ZEIT.DE/NEWS/2013-12/05/NACHRICHTENUEBER-BLICK-DPA-NACHRICHTENUEBERBLICK-POLITIK-05080406(ÚLTIMO ACCESO 2. 8. 2015).

32. HTTP://WWW.WELT.DE/POLITIK/AUSLAND/ARTICLE12634620/ AEGYPTER-KUESSEN-UND-UMARMEN-WESTERWELLE-IN-KAIRO.HTML (ÚLTIMO ACCESO 2. 8. 2015).

33. HTTP://WWW.SPIEGEL.DE/POLITIK/AUSLAND/UKRAINE-MER-KEL-WILL-KLITSCHKO-ZUM-PRAESIDENTEN-AUFBAUEN-A-937853.HTML (ÚLTIMO ACCESO 2. 8. 2015).

34. HTTP://WWW.THEGUARDIAN.COM/WORLD/2013/DEC/15/JOHN-MCCAIN-UKRAINE-PROTESTS-SUPPORT-JUST-CAUSE(ÚLTIMOACCESO2.8. 2015).

35. ZBIGNIEWBRZEZINSKI.ELGRANTABLEROMUNDIAL:LASUPREMA-CÍAESTADOUNIDENSEYSUSIMPERATIVOSGEOESTRATÉGICOS,P.178YSS.

36. ÍBIDEM, P. 110.

37. HTTP://WWW.WELT.DE/POLITIK/AUSLAND/ARTICLE124612220/ FUCK-THE-EU-BRINGT-US-DIPLOMATIN-IN-ERKLAERUNGSNOT.HTML (ÚLTIMO ACCESO 2. 8. 2015).

38. HTTP://WWW.WELT.DE/POLITIK/AUSLAND/ARTICLE125261015/ EX-BANKER-MILLIONAER-TECHNOKRAT-MIT-REFORMEIFER.HTML (ÚLTIMO ACCESO 2. 8. 2015).

39. HTTP://OPENUKRAINE.ORG/EN/ABOUT/PARTNERS (ÚLTIMO ACCESO 2. 8. 2015).

40. HTTP://WWW.STATE.GOV/P/EUR/RLS/RM/2013/DEC/218804. HTM (ÚLTIMO ACCESO 2. 8. 2015).

41. ANDREIKÚRKOV,UKRAINISCHESTAGEBUCH.AUFZEICHNUNGEN AUSDEMHERZENDESPROTESTS,HAYMON:INNSBRUCK/WIEN2014, P. 88 Y SS. (ANOTACIÓN DEL 24 DE ENERO DE 2014).

20. Pacto y confianza

1. HTTP://WWW.AUSWAERTIGES-AMT.DE/CAE/SERVLET/CON-TENTBLOB/671348/PUBLICATIONFILE/190025/ 140221-UKR_ ERKLAERUNG.PDF (ÚLTIMO ACCESO 2. 8. 2015).

2. HTTP://WWW.SPIEGEL.DE/SPIEGEL/PRINT/D-131812904.HTML (ÚLTIMO ACCESO 2. 8. 2015).

3. ÍBIDEM

4. HTTP://WWW.USATODAY.COM/STORY/NEWS/POLI-TICS/2014/02/21/OBAMA-PUTIN-UKRAINE-ACCORD/5706915/ (ÚLTIMO ACCESO 2. 8. 2015).

5. HTTP://WWW.SPIEGEL.DE/POLITIK/AUSLAND/UKRAINE-KIEW-JANUKOWITSCH-ENTGLEITET-DIE-MACHT-A-955044.HTML (ÚLTIMO ACCESO2.8.2015);HTTP://WWW.SPIEGEL.DE/POLITIK/AUSLAND/KIEW-UNTER-KONTROLLE-DER-OPPOSITION-A-955102.HTML(ÚLTIMOACCESO2. 8. 2015).

6. HTTP://WWW.CVCE.EU/DE/OBJ/RUNDFUNK_UND_FERNSEHANS-PRACHE_VON_JOHN_F_KENNEDY_UBER_DIE_KUBA_KRISE_22_ OKTOBER_ 1962-DE-2FD1F81B-03BC-4C2D-86ED-7AF233FF1A6F.HTML (ÚLTIMO ACCESO 2. 8. 2015).

7. HTTP://WWW.NYTIMES.COM/2014/02/24/SPORTS/OLYMPICS/ OLYMPIC-CLOSING-CEREMONY-PROVES-RUSSIA-A-WORTHY-HOST.HTML (ÚLTIMO ACCESO 2. 8. 2015).

8. HTTP://WWW.WELT.DE/POLITIK/AUSLAND/ARTICLE138202539/ WIR-MUESSEN-BEGINNEN-DIE-KRIM-ZURUECKZUHOLEN.HTML(ÚLTIMO ACCESO 2. 8. 2015).

9. HTTP://WWW.ZEIT.DE/POLITIK/AUSLAND/2014-03/ULTIMA-TUM-KRIM-MARINE-KOMMANDEUR-RUSSLAND-UKRAINE (ÚLTIMO ACCESO2.2015);HTTP://WWW.NOZ.DE/DEUTSCHLAND-WELT/POLITIK/ ARTIKEL/459294/UKRAINE-HALFTE-DER-SOLDATEN-AUF-DER-KRIM-UBER-GELAUFEN-1#GALLERY&0&0&459294 (ÚLTIMOACCESO2.8.2015).

10. HTTP://WWW.PEWGLOBAL.ORG/2014/05/08/CHAPTER-1-UKRAINE-DESIRE-FOR-UNITY-AMID-WORRIES-ABOUT-POLITICAL-LEADERS-HIP-ETHNIC-CONFLICT/(ÚLTIMO ACCESO 2. 8. 2015).

11. HTTP://WWW.SPIEGEL.DE/POLITIK/AUSLAND/KRIM-REFEREN-DUM-GROSSE-MEHRHEIT-FUER-BEITRITT-ZU-RUSSLAND-A-958966.HTML (ÚLTIMO ACCESO 2. 8. 2015).

12. HTTP://WWW.SUEDDEUTSCHE.DE/POLITIK/CHRONOLOGIE-DER-KRIM-KRISE-UMSTRITTENE-HALBINSEL-1.1902662-6(ÚLTIMOACCESO2. 8. 2015).

13. HTTP://WWW.NYTIMES.COM/2014/03/01/WORLD/EUROPE/ UKRAINE.HTML (ÚLTIMO ACCESO 2. 8. 2015).

14. HTTP://WWW.DEUTSCHLANDFUNK.DE/RUSSLAND-PUTIN-UND-WIE-ER-DIE-KRIM-SAH.1773.DE.HTML (ÚLTIMO ACCESO 2. 8. 2015).

15. HTTPS://DASERSTE.NDR.DE/PANORAMA/ARCHIV/2015/PANO-RAMA5408.PDF (ÚLTIMO ACCESO 2. 8. 2015).

16. HTTP://WWW.SPIEGEL.DE/POLITIK/AUSLAND/TROTZ-UKRAINE-KRISE-WLADIMIR-PUTIN-IN-RUSSLAND-SEHR-BELIEBT-A-1026042.HTML (ÚLTIMO ACCESO 2. 8. 2015).

17. HTTP://WWW.SPIEGEL.DE/POLITIK/AUSLAND/UKRAINE-EX-INNENMINISTER-SACHARTSCHENKO-UEBER-DEN-MAJDAN-AUFS-TAND-A-1018358.HTML (ÚLTIMO ACCESO 2. 8. 2015).

18. HTTP://WWW.FAZ.NET/AKTUELL/POLITIK/ASHTON-TELEFONAT-ABGEHOERT-WER-WAREN-DIE-SCHARFSCHUETZEN-AUF-DEM-MAJ-DAN-12833560.HTML (ÚLTIMO ACCESO 2. 8. 2015).

19. HTTP://WWW.SPIEGEL.DE/POLITIK/AUSLAND/KRIM-KRISE-DIE-FATALEN-FEHLER-DER-KIEWER-REGIERUNG-A-956680.HTML (ÚLTIMO ACCESO 2. 8. 2015).

20. HTTP://WWW.TAGESSCHAU.DE/AUSLAND/EUROPARAT-MAJDAN-101. HTML (ÚLTIMO ACCESO 2. 8. 2015).

21. GUERRA Y PAZ

1. HTTP://WWW.FAZ.NET/AKTUELL/POLITIK/KONFLIKT-IN-DER-OSTUKRAINE-KIEW-NIMMT-ANTI-TERROR-OPERATION-WIEDER-AUF-12905658.HTML (ÚLTIMO ACCESO 2. 8. 2015).

2. HTTPS://DE.WIKIPEDIA.ORG/WIKI/PRÄSIDENTSCHAFTSWAHL _ IN _ DER _ UKRAINE _ 2014 (ÚLTIMO ACCESO 2. 8. 2015).

3. HTTP://WWW.SPIEGEL.DE/POLITIK/AUSLAND/UKRAINE-GIP-FEL-WAS-PUTIN-UND-POROSCHENKO-VERHANDELTEN-A-988300.HTML (ÚLTIMO ACCESO 2. 8. 2015).

4. HTTP://WWW.TAGESSPIEGEL.DE/MEDIEN/UKRAINE-KON-FLIKT-IM-ZDF-HAKENKREUZ-UND-SS-RUNE-PROTEST-VON-ZUS-CHAUERN/10685462.HTML (ÚLTIMO ACCESO 2. 8. 2015).

5. HTTP://WWW.REPUBBLICA.IT/ESTERI/2014/09/01/NEWS/ UCRAINA _ IL _ RICATTO _ DI _ PUTIN _ SUL _ VERTICE _ EUROPEO _ SE _ VOGLIO _ PRENDO _ KIEV _ IN _ DUE _ SETTIMANE-94791280/?REF=HRER1-1&REFRESH _ CE (ÚLTIMO ACCESO 2. 8. 2015).

6. HTTP://WWW.SPIEGEL.DE/POLITIK/AUSLAND/

RUSSLAND-KREML-BESTAETIGT-PUTIN-DROHUNG-ZU-KIEW-A-989356.
HTML (ÚLTIMO ACCESO 2. 8. 2015).

7.   HTTP://WWW.WELT.DE/POLITIK/AUSLAND/ARTICLE131824979/
UKRAINE-WILL-MAUER-AN-DER-GRENZE-ZU-RUSSLAND-BAUEN.HTML
(ÚLTIMO ACCESO 2. 8. 2015).

8.   HTTP://ONLINE.WSJ.COM/ARTICLES/EU-MOVES-TO-TEMPER-PUTIN-
TWO-WEEKS-TO-KIEV-ROW-1409831828 (ÚLTIMO ACCESO 2.8.2015).

9.   HTTP://WWW.SUEDDEUTSCHE.DE/POLITIK/BERICHTE-DES-UKRA-
INISCHEN-PRAESIDENTEN-PUTIN-SOLL-EUROPA-MASSIV-GEDROHT-
HABEN-1.2134168 (ÚLTIMO ACCESO 2. 8. 2015).

10.   HTTP://WWW.FAZ.NET/AKTUELL/POLITIK/AUSLAND/VERTEIDI-
GUNGSMINISTER-SORGT-MIT-BERICHT-UEBER-ATOMSCHLAG-FUER-GES-
POETT-13168217.HTML (ÚLTIMO ACCESO 2. 8. 2015).

11.   HTTP://WWW.SPIEGEL.DE/POLITIK/AUSLAND/BARACK-OBAMA-IN-
ESTLAND-KRITIK-AN-PUTIN-VERSPRECHEN-AN-BALTIKUM-A-989672.HTML
(ÚLTIMO ACCESO 2. 8. 2015).

12.   HTTP://WWW.ZEIT.DE/POLITIK/AUSLAND/2014-09/PUTIN-UND-
POROSCHENKO-VEREINBAREN-WAFFENRUHE-FUER-OSTUKRAINE (ÚLTIMO
ACCESO 2. 8. 2015).

13.   HTTP://WWW.WELT.DE/NEWSTICKER/DPA _ NT/INFOLINE _ NT/
THEMA _ NT/ARTICLE131986171/DAS-MINSKER-OSZE-PROTOKOLL-FUER-
EINE-FEUERPAUSE.HTML (ÚLTIMO ACCESO 2. 8. 2015).

14.   HTTP://WWW.WELT.DE/PRINT/WELT _ KOMPAKT/ARTI-
CLE137049308/US-DENKFABRIKEN-FORDERN-MASSIVE-WAFFENLIE-
FERUNGEN-FUER-KIEW.HTML (ÚLTIMO ACCESO 2. 8. 2015).

15.   HTTPS://WWW.WASHINGTONPOST.COM/OPINIONS/GIVING-
WEAPONS-TO-UKRAINE-COULD-GOAD-PUTIN-INTO-A-REGIONAL-
WAR/2015/02/05/EC2E9680-ABF5-11E4-AD71-7B9EBA0F87D6 _
STORY.HTML (ÚLTIMO ACCESO 2. 8. 2015).

16.   HTTP://WWW.USATODAY.COM/STORY/NEWS/POLI-
TICS/2015/02/04/PUTIN-ASPERGERS-SYNDROME-STUDY-PENTA-
GON/22855927/(ÚLTIMO ACCESO 2. 8. 2015).

17.   HTTP://WWW.BILD.DE/POLITIK/INLAND/MUENCHNER-
SICHERHEITSKONFERENZ/WAS-US-POLITIKER-UEBER-DEUTSCHLAND-
DENKEN-39678276.BILD.HTML (ÚLTIMO ACCESO 2. 8. 2015).

18.   HTTP://WWW.FAZ.NET/AKTUELL/POLITIK/UKRAINE-KRIEG-MERKEL-
AUCH-AUFRUESTUNG-STOPPT-PUTIN-NICHT-13415044.HTML (ÚLTIMO
ACCESO 2. 8. 2015).

19.   HTTP://WWW.OSCE.ORG/RU/CIO/140221?DOWNLOAD=TRUE
(ÚLTIMO ACCESO 2. 8. 2015).

La paz fría. Epílogo

1. HTTP://WWW.HANDELSBLATT.COM/POLITIK/INTERNATIONAL/ WIDER-DER-POLITISCHEN-KRISE-PUTIN-WIRBT-FUER-WIRTSCHAFTLICHE-PARTNERSCHAFTEN/11944178.HTML (ÚLTIMO ACCESO 2. 8. 2015).

2. HTTPS://WWW.WASHINGTONPOST.COM/BLOGS/WORLDVIEWS/ WP/2015/06/24/PUTINS-APPROVAL-RATINGS-HIT-89-PERCENT-THE-HIGHEST-THEYVE-EVER-BEEN/ (ÚLTIMO ACCESO 2. 8. 2015).

3. HTTP://WWW.LAENDER-ANALYSEN.DE/RUSSLAND/PDF/ RUSSLANDANALYSEN297.PDF (ÚLTIMO ACCESO 2. 8. 2015).

4. HTTP://WWW.PRESSTV.IR/DETAIL/2015/05/12/410624/RUSSIA-US-UKRAINE-(ÚLTIMO ACCESO 2. 8. 2015).

5. HTTP://WWW.SPIEGEL.DE/POLITIK/AUSLAND/USA-JOSEPH-DUN-FORD-HAELT-RUSSLAND-FUER-GEFAEHRLICHER-ALS-IS-A-1042968.HTML (ÚLTIMO ACCESO 2. 8. 2015).

6. HTTP://WWW.WIESAUSSIEHT.DE/2014/09/26/JOURNALISMUS-IM-SCHUETZENGRABEN/(ÚLTIMO ACCESO 2. 8. 2015).

7. HTTP://WWW.ZEIT.DE/POLITIK/2014-12/AUFRUF-RUSSLAND-DIALOG (ÚLTIMO ACCESO 2. 8. 2015).

8. HTTP://WWW.PEWGLOBAL.ORG/2015/06/ 10/NATO-PUBLICS-BLAME-RUSSIA-FOR-UKRAINIAN-CRISIS-BUT-RELUCTANT-TO-PROVIDE-MILI-TARY-AID/(ÚLTIMO ACCESO 2. 8. 2015).

9. ZBIGNIEW BRZEZINSKI. EL GRAN TABLERO MUNDIAL: LA SUPREMA-CÍA ESTADOUNIDENSE Y SUS IMPERATIVOS GEOESTRATÉGICOS, P. 95.

BIBLIOGRAFÍA

Zbigniew Brzezinski. *El gran tablero mundial: la supremacía estadounidense y sus imperativos geoestratégicos*, Paidós: Barcelona, 1998

Steve Coll, *Private Empire. ExxonMobil and American Power*, Penguin Books: Nueva York 2013.

Hillary Rodham Clinton, *Hard Choices*, Simon & Schuster: Londres 2014.

Fiódor Dostoyevski, *El idiota*, Alianza Ediorial: Madrid, 2012

Fiona Hill y Clifford G. Gaddy, Mr. Putin. Operative in the Kremlin, Brookings Institution Press: Washington, D. C., 2015.

David E. Hoffman, *The Oligarchs. Wealth and Power in the New Russia*, PublicAffairs: Nueva York 2003.

Borís Yeltsin, *Mitternachtstagebuch. Meine Jahre im Kreml*, Propyläen: Berlín, Múnich 2000.

Gabriele Krone-Schmalz, *Russland verstehen. Der Kampf um die Ukraine und die Arroganz des Westens*, C. H. Beck: Múnich 2015.

Stefan Kornelius, *Angela Merkel. Die Kanzlerin und ihre Welt*, Hoffmann und Campe: Hamburgo 2013.

Andrei Kúrkov, *Ukrainisches Tagebuch. Aufzeichnungen aus dem Herzen des Protests*, Haymon: Innsbruck/Viena 2014.

Dietmar Neutatz, *Träume und Alpträume. Eine Geschichte Russlands im 20. Jahrhundert*, C. H. Beck: Múnich 2013.

Richard Sakwa, *Putin and the Oligarchs. The Khodorkowsky-Yukos Affair*, I. B. Tauris: Londres 2014.

Joseph Stiglitz, *El malestar en la globalización*, Taurus: Madrid 2012.

Bob Woodward, *Bush at War*, Simon & Schuster: New York 2002